本书受以下基金资助：
1.研究阐释党的十九大精神国家社科基金专项“新时代我国城乡住房制度改革与创新”（批准号：18VSJ097）
2.国家自然科学基金项目“城镇化演进中的城乡住房融合研究：机理剖析、分析框架与现实路径”（批准号：71673285）
3.国家自然科学基金项目“重大工程社会责任多元动机解构、双向演化及治理策略研究”（批注号71801083）

经济管理学术文库 • 管理类

新型城镇化背景下的农村住宅制度革新

Rural Housing System Innovation Under the Background of New Urbanization

陈卫华 / 著

经济管理出版社
ECONOMY & MANAGEMENT PUBLISHING HOUSE

图书在版编目（CIP）数据

新型城镇化背景下的农村住宅制度革新／陈卫华著. —北京：经济管理出版社，2019.12
ISBN 978-7-5096-6966-2

Ⅰ.①新… Ⅱ.①陈… Ⅲ.①农村住宅—住房制度改革—研究—中国 Ⅳ.①F299.233.1

中国版本图书馆CIP数据核字（2019）第287885号

组稿编辑：杨　雪
责任编辑：杨　雪　詹　静
责任印制：黄章平
责任校对：陈　颖

出版发行：经济管理出版社
（北京市海淀区北蜂窝8号中雅大厦A座11层　100038）
网　　址：www.E-mp.com.cn
电　　话：（010）51915602
印　　刷：三河市延风印装有限公司
经　　销：新华书店
开　　本：720mm×1000mm/16
印　　张：15.25
字　　数：219千字
版　　次：2020年4月第1版　　2020年4月第1次印刷
书　　号：ISBN 978-7-5096-6966-2
定　　价：56.00元

前　言

2014 年我国 GDP 总量达到 10 万亿美元，成为世界第二大经济体，人均 GDP 增至 7924 美元，进入中等收入国家行列，经济发展逐渐进入“新常态”。与此同时，我国在城镇化和住房方面也取得了令人瞩目的成就。人口城镇化率由 1978 年的 17.9%增加到 2018 年的 59.58%①。人民群众的住房条件得到持续改善，城镇居民的人均居住面积由 1978 年的 3.6 平方米增加到 2015 年的 34.55 平方米②，住房短缺时代基本宣告终结。2017 年 10 月，中国共产党第十九次全国代表大会胜利召开，这是中国历史上的一件大事。党的十九大设计了中国今后一百年的发展战略，为中国未来指明了新方向，开启了新时代中国特色社会主义现代化的新征程。习近平总书记在党的十九大报告中再次强调“坚持房子是用来住的、不是用来炒的定位，加快建立多主体供给、多渠道保障、租购并举的住宅制度，让全体人民住有所居”，提出乡村振兴战略，要求“深化农村集体产权制度改革，保障农民财产权益，壮大集体经济”。2014 年 3 月，《国家新型城镇化规划（2014—2020 年）》正式发布，明确指出要努力走出一条以人为本、四化同步、优化布局、生态文明、文化传承的中国特色新型城镇化道路，国家新型城镇化综合试点随即展开。2015 年 2 月 27 日，十二届全国人大常委会审议通过《关于授权国务院在北京市大兴区等 33 个试点县（市、区）行政区域暂时调整实施有关法律规定的决定》（以下简称《决定》），授权在试点地区暂时调整实施《中华人民共和国土地管理法》《中华人民共

① 数据来源：《统计局：2018 年人口总量平稳增长　城镇化率持续提高》，http：//news.cctv.com/2019/01/21/ARTIAlxwE3kKBWpUpBcMkOCK190121.shtml，央视网，2019-01-21。

② 此为建制镇建成区人均住宅建筑面积，数据来自《2015 年城乡建设统计公报》。

和国城市房地产管理法》有关法律规定，包括集体经营性建设用地入市、土地征收制度和农村宅基地制度在内的农村土地制度“三项改革”正式启动。此项改革在2017年和2018年底分别进行了两次延期，目前还在进行中。

那么，在新型城镇化背景下，在全面深化改革的大潮中，包括宅基地制度在内的农村住房住宅制度应怎样改革，才能消除城乡二元体制在住房方面的割裂状态，逐步实现住房的城乡融合？这是笔者自2016年以来一直在思考的问题，其间笔者参与了中国人民大学土地管理系吕萍教授的几个课题，进行了几次实地调研，对一些问题有了一些想法并形成了几篇文章，有的在核心期刊公开发表，有的还尚未发表，一并收录在本书中，也算是一个阶段性总结。

本书旨在考察中国农村住宅（含宅基地）自发交易的演化过程与现状，探寻农村住宅自发交易市场的演变规律和规制策略，并从理论上探讨农村住宅制度市场化改革对人口城镇化产生的影响，为下一步的城乡土地和住宅制度改革以及新型城镇化战略提供理论支撑。基于调研资料和理论分析，本书发现：中国农村住宅自发交易起步较早却发展缓慢，农村住宅自发交易市场发展与经济发展之间存在复杂的动态关系；由于现行农村住宅制度限制宅基地和住宅交易，农村住房的资产功能一直未得到发挥，制约了人口城镇化；农村住宅市场化有利于扩大农民增收渠道，增加财产性收入；农村住宅市场化对农村潜在迁移家庭的乡—城迁移决策有促进作用；农村住宅市场化将正向影响农业迁移人口融入城市。据此，本书提出了以农村“三块地”改革为起点，逐步建立规范的农村住宅市场以推动新型城镇化的构想。

本书共分为三篇，沿着“为什么要深化农村住宅制度改革—农村住宅市场化改革会对新型城镇化产生哪些影响—怎样推动农村住宅市场化并最终实现城乡住房融合”的思路展开分析。在上篇中，首先考察了农村住宅自发交易的现状和演化规律，提出了农村住宅市场需要规范、城乡二元住宅制度亟待改变的命题。其次考察了包括农村宅基地制度改革在内的“三块地”改革的经验与困境，建议以“三块地”改革为起点继续深化农村住宅制度改革。中篇集中从理论上分析了如果推进农村住宅市场化改革可能给新型城镇化带来的影响，本书认为农村住宅市场化将对新型城镇化，特别是对人口城镇化产生正向促进作用，因而农村住宅制度的市场化改革也是新型城镇化的需要。下篇侧重分析农村住宅市场化改革的可能路径，指出城乡住房融合应成为新型城镇化背景下的战略选择。

目　录

上篇　深化农村住宅制度改革之必要性

第一章　农村住宅自发交易：现状与治理 …………………………… 3

第一节　二元住宅制度对城镇化的作用异化 ………………… 4

一、二元住宅制度下住房功能发挥的城乡差异 ………………… 4

二、二元住宅制度在城镇化进程中发挥的积极作用 ………… 6

三、二元住宅制度与城镇化的不协调……………………………… 7

第二节　农村住宅自发交易现状与启示 …………………… 9

一、农村住宅自发交易的现状 …………………………………… 9

二、农村住宅自发交易发展的启示 …………………………… 13

第三节　因势利导发展农村住宅市场与新型城镇化目标契合 … 14

一、深化住宅制度改革契合了新型城镇化的要求……………… 14

二、农村住宅市场化改革将激活住房资产功能 ……………… 16

三、发展农村住宅市场及城乡住房融合有利于城乡要素双向流动 … 17

第四节　本章小结 ………………………………………… 19

第二章　我国农村住宅市场的演化及发展模式研究 ………………… 20

第一节　德清、浏阳与高陵的农村住宅市场 ………………… 21

一、农村住宅市场演化进程 ……………………………………… 22

二、农村住宅市场的现状对比 …… 23
第二节 农村住宅市场演化案例经验及借鉴 …… 24
一、案例经验 …… 25
二、经验的可借鉴性 …… 27
第三节 农村住宅市场的演化条件与发展模式 …… 29
一、农村住宅市场的演化条件 …… 29
二、农村住宅市场的演化模式 …… 31
三、农村住宅市场演化的理论分析 …… 32
第四节 本章小结 …… 32

第三章 “三块地”改革：农村住宅制度革新起步 …… 34

第一节 长垣“三项”改革进展与主要成效 …… 37
一、改革任务 …… 37
二、改革进展与主要做法 …… 38
三、主要成效 …… 41
第二节 长垣“三项”改革的制度启示和实践经验 …… 42
一、制度启示 …… 43
二、实践经验 …… 47
第三节 长垣“三项”改革的难题与破解 …… 50
一、乡村规划未能发挥引领作用 …… 51
二、“耕地占补平衡”实现难度大 …… 51
三、农村基础设施建设存在较大短板 …… 52
四、集体收益使用和管理亟待规范 …… 52
五、宅基地“三权分置”认识不一致 …… 53
六、城乡建设用地增减挂钩指标交易的制度基础不稳定 …… 53
七、契约长期性与试点临时性之间的矛盾不利于交易 …… 54
八、对供地的统一计划管理重视不够 …… 54
第四节 本章小结 …… 55

第四章　从宅基地制度改革论我国农村住宅制度建设 …… 56

第一节　城镇化背景下宅基地制度进一步改革空间 …… 57

第二节　农村住宅制度完善的设想和重要意义 …… 59

一、农村住宅制度完善设想 …… 59

二、农村住宅制度建设的现实意义 …… 60

第三节　基于余江试点的实证分析 …… 62

一、余江的宅基地改革实践和成效 …… 62

二、余江宅基地改革深化和前景 …… 63

第四节　本章小结 …… 65

中篇　农村住宅市场化改革对新型城镇化的影响

第五章　研究意义与研究现状 …… 69

第一节　研究意义与研究思路 …… 72

一、研究意义 …… 72

二、研究思路 …… 74

第二节　国内外研究现状 …… 75

一、农村住宅市场化的相关研究 …… 75

二、人口城镇化的相关研究 …… 83

第六章　中国的城镇化、住宅制度与农村住宅市场化 …… 98

第一节　中国的城镇化进程与问题 …… 98

一、中国的城镇化进程与趋势 …… 98

二、中国城镇化的主要问题 …… 103

三、人口城镇化与人的城镇化 …… 104

四、中国人口城镇化相对滞后的制度解释 …… 107

第二节 中国的住宅制度与住房功能发挥 …… 110
一、中国特色的城乡住宅制度 …… 110
二、中国城镇住宅制度与住房功能发挥 …… 111
三、中国农村住宅制度与住房功能不全 …… 113
四、住宅制度在中国城镇化进程中扮演的角色 …… 116
第三节 农村住宅市场化的内涵、构成与表征 …… 116
一、农村住宅市场化的内涵 …… 116
二、农村住宅市场化的构成 …… 119
三、农村住宅市场化的表征 …… 122
第四节 本章小结 …… 126

第七章 农村住宅市场化影响人口城镇化的理论机理 …… 130

第一节 基于“过程观”的农村住宅市场化对人口城镇化的影响 …… 130
第二节 农村住宅市场化影响人口城镇化的一般分析 …… 131
一、城镇化进程中农民家庭面临的选择 …… 131
二、农村住宅市场化对农民家庭预算约束的影响 …… 133
三、预算约束改变对人口城镇化的影响 …… 134
第三节 农村住宅市场化影响农户乡—城迁移决策的理论模型 …… 135
一、“减损效应”与“增收效应” …… 135
二、基于迁移个体效用函数的微观模型 …… 137
三、两部门一般均衡模型 …… 139
四、研究假说Ⅰ …… 142
第四节 农村住宅市场化影响农业迁移人口城市融入的理论模型 …… 143
一、“居住时间效应”与“迁移模式效应” …… 143
二、农村住宅市场化影响农业迁移人口城市融入的建模分析 …… 146

三、研究假说Ⅱ …… 147
第五节　本章小结 …… 148

下篇　农村住宅制度革新与城乡住房融合

第八章　建立农村住宅市场的理论意义和现实路径 …… 153
第一节　建立农村住宅市场的动因和意义 …… 154
一、建立农村住宅市场的动因 …… 154
二、理论解释和意义 …… 156
第二节　农村住宅市场建设的或有阻力和可能路径 …… 159
一、市场构成要素与农村住宅市场建设的或有阻力 …… 159
二、农村住宅市场建设可能的路径 …… 160
第三节　城乡住宅市场统一的核心制度变革 …… 165
一、宅基地制度改革 …… 165
二、城乡统一的住房流转制度改革 …… 168
三、城乡统一的住房市场监管与服务机制 …… 170
第四节　本章小结 …… 171
第九章　新型城镇化背景下的城乡住房融合 …… 173
第一节　城乡住房融合的研究现状 …… 174
一、城乡住房的相关研究 …… 174
二、城乡要素流动的相关研究 …… 176
三、对研究现状的简要评述 …… 177
第二节　理论分析：城乡住房融合的内涵及其理论机制 …… 178
一、内涵界定：权利、市场和制度的三层级融合构想 …… 178
二、理论机制：资本和劳动力要素构成的多维度融合路径 …… 180
第三节　城乡住房融合的现实路径 …… 185

第四节　本章小结 …… 187

参考文献 …… 188

附录　新型城镇化和农村住宅制度相关文件选编 …… 217

后　记 …… 231

上篇　深化农村住宅制度改革之必要性

第一章　农村住宅自发交易：现状与治理[①]

农村住宅自发交易长期处于失范状态，而当前的宅基地制度改革却未能探索农房自发交易的规制问题。对农房市场发展是堵还是疏，关系到未来我国住宅制度是否由二元结构走向城乡统一，是无法回避的命题。二元住宅制度导致城乡住房功能发挥出现差异，历史考察表明，其曾助力城镇化，而当前却可能出现一些不协调。案例调查发现，农村住宅自发交易的产生具有明显的诱致性制度变迁特征，而变迁能否成功还离不开自上而下的顶层设计。处于无序状态的农村住宅自发交易，急需市场规制。因势利导发展农村住宅市场有利于激活农村住房资产功能，构建城乡要素双向流动机制，契合了新型城镇化目标。

城镇住宅制度改革以来，住宅制度的城乡二元结构一直延续至今。伴随着快速城镇化，城镇住宅市场化完成并迅速发展，而自助自建的农村住房却发生着大量自发交易。面对普遍存在的农村住宅自发交易，一个无法回避的问题是：如何深化住宅制度改革（特别是农村住宅制度改革）以助力新型城镇化。

在城镇化新形势下，“二次房改”成为学者和决策者共同关心的命题。有学者认为，应赋予农民完整的住房财产权以提高农民财产性收入（厉以宁，2010），培育和发展农村住宅市场（吕萍等，2017），构建城乡统一的住房体系（倪鹏飞，2017）。然而，已有研究对农房自发交易市场规制同新型城镇化关系的关注却比较有限。实践方面，党的十八大以来，农村土

① 本章内容已发表于《现代经济探讨》2017 年第 10 期，原标题为《新型城镇化目标下农村住房隐形市场规制：堵抑或疏》，略有删改。

地制度领域进行了一系列改革，“三块地”成为改革重点。不过，现有宅基地改革试点，仅针对宅基地，相对住房而言有些片面，仅允许在集体内部交易，则过于保守。为此，本章重点分析农村住宅自发交易市场规制（突破集体范围）与新型城镇化的目标契合性。通过对二元住宅制度在城镇化进程中发挥作用的历史考察，基于对农房自发交易市场发育的一手案例调查，分别探讨继续坚持现有制度和因势利导发展农房市场对新型城镇化的不同影响。研究发现，对农房自发交易市场进行包容性规制符合新型城镇化目标。

第一节　二元住宅制度对城镇化的作用异化

“城乡有别”是中国住宅制度的最大特色。城乡住宅制度的差别体现在住房用地、建设、供应、分配和消费等方面，而是否市场化是实质差异所在。城乡二元住宅制度导致住房功能在城乡间的发挥程度不同，最终导致住宅制度在城镇化进程中的作用发挥出现异化。

一、二元住宅制度下住房功能发挥的城乡差异

住房具有双重属性，既是一种消费品，又是一种投资品。住房的双重属性意味着住房既能满足人类对居住空间的需求，发挥居住功能，又能满足人类对资产保值和增值的要求，发挥资产功能。然而，住房功能能否发挥以及在多大程度上得以发挥，主要取决于所处的制度环境好坏，即所谓住宅制度决定住房功能发挥。

中国现行市场化的城镇住宅制度使得住房的居住功能和资产功能在城镇均得到充分发挥。

其一，城镇居民的居住条件大幅改善。城镇居民的人均居住面积由1978年的3.6平方米增加到2015年的34.55平方米[①]。居住环境也得到较大改善，很多入住的小区绿树成荫、鸟语花香，环境优美。社区配套也十

① 此为建制镇建成区人均住宅建筑面积，数据来自《2015年城乡建设统计公报》。

分齐全，生活在其中感到舒适、便利。城镇住房基本能够满足人们“安居”的需求，居住功能得到很好的发挥。

其二，城镇家庭住房财富比重增大。城镇住房的价值量较大，住房成为城镇家庭中最值钱的财产。经济日报社中国经济趋势研究院 2016 年编制的《中国家庭财富调查报告》显示，家庭财富中最重要的组成部分是房产净值。在城镇家庭的人均财富中，房产净值的比重为 67.62%，占到近七成。

其三，住房投资、投机活动增多。2003～2016 年，城镇住房价格飞速上涨，其中不乏投资、投机需求的推波助澜，甚至出现“温州炒房团”等专业炒房团体。可见，城镇住房的资产功能不但得到了发挥，甚至发挥得有些过度，当然这要求进一步完善城镇住宅制度。

与此相对，中国农村现行的住宅制度只注重发挥住房的居住功能，而忽视了其资产功能。这主要是因为，现行宅基地制度是在社会保障体系未覆盖农村的背景下确立的，带有一定福利色彩，宅基地承担着一定的住房保障功能（胡康生，2007），即国家将宅基地无偿提供给农民，并允许农民自己建造住所的目的是希望农民在农村“安居乐业”，而不鼓励农民将住房建成后转让牟利，也就是将住房视为农民家庭的消费品，而非投资品。农村住房只发挥了居住功能而未发挥资产功能，主要表现有：

其一，农村住房利用的主要状态：自住或闲置。农民根据家庭经济条件建设的住宅，主要满足家庭自身的居住需要。尽管我国城镇化速度很快，但仍有近一半人口居住在农村，这些在城镇化中选择留在农村的家庭，仍然居住在自己建造的住宅中，而那些选择迁往城市的农民家庭，由于转让住房受到限制，大多选择将农房闲置，一年中只在春节回家，或是若干年才回家一次。“空心村”成为快速城镇化过程中出现的一个焦点问题（刘建生等，2016）。

其二，自发的农村住宅交易一直处于自发交易状态。尽管现行制度禁止农村住房流转，但由于宅基地使用权流转具有很强的经济激励（朱新华等，2012），一些农民还是暗地里将住房转让、出租或者抵押，尤其是在经济发达地区和城乡接合部，这种现象非常普遍。农村住宅自发交易依然处于自发交易状态，反映出农民对显化住房资产功能的强烈诉求和住房资产功能受到压抑的客观现实。

其三，农村住房只有成本价而无市场价格。农民用于建设住宅的资金在住宅竣工后就沉淀下来，除了能够使用住宅获得效用，住房资产不具有任何保值和增值的可能。尽管一些统计调查也获得了住房的资产价值，但这大多是按照建筑成本测算的，由于我国农村公开住宅市场基本上不存在，农村住房实际上并不存在市场价格。

综上，城乡住房功能发挥存在巨大差异。禁止住房和宅基地转让的现行农村住宅制度抑制了农村住房资产功能的发挥，这也成为二元住宅制度在城镇化进程中扮演的角色发生逆转的根源之一。

二、二元住宅制度在城镇化进程中发挥的积极作用

改革开放后，在快速工业化和城镇化过程中，有中国特色的城乡二元住宅制度曾经发挥了积极作用，主要表现在：

第一，城镇住宅市场化改革为农民进城定居创造了条件。城镇住房分配体制改革之前，城镇居民的住房主要由工作单位进行福利化的实物分配。进城打工的农民通常在工厂从事临时性工作，在身份上属于“临时工”，不能像国营单位的“正式工”那样享受各项福利，也就没有资格获得福利分房。因此，农民工很难在城市永久性定居下来。1998 年底实行住房的货币化分配以后，任何人都可以拿着货币像购买任何普通商品一样在房地产市场上购买自己中意的住房，这就为农民工在城市居住提供了条件。旧制度下，农民工有钱也买不到房，而在新制度下，只要经济能力足够，就能拥有住房。

第二，作为户籍制度的附属内容，二元住宅制度避免了农民爆发式涌入城市。二元户籍制度的设计初衷就是要将广大农民固定在农村，优先保证城市发展。农业或非农业户口是一种身份标识，两种身份可以享受的公共服务内容有巨大差异。在住房方面，拥有农业户口者可以向集体申请无

偿取得宅基地并自建住房，而拥有非农业户口者则可以享受城市住房保障。如果农民选择进城就业却无法获得非农业户口，就意味着既无法实际利用农村住房，又无法享受城市住房保障，因此，对于大多数农民来说，向城市迁移并非理智的选择。正因为二元住宅制度以及二元户籍制度的其他附属内容对农民进城造成阻力，才避免了农民爆发式涌入城市。

第三，带有保障性质的宅基地制度为农民进城提供了退路，发挥了“缓冲器”的作用。农村宅基地制度是一项福利色彩浓厚的保障制度，所有农民家庭都有权无偿且永久获得一块宅基地。一些农民之所以甘愿冒着一定风险进城“闯天下”，其中一个原因就是，即使在城市闯荡失败、无法继续生存下去，还可以退回老家，至少还有那一亩三分田和一套宅院。

第四，城乡二元住宅制度催生了“城中村”和“小产权房”等迁移人口聚居区，成为吸纳进城人口的“海绵”。在那些被城市包围的农村或者城乡接合部的农村，现行制度既不允许直接进行房地产开发，也不允许农民将住房转让或者出租。面对巨大的住房需求，很多农村集体或者村民选择私下里将住房出租或转让，或是开发所谓“小产权房”。不少进城的农民工或者由于经济能力不足，或者由于不打算在城市永久定居，没有选择在城市租购商品房，而是选择在“城中村”或者城乡接合部租赁住房，或者购买价格十分便宜的“小产权房”，从而在城市形成迁移人口聚居区，这些地方像海绵一样为大批进城务工农民提供居住场所。

第五，促进了低成本的工业化和城市扩张。现行制度对国家征收集体土地规定了很低的补偿标准，使得地方政府能够以极低的经济成本将大片集体土地转变为国有，然后再以很低的价格出让工业用地，低的用地成本非常有利于工业化进程。

三、二元住宅制度与城镇化的不协调

随着我国经济快速发展和城镇化达到较高水平，现行城乡有别的住宅制度也显现出一些问题，主要表现有：

第一，人与房错配导致住房和宅基地资源浪费。快速城镇化过程中，随着大量农业剩余劳动力向城镇转移，城镇建设用地越来越吃紧，尤其是一些特大城市，人地矛盾更为突出。然而，农村住房和宅基地却不能在农民进城后进行适当流转，用于增加城镇建设用地，出现了人与房错配的不合理局面，这都是现行制度造成的结果。人与房错配显然是一种资源浪费，因为农民工“在农村盖房给老鼠住，在城市住得像老鼠”。根据国土资源部的数据，截至 2014 年，农村居民点空闲和闲置用地面积约为 0. 3 亿亩，低效用地面积超过 0. 9 亿亩，分别相当于城镇用地规模的 1/4 和 3/4[①]。

第二，引起人口城镇化和土地城镇化失调。城乡割裂的住宅制度一方面对人口向城镇迁移产生阻力，另一方面却对滥征土地产生推力，最终导致土地城镇化快于人口城镇化，两者速度失调。

第三，农业转移人口在城市的聚居区居住环境差。在“城中村”或城乡接合部农村，为了获得可观的租金收益，农村村民往往不顾一切地多盖住房，造成规划管制失控，私搭乱建普遍，“脏、乱、差”问题严重。进城农民工聚居区的居住环境很差，社会治安比较混乱，有些类似于西方国家的“贫民窟”。

第四，单向城镇化导致农村加速衰退。农村现行住宅制度严禁城市居民下乡购买农村住房或宅基地，这就造成我国的城镇化是单向的，即只有农民由农村向城镇的迁移，不可能出现市民由城镇向农村的转移。单向城镇化必然导致农村越来越衰败，因为随着农村人口越来越少，农村住房逐渐破旧而无人修缮。城镇化必然意味着城市的发展壮大和农村的逐渐萎缩，然而农村的过快或过度衰落并非健康的城镇化，健康的城镇化应能“留得住乡愁”。

第五，将农民固定在农村的理念已不适应人口红利消失的现实。我国已经于 2000 年进入老龄化社会，随着“刘易斯拐点”的来临（蔡昉，2010），人口红利逐渐消失，从“人口红利”转向“制度红利”应该成为中国的战略选择（聂辉华等，2012）。现行城乡住宅制度仍然基于将农民固定在农村的旧理念。在新形势下，应该转变理念，全面改革那些不利于

---

① 数据来源：《推进土地节约集约利用的指导意见解读之 》，http：//www. mlr. gov. cn/xwdt/mtsy/xinhuanet/201410/t20141028_ 1333615. htm，国土资源部网站，2014-10-28。

农村劳动力向城市迁移的制度，既包括二元户籍制度，也包括二元住房和土地制度。

综上所述，城乡二元住宅制度同快速城镇化的矛盾越来越突出，尤其是农村住宅的不可流转性同农村人口乡—城迁移之间的不协调愈发凸显。承担社会保障功能的农村住房和宅基地制度似乎已不适应城镇化新形势的要求，甚至已经制约人口城镇化，因此亟待改革。

第二节　农村住宅自发交易现状与启示

在二元住宅制度逐渐不适应城镇化新形势的同时，自发的农村住宅交易却不断增加，农村住宅自发交易逐渐形成并悄然发展。农村零星的住宅交易很早就存在（常红晓等，2005），由于法律管制，农村住宅市场长期处于非正规化状态（陈小君等，2010）。

为了解不同地区农村住宅市场的发展状况，中国人民大学住房发展研究中心于2015年10月底至12月初先后对浙江省湖州市德清县、湖南省长沙市浏阳市和陕西省西安市高陵区进行了调研。

一、农村住宅自发交易的现状

（一）浙江省湖州市德清县

浙江省湖州市德清县在土地制度改革方面走在全国前列，其目前关于土地试点的工作主要包括：城乡统筹试点、集体经营性建设用地入市改革试点。这些试点工作的开展，为德清县城乡住宅市场统一奠定了良好的基础。其中，城乡统筹试点工作的开展不仅解决了德清县二元户籍制度，使城乡统一的户口登记制度成功确立，而且基本建立了城乡统筹的社会保障制度，是城乡住宅市场统一迫切需要的相关配套制度。在这些基础上，德清县开展了土地制度的改革。2013年进行地权改革。不仅完成了农地、宅基地、农房、集体经营性资产的确权工作，而且推出农村土地承包经营权抵押贷款、农房抵押贷款、农村集体经济股权抵押贷款的“三权”抵押贷款，盘活了农村及农民资产。并建立农村产权交易中心，为农村住宅交易提供合理合法的公开平台。经过几年的发展，德清县逐渐走出一条极具地方特色的城乡住宅市场统一的发展道路。

1. 德清东衡村——乡镇企业发展增加农民的住房选择权

2012 年 3 月，东衡村被列入省级农村土地综合整治试点，要求把 1600 亩土地上的废弃矿山的深坑填平，中心村集聚率达到 60%，并对宅基地进行复垦。2012 年 10 月，经省国土资源厅批复，德清正式成为浙江省唯一的闭坑矿地综合开发利用试点区。借此机会，东衡村把土地综合整治与废弃矿山利用紧密结合起来，将农民新建社区建在废弃矿山上，同时可节省打地基的建筑费用，而村庄复垦土地全部为新增耕地。这样的做法，不仅为村里新增了土地，还带来了可观的经济收入。通过土地综合整治，东衡村累计为德清县提供了 1700 亩建设用地指标。填平废弃矿山的费用，一部分来自政府的财政补贴，另一部分则与东衡村乡镇企业及个人企业的发展紧密相连。

东衡村乡镇企业及个体私人企业起步早，目前形成了以钢琴和木业加工为特色的产业群，被称为中国的“钢琴之乡”。大量乡镇企业的发展不仅带动了村集体资产性收入的提高，而且也使得农民收入持续稳定增加。由此给东衡村新农村建设提供了资本积累与建设信心。新农村建设不仅迈出了集体改善农民居住环境的关键性一步，而且给予农民更多的住房选择权，使得不愿居住在新农村的居民可以享受对旧有住房的补贴，从而选择在城市居住。

2. 德清劳岭村——特色产业推动农村住房流转

劳岭村位于国家 4A 级景区莫干山麓，自然环境优良，是全国著名的休闲避暑胜地。其区位上处于长江三角洲发展圈，周边城市经济发达，居民收入消费水平高，更愿意体验纯天然的农村田园生活。由此，劳岭村利用历史遗留下来的“洋家乐”文化，结合外来资本，将老旧农房进行集中改造，以租赁或参股经营方式发展休闲、度假、观光特色旅游产业，实现了农村房屋流转，提高了农民住房财产性收益。

"洋家乐"民宿一部分来自征收土地的建设，另一部分来自租用当地的泥坯房，根据房子本身的特点进行设计和修缮，并成立"洋家乐"行业协会和涉外休闲度假项目服务小组，统一协调帮助解决实际建设发展中的问题。对古民居进行调查摸底，分类指导出租行为。在"洋家乐"项目建设上，通过只征收房屋建筑物实际占地面积的"精准征收"，其余周边用地采取租用农民土地的办法，有效地解决了由于农村土地性质较难改变和建设用地指标紧张而制约发展的问题。

在房屋租赁办法上，"洋家乐"房屋由村集体代为综合管理，租金每年为 5 万~6 万元。房屋租期最高为 30 年。除一次性支付租金外，还有房屋租金分期付款、农民土地入股等方式。村民除获得房屋租金收入外，还可在"洋家乐"从事服务业获得工资收入及销售农副产品获得收入，如"法国山居"每年都以高于市场 10%的价格收购当地种植的水果用于酿酒，极大地提高了农民种植水果的积极性。

劳岭村集体这种通过结合当地特色，将农民老旧住房进行集中回收租赁防止其乱租乱占情况出现的做法，不仅有效实现了农民财产性收入的稳定增加，而且保护了当地的自然环境与人文环境，从而实现了农村住房的有序流转。对于有地方特色可发展旅游产业的村组织来说是一种很好的借鉴模式。

（二）陕西省西安市高陵区

陕西省西安市高陵区目前是我国农村改革试验区、宅基地制度改革试验区、城乡建设用地增减挂钩试点以及统筹城乡发展示范区。高陵区有效地将各项改革试点结合起来，目前在城乡住宅市场统一方面已形成的相关成果包括：于 2011 年建成西北首家集信息发布、农村资产管理、交易、评估及投融资等功能为一体的综合性交易平台——高陵农村产权交易中心，提供集信息发布、产权交易、法律咨询、价值评估、抵押融资等为一体的服务"三农"综合平台；形成《农村房屋所有权抵押贷款管理办法》等文件，并完成农房确权颁证工作，与银行开展深度合作；将城乡建设用地增减挂钩政策与农村居民点集中安置相结合，从而顺利实现所有参与方利益均不受损且能得到大幅提升。经调研发现，高陵区之所以能够快速推进农房抵押，实现农房流转，其关键在于产业经济的带动作用。

由于高陵区地理位置独特，距西安市行政中心仅20公里。因此，高陵区及时调整战略规划，积极招商引资，以地方产业带动农民就业，提高农民收入水平。

高陵区的支柱产业主要以石油、汽车研发与制造、国家兵器制造为主，因此在高陵的园区，大型企业主要有长庆油田、陕西汽车制造厂以及相关的国家兵器工业等，这些大型企业对人才及劳动力的需求非常大，对于解决农民就业问题具有极大的帮助。同时高陵区依靠发展地方产业获得地方财政收入的稳步增长，从而进行农民住房条件改善的政府行为，这样一方面使地方政府有相当充足的财政支持农民住房条件改善或对不愿居住于农村的居民进行货币补贴同时消化城市住房库存量，另一方面这使当地的农民在没有了土地的情况下，依旧可以在周边的企业中劳动以获得收入，从而解决生活问题。这样，农村周边产业的发展与支持就对城乡住宅市场一体化起到了巨大的推动作用。

（三）湖南省长沙市浏阳市

浏阳市在 2015 年 1 月被确定为宅基地制度改革试点地区，从 4 月开始，浏阳市国土局对全市宅基地使用情况进行了调查摸底，发现一户多宅现象在浏阳市农村非常普遍，但农民宅基地却难以退出，原因在于浏阳市农房抵押非常活跃。基于此，浏阳市政府出台《浏阳市集体土地上房屋抵押贷款办法》，推进确权颁证，确保抵押物的合法性；与银行等金融机构深度合作，浏阳市共有四家银行推出集体土地上房屋抵押产品；建立农村资源流转交易流转中心，为促进宅基地等农村资源流转交易搭建了平台。经调研发现，浏阳市之所以能够快速推进农房抵押，实现农房流转，其关键在于乡镇企业的发展需求。

浏阳市的支柱产业主要是花炮产业，其中大瑶镇是全国花炮原辅材料集散中心，素有“花炮之源”“彩印之都”的美誉。2014 年实现财税收入 2 亿元，同比增长 12.3%，其中地方收入完成 10645 万元，同比增长

21.9%，成为全浏阳唯一一个财税过 2 亿元的乡镇。其他村镇虽没有大瑶镇花炮产业发展得好，但是依旧能够依靠自身花炮产业的发展实现农民收入的大幅增加。浏阳市如此多的花炮企业催生了大量的外部融资需求，而房屋、厂房是农民、企业主最值钱的“资产”。用农房抵押贷款，获得资金支持，成为广大农民、花炮企业主的迫切期盼，由此而使得农房抵押贷款活跃，带动其农房流转。

综上，我国农房市场发展的区域差异明显，一些地区（尤其是沿海发达地区）的农村住宅交易起步较早，发展也较快，甚至已经显现出城乡住宅市场统一的趋势，而有些地区（中、西部地区）则起步较晚，而且发展较慢，仍有较大发展空间。

二、农村住宅自发交易发展的启示

由前文的分析可以在理论上得到以下启示：

首先，农村住宅自发交易市场演化基本遵循制度变迁的一般规律。在法律管制下，农村住宅自发交易个别发生。随着改革开放深入，农村第二、三产业发展使农民发现农房交易的潜在收益，产生变革需求，从而打破了原有制度均衡，而地方政府的容忍态度减少了制度变迁潜在成本，制度创新收益大于成本促进了农村住宅市场这项制度安排出现。可见，农村住宅自发交易市场产生和发展具有明显的诱致性制度变迁特征。然而，制度变迁往往需要诱致性和强制性力量共同作用（丰雷等，2013），农村住宅市场的制度变迁能否顺利完成，最终取决于中央政府的顶层设计。

其次，处于无序状态的农村住宅自发交易快速增加，凸显出农房自发交易市场规制的迫切性。就调研情况看，相较于改革开放初期零星的自发交易，农村住宅交易如今几乎已经遍地开花。尽管在不同经济发展水平地区仍存在差异，农村住宅自发交易市场的发展势头却不容忽视。然而，这些处于法律边缘的自发交易由于不受法律规制，交易秩序长期处于无序状态，效率得不到保证。因此，迫切需要对农村住宅自发交易市场进行有效规制。农房自发交易市场规制有两种不同选择：因势利导，抑或墨守成规。如前所述，继续禁止农村住宅交易、维持现行城乡二元住宅制度不变，很有可能对新型城镇化产生阻力。因此，变革现行住宅制度，承认并发展农村住宅市场成为重要的备择选项，而且深入分析发现，这也契合了新型城镇化目标。

第三节　因势利导发展农村住宅市场与新型城镇化目标契合

一、深化住宅制度改革契合了新型城镇化的要求

我国新型城镇化战略的顶层设计已经基本形成，目前正处于稳步推进阶段。2012 年 11 月，中国共产党第十八次全国代表大会提出了工业化、信息化、城镇化、农业现代化“四化同步”发展战略，指明了中国特色新型城镇化道路。2013 年，党的十八届三中全会做出《中共中央关于全面深化改革若干重大问题的决定》，要求“推进以人为核心的城镇化”，进一步明确了新型城镇化前进的方向。2014 年 3 月，中共中央、国务院印发《国家新型城镇化规划（2014—2020 年）》（以下简称《规划》），成为未来一个时期指导中国城镇化健康发展的一个宏观战略规划。

《规划》中的很多要求直接或间接涉及住宅制度，城乡住宅制度改革和《规划》中的很多内容相契合，具有牵一发而动全身之功效。具体分析如下：

首先，《规划》中有直接涉及住宅制度的内容。《规划》在第二十六章专门要求健全城镇住宅制度，从住房供应体系、保障性住宅制度和房地产市场长效调控机制等方面进行了规划。尽管该章仅仅针对城镇住宅制度，但实际上很多内容与农业转移人口或农村住房是分不开的。例如，将住房需求的保障对象扩大到城镇常住人口，实际上将农业转移人口也纳入进来；城镇住房供应主体的多元化，实际上为将城中村或城乡接合部的农村住房纳入城镇住房供应体系提供了可能性；城市住房发展规划的编制，住

房建设总量、结构和布局的确定，不可能离开对农业转移人口流入情况的估计；不动产统一登记不仅包括城镇住房登记，也包括农村宅基地和住房登记。另外，《规划》在第二十四章深化土地制度改革中，明确要求改革完善农村宅基地制度，加强对宅基地用益物权的保障，要求“在试点基础上慎重稳妥推进农民住房财产权抵押、担保、转让”，直接对农村住宅制度改革提出了具体要求。

其次，《规划》中包括间接同住宅制度相关的内容。《规划》在第二十四章中要求深化土地制度改革，许多内容同农村住房和宅基地相关。例如：“城镇建设用地增加规模与吸纳农业转移人口落户数量挂钩政策”即“人地挂钩”政策，同时涉及农村人口乡城迁移和城乡建设用地问题；城中村改造主要针对的就是城市中的农村住房和宅基地；城乡建设用地增减挂钩的实质是包括宅基地在内的建设用地的乡城转换；农村土地确权登记不仅包括承包地，也包括宅基地；农村产权流转交易市场的建设不仅有利于农村集体经营性建设用地流转，也为农村住房流转提供了一定条件；征地范围的缩小与包括宅基地在内的城乡建设用地市场统一有密切联系。

最后，《规划》中包含同住宅制度密切联系的内容。在第三篇“有序推进农业转移人口市民化”中，要求改革户籍制度的同时推进基本公共服务均等化，除了随迁子女教育、就业创业服务、社会保障和基本医疗卫生服务等公共服务扩充至常住人口外，还将进城落户农民完全纳入住房保障体系，住房保障对象也扩大至“在城镇就业居住但未落户的农业转移人口”，甚至对集体在集体建设用地上建设公共租赁住房也允许“审慎探索”。新型城镇化战略并未忽视农业和农村发展，在第六篇进一步明确了城乡发展一体化战略，包括要素市场、城乡规划、基础设施和公共服务等方面的城乡一体化，为了实现城乡要素平等交换，除了引导劳动力、科技和资金等要素下乡外，还要建立城乡统一的建设用地市场，而农村住房所占的宅基地就属于建设用地的重要组成部分。农村住宅市场的发展也有利于要素市场、城乡规划、基础设施和公共服务等方面的城乡一体化，促进社会主义新农村建设。

可见，城乡住宅制度同新型城镇化的很多内容密切相关，中国特色的新型城镇化道路不可能绕过城乡住宅制度改革，而城乡住宅制度的成功改革必然对新型城镇化目标的实现产生事半功倍之效。鉴于新型城镇化“对全面建成小康社会、加快推进社会主义现代化具有重大现实意义和深远历史意义”①，下一步的住宅制度改革也应当以新型城镇化的要求为导向。

二、农村住宅市场化改革将激活住房资产功能

目前农村住房公开市场缺失以及城乡住房割裂的局面是当前城乡二元住宅制度造成的必然结果。现行《土地管理法》《担保法》禁止宅基地转让、出租和抵押，尤其是《关于加强农村宅基地管理的意见》（国土资发〔2004〕234 号）明令禁止城镇居民到农村购买宅基地和住房，使得那些在集体组织成员之间自发发生的住宅交易，以及那些在集体组织成员与非成员之间发生的住宅交易，都始终处于法律的灰色地带，不能得到法律认可，“小产权房”就是最典型的实例。据全国工商联调研，1995~2010 年，小产权房累计竣工面积已经超过 7.6 亿平方米，是同期城镇住宅竣工面积的 8%（齐琳，2013）。“小产权房”问题由于数量巨大，牵涉人口众多，成为事关社会稳定的大事，也是困惑主管部门的难题之一。目前来看，只有深化住宅制度改革，逐步实现城乡住房融合，才是当前困局的破解之道（吕萍等，2013）。

农村住宅市场化是深化住宅制度改革的必然方向。深化住宅制度改革的选项其实并不多，《规划》要求进一步完善城镇住宅制度，但仍坚持市场化方向，因为这是经实践检验了的正确道路，而农村住宅制度就成为继续深化住宅制度改革的大有可为之所。就大的改革方向来说，农村住宅制度不外乎两种选择，一是继续坚持现行福利化的住宅制度，二是改弦易辙，也像城镇那样走市场化道路。如前文分析，农村福利化的住宅制度抑制了农村住房功能的完整发挥，已经不能适应快速城镇化进程，也是制约

① 见《国家新型城镇化规划（2014—2020 年）》。

城镇化质量提升和导致城乡发展失调的重要原因之一，继续实施下去将成为新型城镇化道路上的一大障碍。这样来看，深化住宅制度改革最有希望的方向就是农村住宅市场化。

发展农村住宅市场将激活农村住房资产属性，发挥资产功能，促进要素双向流动。农村住宅市场的形成和发展，意味着允许农村住房和宅基地的自由流转。如此一来，农村住房只能作为农民家庭“僵化财产”的局面将发展扭转，因为只有可以流转，“财产”或“财富”才能完成向“资产”或“资本”的转变，而只有完成了这一蜕变，农村住房才能成为要素参与到国民经济的大循环中。可见，发展农村住宅市场对促进要素双向流动有重要作用。

三、发展农村住宅市场及城乡住房融合有利于城乡要素双向流动

城乡要素双向流动是新型城镇化战略的重要内容。城乡统一要素市场建设被列为完善城乡发展一体化体制机制的首要内容，同公共资源均衡配置一道成为统筹城乡发展的主要举措。要素市场城乡统一的实质是实现劳动力、技术、土地和资金等要素在城乡间的双向流动。这主要是因为，由于原有理念和政策一贯优先发展工业和城镇，导致城乡要素一直是由农村向城市的单向流动，并最终导致了城乡发展失衡，不仅是城市快速发展的同时农村却在加速衰落，而且农村衰落反过来制约了城市健康发展。然而，城乡协调发展才是健康的城镇化，只有实现了要素双向流动，才能恢复农村发展活力，重振农村发展，进而实现城乡协调发展。因此，城乡要素双向流动的核心是引导要素由城市向农村的反向流动，即所谓的“要素下乡”。

城乡住房融合是城乡发展一体化的要求。在新型城镇化战略的指导下，城乡发展的施策理念也发生了扭转，由过去的农村支持城市、农业支持工业，转变为“工业反哺农业、城市支持农村和多予少取放活”，其目标是要缩小城乡差距，实现城乡协调发展。城乡发展一体化的体制机制包括多方面的城乡统一，而城乡住房融合将直接促进建设用地市场的城乡统

一，同时有利于劳动力、技术和资金的双向流动，并对城乡规划、基础设施和公共服务等的一体化产生积极影响。

城乡住房融合有利于城乡要素双向流动机制的构建。城乡住房融合是通过城乡居民住房财产权的均等化、城乡住宅市场的统一以及一体化城乡住宅制度的构建，逐渐打破城乡住房二元结构壁垒，促进城乡要素双向流动，达到增加农民财产性和集体资产性收入、缩小城乡差距及提升城镇化质量的目的。城乡住房融合以及土地承包经营权流转将减弱或消除要素下乡的许多壁垒。原来只能在城镇发展的工商资本、技术和人才等，如今也可以到农村发现和创造更多商业机会，而这些要素的下乡将为农村带来活力，只要加强耕地保护和规划管制，完全可以引导它们促进新农村建设和发展。

综上，深化住宅制度改革是新型城镇化战略的必然要求，而农村住宅制度的市场化改革既有利于人口市民化，实现以人为本的城镇化，又有利于激活农村住房的资产功能，构建城乡要素双向流动机制，还有利于城乡住房融合和城乡发展一体化，因而，农村住宅市场化是深化住宅制度改革的必然方向（见图 1-1）。

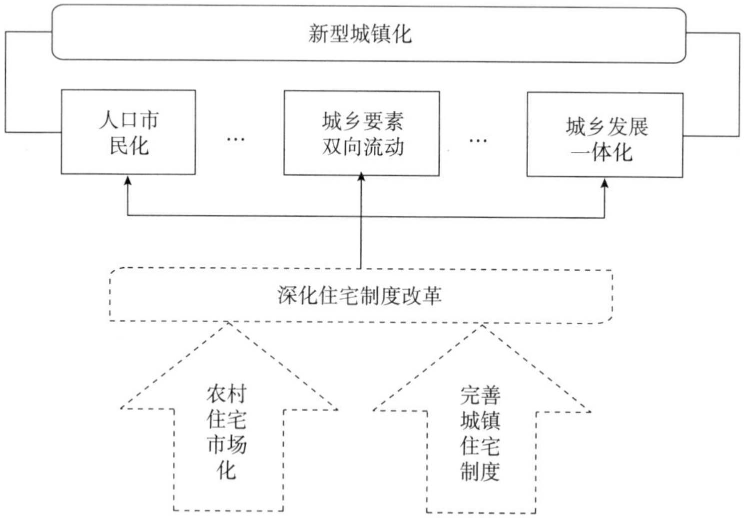

图 1-1　新型城镇化与深化住宅制度改革关系

第四节　本章小结

在二元住宅制度下，市场化的城镇住宅制度使得住房的居住功能和资产功能在城镇均得到充分发挥，而福利色彩浓厚的农村住宅制度仅发挥了农村住房的居住功能，却抑制了资产功能。这成为导致二元住宅制度对城镇化作用出现异化的重要因素之一。二元住宅制度曾在城镇化进程中发挥了积极作用，然而，在城镇化率达到较高水平后，现行住宅制度已不适应，甚至阻碍了新型城镇化，主要表现有：人与房错配导致住房和宅基地资源浪费；引起人口城镇化和土地城镇化失调；农业转移人口在城市的聚居区居住环境差；单向城镇化导致农村加速衰退；将农民固定在农村的理念已不适应人口红利消失的现实。

与此同时，脱胎于现行制度的农村住宅自发交易，尽管区域差异明显，但发展态势不容小视，符合诱致性制度变迁特征。不过，变迁能否顺利完成，还取决于中央政府的强制性力量。处于无序状态的农村住宅自发交易，急需市场规制。因势利导和墨守成规是规制农房自发交易的两种选择。因势利导发展农村住宅市场有利于激活农村住房资产功能，构建城乡要素双向流动机制，契合了新型城镇化目标。因此，深化住宅制度改革是新型城镇化战略的必然要求，农村住宅市场化是深化住宅制度改革的必然方向。

第二章 我国农村住宅市场的演化及发展模式研究①

本章将探讨我国农村住宅市场的发育状态、演化条件、发展模式与经验。基于对浙江德清、长沙浏阳、陕西高陵的案例调查，运用制度变迁理论，对三地农村住宅市场从形成背景、交易动机、类型、数量、价格和范围等方面进行横向对比。研究发现，我国农村住宅市场起步较早但发育迟缓，整体发育程度不高，发展潜力较大；区域差异明显，发达地区发育较好且出现城乡住宅市场融合态势；农房市场离不开产业支撑，与经济发展呈现相互促进关系；制度约束强弱取决于基层政府态度。试点地区的农村住宅市场演化过程和改革实践为其他地区农村住宅市场发展提供了重要经验借鉴。

党的十八届三中全会提出"赋予农民更多财产权利。慎重稳妥推进农民住房财产权抵押、担保、转让"。而农民住房财产权的实现离不开农村住宅市场的形成和发展。农村零星的住宅交易很早就存在了（常红晓等，2005），由于法律管制，农村住宅市场长期处于非正规化状态（陈小君等，2010）。然而，现有文献对农村自发交易住宅市场的关注有限，尤其是通过实证方法研究其演化过程的文献更少。为此，本章尝试通过考察农村住宅市场演进案例，分析农房市场制度变迁的规律，寻找促进农房市场发展的路径，为未来实现城乡住宅市场的统一提供经验借鉴。本章重点关注的问题包括：农村住宅自发交易市场是怎样演化的？农房市场形成需要怎样的经济社会条件？农房市场演化路径是唯一的吗？调研案例能为推进农民

① 本章内容已发表于《河北学刊》2017年第5期，原标题为《农村住宅市场衍化条件与发展模式研究——基于案例调研的分析》，略有删改。

住房财产权抵押、担保、转让等提供哪些经验启示?

我国以权力中心为核心的供给主导型制度变迁方式，更易陷入制度变迁的“诺思悖论”(杨瑞龙，1993，1994)。在国家具有追求社会总产值最大化和自身垄断租金最大化的双重目标假设下，当存在竞争约束和交易费用约束时，若目标发生冲突，国家会容忍低效率产权结构的长期存在，即“诺思悖论”。突破“诺思悖论”需要由组织实施捕获获利机会的集体行动，在个人和权力中心之间形成某种利益均势(诺思，1994)。促使组织采取集体行动的驱动力量源自个人追求自身利益最大化的动机，而经济发展改变着获利机会，因而“诺思悖论”的化解受多种经济因素影响。经济社会发展水平不同的地区，个人突破现有制度的潜在牟利机会差别较大，导致“诺思悖论”化解条件的满足程度不同。为此，本章通过考察当前我国正在进行的三个农村住宅市场制度变迁案例，一方面分析诱发这些地区农村住宅自发交易的一般条件，为“诺思悖论”化解的理论假说提供实证支持；另一方面试图论证制度变迁与经济绩效之间的互动关系。成功的制度创新能提高经济绩效，而经济环境的改变也可能成为突破“诺思悖论”的诱因。我国经济社会发展的区域差异将导致“诺思悖论”化解的不同路径，从而表现出差别化的制度创新路径。

第一节　德清、浏阳与高陵的农村住宅市场

为了了解不同地区农村住宅市场的发展状况，中国人民大学住房发展研究中心于2015年10月底至12月初先后对浙江省湖州市德清县、湖南省长沙市浏阳市和陕西省西安市高陵区进行了调研。调研地点的选择考虑了三方面因素：首先，三地均是2015年2月全国人大常委会授权国务院在全国选定的33个农村土地制度改革试点县(市、区)，其中，浏阳和高陵为宅基地制度改革试点，德清为集体经营性建设用地入试点。其次，农村住宅市场与宅基地制度、集体建设用地制度改革关系密切。最后，三地分处东、中、西部，代表不同的经济发展水平。

本次调研通过与国土、房产等部门工作人员座谈和实地走访相结合的方式，主要调查农村住宅市场的当前状况和发展历程、农村土地制度改革相关的政策实践以及农民的利益诉求及政府人员的想法建议。

一、农村住宅市场演化进程

调查发现，三地农村住宅交易的类型和数量都是在改革开放后，随着经济快速发展而逐渐增加的。20 世纪 80 年代中期之前，农民住房基本上都是自建自住，由于很少发生城乡人口迁移，农村住房交换只是偶尔发生。进入 20 世纪 90 年代，随着市场经济制度逐步确立，经济逐渐搞活，城镇化进程中城乡人口流动促使农房交换增加。这其中走在改革开放前列的沿海各省，其农房市场率先发育，浙江省湖州市德清县就是一例。

（一）浙江德清的农村住宅市场演化

浙江德清的农村住宅市场演化与当地的钢琴、民宿旅游等产业的发展是紧密联系的。1985 年德清县洛舍镇创办的第一家钢琴厂（镇办企业），就是租借的农舍。随着钢琴产业的快速发展，利用农民住房办厂越来越多，农房除了被租用办厂外，还被用来抵押贷款以筹集生产资金。另外，始于 2007 年的“洋家乐”，以及随后快速发展的“农家乐”，均是租赁乡村农房，目前已形成具有国际影响的民宿旅游产业。因此，随着农房租赁、抵押等交易的增加，德清县农房市场逐渐形成并发展起来。

（二）湖南浏阳的农村住宅市场演化

湖南浏阳农村住宅市场离不开“花炮”产业。花炮制造是浏阳的传统优势产业，据史料记载，浏阳是花炮的发源地，而花炮源于“作坊式”生产。花炮作坊是农民利用自家住房进行生产，农房既是住宅，又是工厂。1986 年以后，浏阳花炮产业得到迅猛发展。尽管浏阳于 21 世纪初进行了“工厂化改造”，但大量的家庭作坊依然存在。为扩大再生产，将农房作为抵押物获得贷款的作坊逐渐增多。还有一些农房被出租给外来工人作为宿舍。另外，随着一些山区农户搬迁到山下居住，也出现了一些农房转让交易。

（三）陕西高陵的农村住宅市场演化

陕西高陵的农村住宅交易在农民“集中居住”以后增加较快。2008 年和 2009 年高陵区先后被省市确定为统筹城乡发展示范区试点，探索出“小村并大村”“城中村融合”和“城边村并入”三种新型社区建设模式。实现了集中居住以后，一些住房过剩的农户将农房出租给外来务工人员，或者转让给其他农户，一些城中村农户将作为安置房的商业用房出租，农房市场逐渐形成。

二、农村住宅市场的现状对比

调研地区的农房市场在交易目的与方式、交易数量与价格以及交易范围等方面既表现出相似性，又存在差异性。

（一）交易目的与方式

调研发现，农房出租、转让、抵押等在三地都存在，是目前农村市场的主要交易方式，但交易目的各有侧重。德清农户主要将农房出租给一些企业或个人用于发展民宿旅游，或者抵押以获得贷款用于钢琴产业。在浏阳，除了少量农房转让给山区迁入户外，主要被用来抵押融资发展花炮或其他产业。高陵农房出租基本被用于居住，少量转让发生在集体组织成员之间，城中村的安置商业用房被出租用于经营。值得注意的是，在德清发现了一种比较特殊的农房交易方式——联建，即农民出宅基地、市民出资共同建设住房，共同使用。

（二）交易数量与价格

德清的农房交易起步较早，各类交易方式的总交易次数不论是年均还是总量都高于浏阳和高陵，浏阳的农房抵押交易次数次之，高陵农房出租数量较小。调查发现，德清一处破旧的土坯房出租用于民宿旅游，年租金达到 5 万元/套，租期通常为 30 年，150 万元租金一次付清，而在浏阳实地走访的南山村，一套农宅转让给山区迁入户，转让价格总共约 5 万元，出租一套农宅的年租金仅为 1000~2000 元。高陵区位于城中的农民集中安置房租金同附近商品房租金接近，但农村地区租金偏低。

（三）交易范围与市场特点

德清的农房不少出租给城市居民、外地投资商甚至外国投资者，其农房交易已不限于集体经济组织内部，已经突破城乡界限。以长期租赁代替转让是德清农房市场的特点之一。由于不少山区迁入户并非本村成员，浏阳的农房转让也不限于集体成员之间，但很少有城市居民专门购买农民住房的情形。将农房抵押取得贷款用于作坊生产是浏阳农房市场的主要特点。高陵的农房除了出租给外来务工人员或城市居民外，农房转让主要还是在集体内部，而且出租的通常都是农民集中居住后或安置后的剩余住房（见表 2-1）。

表 2-1　调研地区农房市场比较

农房市场	浙江德清	湖南浏阳	陕西高陵
交易方式	出租、转让、抵押、联建等		
交易数量	较大	一般	较小
交易价格	较高	一般	一般
交易范围	突破城乡界限	突破集体，但限于农民之间	限于集体内部
市场特色	以租代售	农房抵押融资用于花炮生产	出租富余安置房
交易目的	以旅游、生产为主	以生产为主	以居住为主

资料来源：根据调研资料整理。

综合以上对德清、浏阳和高陵农村住宅市场演化进程和现状的介绍至少可以发现两点：首先，农村住宅市场作为一种自发形成的制度创新，不仅在农村地区客观存在，而且表现出值得重视的发展势头；其次，我国农房市场发展的区域差异明显，一些地区（尤其是沿海发达地区）的农村住宅交易起步较早，发展也较快，甚至已经显现出城乡住宅市场统一的趋势，而有些地区则起步较晚，且发展较慢，仍有较大发展空间。

第二节　农村住宅市场演化案例经验及借鉴

德清、浏阳和高陵农村住宅市场的自发演进过程和政府的先行探索，为其他地区促进农村住宅市场发展提供了重要经验，但也应重视三地所具有的突破“诺思悖论”的特殊条件，考虑试点经验在其他地区的适用性。

一、案例经验

（一）战略定位：发展农村住宅市场的目的是促进经济发展或提升福利水平，其自身并非目的

在调研地区的两类农房市场演化模式中，产业拉动型演化是利用农村住房发展某些产业，农房交易在促进产业经济发展方面发挥了重要作用，发展推动型演化是为充分利用过剩农房，农房出租或转让提升了资源利用率，增加了农民收入。农民之所以选择进行农房交易，共同目的都是增加收入，交易只是手段，其本身不是目的。为了交易而交易将偏离改革方向，甚至舍本逐末。

（二）在充分尊重农民市场主体地位前提下适当引导农房交易

案例地区的农村住宅市场演化是个自然的过程，并不存在任何外力干预或强制。农户作为理性经济主体，为实现利益或效用最大化，会主动也将有能力寻找适当的方式利用自家住房，除非危害公共利益或公共安全，政府或集体经济组织都不应当过多干涉。当然，由于有时政府或集体组织可能比农户拥有更多优势，如掌握更丰富或更有效的市场信息，对农户适当引导将有利于缩短农户的选择过程，提高效率。

（三）政府角色：规则制定者、秩序维护者、交易鉴证人和服务提供者

政府作为农房市场发展的推动者，扮演着极为重要的角色。政府不应当成为市场直接参与者，中央政府主要负责农房市场发展的战略决策和顶层设计，营造宽松的改革氛围，地方政府则要结合当地实际情况制定有效的市场规则、维护市场秩序、做好农房交易登记备案、为农房市场提供服务。对于政策制定者而言，重点是如何创造出适宜的经济和制度环境，这样一来，农村住宅市场将水到渠成。

（四）农村住房利用管理制度应有别于城市

随着农民非农经济活动的日益增多，农房的使用功能悄然发生着变化。农房已不像过去那样只为农民提供住所，它们越来越多地作为生产要素被农民投入到非农经济活动中。这一点和城市住房有很大不同。城市住房虽然具有消费品和资本品的双重属性，但最终的用途主要是居住，外部性的存在使得擅自改变用途可能损害他人的正常使用，因此我国现行法律对城市住房的用途改变进行较为严格的管制。鉴于此，未来改革中农房利用管理应和城市有别，对农房用途改变的管制应比城市宽松。

（五）调研地区遇到的问题

首先，“一户多宅”问题。农房市场的形成将提高农房资源的配置效率，但“一户多宅”将引发公平问题（杨璐璐，2016）。“一户多宅”现象比较普遍，如在浏阳走访的南山村，该村 871 户中一户多宅的 150 户，占 17%。对此，浙江进行了大胆尝试，浙江省政府 2013 年发出通知，决定自 2013~2015 年在全省深入开展旧住宅区、旧厂区、城中村改造和拆除违法建筑（简称“三改一拆”）三年行动。德清农村的“一户多宅”在“三改一拆”行动中得到有效治理，解决了将来农村住宅市场发展中可能遇到的公平问题。

其次，宅基地闲置问题。宅基地闲置在农村也比较常见，如浏阳的沙龙村，共有 2000 宗左右宅基地，其中 300 多户老宅闲置，占 15%。调查结果与现有文献基本一致（张桂芳等，2016）。宅基地闲置与一户多宅有密切关系，农户多占的住宅大多闲置。农村住宅市场的形成将有利于提高农房利用率，减少农房闲置。

再次，农民“流离失所”风险。调研中有政府人员对农村住房自由交易可能导致的农民“流离失所”表示忧虑。因此，应当建立和农村住宅市场配套的，覆盖城乡的住房保障制度，以降低此种风险的发生概率。

最后，农房抵押贷款风险。农房流转受限引起的抵押权行使困难是引致农房抵押贷款风险的重要原因，因此，农房市场的形成将增加农房的可转让性，从而降低贷款风险。

二、经验的可借鉴性

德清、浏阳和高陵是中央政府确定的试点区域，具有一定的典型性，不过试点经验推广还要考虑对其他地区的适应性，因此需要进一步探讨三地的特殊性。

（一）三地经济发展水平和居民可支配收入均高于全国平均水平

尽管分属于经济发展水平不同的东、中、西部地区，而且横向来看三地经济发展亦表现出一定差异性，但整体上，三地都具有一定的经济发展基础。三地的人均 GDP 和人均可支配收入均高于全国平均水平（见图 2-1），尤其是农村居民人均可支配收入，三地是全国的 0.6~2.2 倍，甚至高于人均 GDP 相对于全国的倍数（0.8~1.8 倍）。

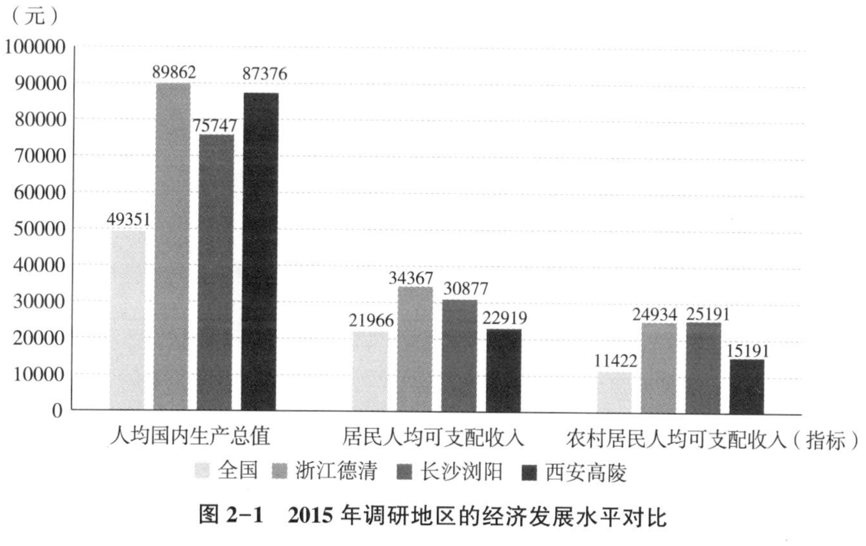

图 2-1　2015 年调研地区的经济发展水平对比

资料来源：2015 年全国、浙江德清、长沙浏阳、西安高陵的《国民经济和社会发展统计公报》，下同。

基于前文分析，经济发展同农村住宅市场有密切联系。对于产业拉动型模式，农房市场发展是经济发达和收入提高的原因，而对于发展推动型模式，恰恰相反，发达的经济和较高的收入是农房市场发展的原因。显然，对于那些经济欠发达和收入不高的地区，产业拉动型的农房市场发展模式可能更适合，因为可以借力农房市场来助推经济发展。

（二）三地城乡居民收入差距较小

城乡收入差距是反映城乡差距和城乡统筹发展的重要指标，常用城乡居民人均可支配收入之比作为城乡收入差距的衡量指标。如图 2-2 所示，三地的城乡居民人均可支配收入之比均小于全国整体水平，表明三地城乡统筹发展水平较高，这可能和农房市场发展有一定关系：较小的城乡差别为农村住宅交易创造了客观条件。例如，德清在户籍制度、基础设施、社会保障等方面已基本实现城乡均等，这也是投资商愿意利用破旧农房发展旅游的重要原因。三地农村住宅市场发展的经验对那些城乡收入差距或城乡差距较大的地区在多大程度上有借鉴意义，需要更加深入的探讨。

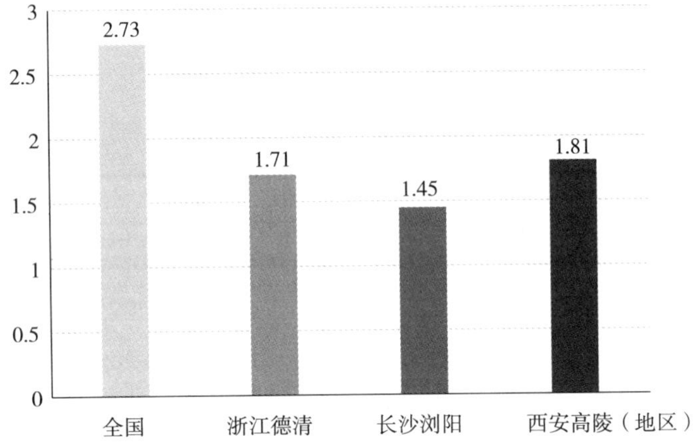

图 2-2　2015 年调研地区的城乡可支配收入之比对比

资料来源：根据相关资料整理。

（三）三地都有一定的前期改革基础

表 2-2 显示，在 2015 年农村土地制度改革试点启动以前，德清、浏阳和高陵都进行了相关探索，内容涵盖城乡统筹发展、农村产权制度和土地流转等方面，这为农村住宅市场的形成和发展奠定了基础。但是，对于全国大多数地区来说，进行类似探索的毕竟是少数，因此在推广三地经验时应慎重。

表 2-2　调研地区的前期改革

地区	改革名称	改革时间
德清	“三改一拆”	2013~2015 年
	城乡统筹改革试点	2013 年始
	地权城乡一体化改革试点	2013 年始
	“一户多宅” 专项整治	2014 年
	集体经营性建设用地入市改革试点	2015 年始
浏阳	不动产统一登记试点	2014 年 6 月始
	农房抵押融资改革试点	2015 年 5 月始
	农村资源流转交易中心	2015 年 10 月建成
	宅基地制度改革试点	2015 年始
高陵	统筹城乡发展示范区试点	2008 年始
	农村产权制度改革	2010 年 9 月启动
	农村土地承包经营权确权登记试点	2010 年始
	农村产权交易中心	2011 年建成
	宅基地制度改革试点	2015 年始

资料来源：根据调研资料和媒体报道整理。

综上，调研地区在经济发展、城乡收入差距和改革基础等方面的特殊性可能影响其经验的一般性，但其实践探索可提供一些启示，其有益经验可为其他地区提供参考。

第三节　农村住宅市场的演化条件与发展模式

基于以上分析，可以归纳我国农房市场需要具备的一般性演化条件以及表现出的差别化演化模式。

一、农村住宅市场的演化条件

（一）制度和经济环境改变是农村住宅市场产生的前提

改革开放的宏观环境使农村住宅市场的产生成为可能。一方面，经济体制改革营造了宽松的制度变革环境。为了促进经济发展，以计划经济向市场经济转轨为主导，各个经济领域的制度改革全面展开。从中央政府到地方政府再到各类经济主体，形成了突破旧制度束缚的浓厚氛围，越来越多的经济主体不再墨守成规。德清和浏阳的一些农户逐渐意识到自家住房不仅可以用于居住，还能用于制造钢琴和花炮，甚至还能用来融资。

另一方面，经济活力增强激活了经济主体的逐利动机。改革开放创造了更多发展机遇，那些抓住机遇先富起来的农户，对贫困农户产生了示范效应。摆脱贫困的强烈愿望，使得越来越多意识到农房经济功能的农户有勇气将其用于生产或融资。

（二）农村非农产业发展激发出对农村住宅交易的内生需求

农村非农产业发展必然产生三方面需求：生产空间需求、资金需求和居住需求，而利用农村住房将以相对较低的成本满足这些需求。如浏阳的花炮产业，生产花炮除了需要厂房、流动资金外，随着生产规模扩大和工人增加，外来产业工人的居住问题也需要解决，而这些都和农民住房有关。为节约生产成本，农民首先会使用自家农房，随着生产规模扩大，还会租用他人农房，这就催生了农村住宅交易。德清的钢琴产业也有类似情形。可见，非农产业发展推动了农房市场形成。

（三）农民的首创精神是农房交易发生的直接动因

调研发现，农房交易的自发性是农村住宅市场产生的重要特征。不论是早期的零星农房租赁和转让，还是后来常态化的农房交易，都是在农民和其他主体间自发完成的，既不存在集体经济组织干预，也不存在地方政府强制推动。因此，尽管存在交易风险，但农房交易基本是自愿进行，农房市场形成是符合农民意愿的。

显然，农民在农房市场制度变迁中扮演着第一行动集团的角色，从单个交易中以私人合约为基础的分散化决策，逐渐演变为制度化的协商和谈判。当形成超越个体水平的集体行动时，产权创新的收益得到更有力的保护，这成为新的合约结构产生的重要动力。

（四）基层政府的包容态度使农村住宅市场发展成为可能

基层县、乡镇政府作为法律规范的直接实施者，其对农村住宅自发交易的态度显得尤为重要，尤其是在市场萌芽的早期。我国现行法律缺少对农村住宅交易的明确规定，虽然《土地管理法》对宅基地转让未明确禁止，但实践中政府通常对农村住房及宅基地向集体成员以外转让持否定态度。然而在调研中，德清县及其乡镇政府对农民自发出租、转让及抵押农房的包容态度令人印象深刻。基层政府认为，既然法律未明文禁止，农户将农房长期出租用于经营家庭旅游或者钢琴制造等产业，既能增加农民收入，又能发展经济、增加财政收入，因此是允许的。这为农村住宅交易增多乃至农房市场形成提供了机会。

二、农村住宅市场的演化模式

考察德清、浏阳和高陵的农房市场演化过程，可以归纳为产业拉动型与发展推动型两种演化模式。

（一）产业拉动型

所谓产业拉动型演化模式，是指农房市场的形成和发展以一定的产业发展为先导，农房交易的动机和目的是发展某些产业。浙江德清和湖南浏阳显然属于这种模式。

产业拉动型演化模式实质上属于通过扩大农民对于住房的行为选择来提高生产效率的制度变迁，该模式主要有两个特征。首先，该模式更多地发挥了农房的经济功能，即将农房用作生产要素（厂房或抵押品），改变了农房的居住用途。其次，该模式需要有一定的产业作为依托。没有合适的产业，农户就没有交易的动机，也就很难形成农房市场。

（二）发展推动型

所谓发展推动型演化模式，是指农房交易的发生与农房市场的形成是经济发展的结果，即随着经济发展，农民居住方式发生改变，住房产生剩余，为获得房屋收益，农民将农房出租或者转让。陕西高陵即属于该模式。

发展推动型演化模式是一种重新分配收入的制度变迁，主要特征包括：一是农房市场的形成是经济发展的结果，只有当经济发展到一定水平，农房市场才会形成；二是农房产生剩余是农房交易的必要条件，这依赖于农民居住方式由分散向集中的转变；三是该模式需要农民具有住房投资意识，即有利用剩余农房获取收益的动机。

三、农村住宅市场演化的理论分析

前文三个案例共同表明，在现行农村土地和住宅制度下，农村发生的住房交易是个别的和自发的。在改革开放背景下，农村第二三产业的发展使农民发现农房交易的潜在收益，产生变革需求，从而打破了原有制度均衡，而地方政府的容忍态度减少了制度变迁的潜在成本，制度创新收益大于成本促进了农村住宅市场这项制度安排的出现。

“诺思悖论”的化解需要某个组织实施集体行动，以形成既能满足个人寻求最大化收益的要求，又能实现国家垄断租金最大化的均势（诺思，1994），而组织形成和集体行动需要一定条件。以上对三地农村住宅市场演化条件的探讨，支持了“诺思悖论”化解的一般理论假说，而两种不同演化模式表明，具有不同经济社会发展条件的地区，将表现出有差别的“诺思悖论”化解路径，从而验证了本章的理论假说。

以上分析还表明，制度变迁与经济发展之间表现出相互影响的关系。一方面，变迁主体通过突破旧制度约束，在显化潜在利益的同时，可以促进经济增长；另一方面，经济环境的改变将使变迁主体发现制度变迁的潜在收益，从而诱致制度变迁。

第四节　本章小结

促进农村住宅市场发展是推进农民住房财产权抵押、担保和转让的内在要求。通过对浙江德清、湖南浏阳和陕西高陵的实地调查发现，我国农村住宅自发交易伴随着经济体制改革起步，尽管受制度约束，目前农房市场仍处于非正规化状态，但自发变迁过程正悄然进行且对新制度的需求不容忽视。

研究发现，调研地区农房自发交易既有共同诱因，也表现出不同模式。制度和经济环境改变、非农产业发展、农民创新意识和基层政府态度等共同促成了“诺思悖论”的化解。经济社会发展的区域差异导致农房市场演化表现出差别化的制度创新路径，德清和浏阳产业拉动型演化模式和高陵的发展推动型演化模式显现出制度变迁与经济绩效之间的互动关系。调查案例展现出的农村住宅市场的演化进程，表现出诱致性和强制性结合的特征，而目前恰处于诱致性和强制性结合的关键节点。在那些农村自发交易住宅市场已有雏形的地区，作为第二行动集团的政府应该发挥更大的作用以推动制度变迁的完成，而在那些农房交易仍有限的地区，政府应该作为第一行动集团推行自上而下的制度变迁。可见，制度变迁理论也为农房市场制度创新提供了指导。

试点地区的农村住宅市场演化和改革实践为其他地区提供了重要经验借鉴。政府（尤其是基层政府）在接下来的农村住宅市场演进过程中应当发挥重要作用，将发展农村住宅市场作为促进经济发展或提升农民福利水平的手段，在充分尊重农民市场主体地位前提下适当引导农房交易，更多地扮演规则制定者、秩序维护者、交易鉴证人和服务提供者的角色，在农村实行不同于城市的住房用途转换管理政策，解决好“一户多宅”、宅基地闲置等问题，同时应加强城乡一体化的住房保障等配套制度建设，防范农民“流离失所”和农房抵押贷款等风险。

第三章 “三块地”改革：农村住宅制度革新起步

——以河南长垣为例

2018 年 12 月 23 日，国务院向第十三届全国人民代表大会常务委员会第七次会议作《国务院关于农村土地征收、集体经营性建设用地入市、宅基地制度改革试点情况的总结报告》（以下简称《报告》）。全国人大常委会决定，改革试点继续延期至 2019 年 12 月 31 日，“三项”改革，也叫“三块地”改革，还将继续深化。长垣试点对于如何在国家粮食生产核心区处理好农村土地“三项”改革与耕地保护的关系具有参考意义。基于调研，本章从统筹改革角度提炼长垣试点的制度性成果、总结改革经验，侧重从耕地保护视角审视改革存在问题。分析发现：依法改革、市场配置、统筹协调、收益平衡和灵活入市等可为制度设计提供参考；而坚持党的领导、考虑内生需求、通权达变和“村财乡管”等可为改革推进提供借鉴。但也存在“耕占平衡”难、乡村规划和基础设施建设滞后、建设用地指标交易的制度基础不稳定、契约长期性与试点临时性之间存在矛盾等难题，应在试点续期中重点破解。

“三项”改革的主要目标之一是，针对快速城镇化中出现的人地矛盾问题，盘活农村存量建设用地资源，提高农村建设用地节约集约利用水平，激发农村活力（姜大明，2016）。习近平总书记强调改革“不能把农村土地集体所有制改垮了，不能把耕地改少了，不能把粮食产量改下去了，不能把农民利益损害了”。可见，耕地保护是农村土地制度改革的主要前提之一，也是“三项”改革受到的硬性约束。然而，盘活农村存量建设用地资源与保护耕地之间存在复杂关系，如何妥善处理是“三项”改革的难点之一。作为传统农业大省的河南省，既是人口大省，也是全国粮食生产核心区，快速城镇化中的人地矛盾问题更为突出。因此，在河南省探索“三项”改革，对于回答如何在不破坏耕地、不危及粮食安全的前提下推进农村土地制度改革，具有十分重要的试点意义，而长垣县是代表河南省的唯一试点。长垣县自2015年初被确定为改革试点以来，严格落实《关于农村土地征收、集体经营性建设用地入市、宅基地制度改革试点工作的意见》（以下简称《意见》），守住“四个不能”，经过四年艰苦探索，顺利推进改革，较好地完成了试点任务。在不破坏耕地的前提下，有效盘活农村闲置建设用地，保证产业发展用地需求，形成一套可复制的制度性成果，探索出一条较为有效的改革路径。国务院在《报告》中充分肯定了长垣的探索，而理论界对其关注却明显不足。

基于33个试点的重要研究（CSSCI期刊发表），可以分为两类：仅考察某一项改革的“单项研究”和考察“三项”改革的“综合研究”。“单项研究”中，集体经营性建设用地入市方面：四川郫县（郫都区）的探索受到较多关注，宇龙（2016）分析了郫县的具体探索、初步成果和法律障碍，伏绍宏等（2017）有针对性地指出重构收益分配机制面临的现实障碍并提出对策建议，杨庆媛等（2017）基于郫都区实践，分析入市收益分配以及促进农民土地财产性收入增长的效果及机制；李明贤等（2018）以湖南浏阳市为例，从市场体制机制、收益分配制度以及产权归属三个方面分析农村集体经营性建设用地入市的体制机制障碍；姚睿等（2018）以30个入市改革试点为例，探究中国当前集体建设用地市场的构建和发育情况及其与国有建设用地市场的关系，分析影响集体建设用地市场发育程度的因素。岳永兵等（2018）以广东南海、四川郫县、重庆大足区、浙江德清县、河南长垣县、广西北流市等农村土地制度改革试点为例，总结了土地增值收益在国家与集体之间、集体内部分配的实践及启示。征地制度改革方面，邓蓉（2017）以西部某试点县为例，分析了征地制度改革对县域财政的影响。

宅基地制度改革方面：杨璐璐（2015，2016，2017）先后研究了福建晋江宅基地整理潜力、农民宅基地退出意愿和宅基地“一户多宅”问题；宋佳诺（2016）以天津市蓟县为例，分析了村庄规划视角下农村宅基地整治模式；朱从谋等（2017）以浙江义乌市“集地券”为例，探寻基于土地发展权的宅基地流转增值收益分配方法；胡银根等（2017）以安徽金寨、天津蓟州、浙江义乌三个典型试点为例，探讨了宅基地有偿退出模式；刘圣欢等（2018）基于大理市银桥镇农村宅基地制度改革试点，研究了农村宅基地“三权分置”的权利结构与实施路径；钟荣桂等（2018）探讨了江西余江宅基地制度改革试点经验与启示。此外，陈卫华等（2017）基于对浙江德清、湖南浏阳、陕西高陵和江西余江等试点的调研，考察了农住宅自发交易市场，分析了农村住宅市场衍化条件与发展模式，建议基于宅基地制度改革推进中国农村住宅制度建设。土地增值收益分配方面，徐进才等（2017）以内蒙古和林格尔县为例，基于农地征收转用过程中土地增值收益的形成机理以及土地增值收益分配过程中参与主体的贡献及风险，探寻土地增值收益的合理分配比例。

“综合研究”自2017年开始出现。陈燕芽（2017）以“三块地”改革为切入视角，明晰新型城镇化建设与农民土地权益保护之间的关系。刘探宙等（2018）在梳理四川泸县试点的基础上，分析改革显现出的叠加效应。严金明等（2018）认为，农村“三块地”改革存在缺乏整体统筹、征地改革动力不强、集体经营性建设用地改革范畴有限、增值收益分配缺乏科学依据、宅基地改革认知矛盾凸显等诸多问题。贺雪峰通过查阅资料的方法对全部试点进行了分析，认为三项土地制度改革试点在理念和实施方面都存在一定的问题，将发达地区土地利用的教训或者说将先行地区的劣势复制到本来可以发挥后发优势的中西部地区的主张与实践，值得学界及政策部门深思与警惕（贺雪峰，2018）。

从对试点总体情况的研究来看，呈现由单一角度向综合视角的发展脉络，与试点推进节奏基本一致。在逐渐增多的综合研究中，不少研究采用横向对比或总体归纳的方法，从宏观视角切入，而缺少针对特定试点的纵深研究。对于河南长垣的试点实践，现有研究主要关注“三项”改革中的某一方面，对统筹改革经验的总结提炼还比较有限。黄建水等（2016）和刘晓丽（2016）主要分析了试点初期长垣县在集体经营性建设用地入市方面的探索，评价了就地入市、调整入市和整治入市三种途径的效果，但未涉及后期开展的其他试点工作。杨建波等（2018）采用问卷调查法，分析了农村宅基地流转情况、总结宅基地管理中存在的问题，但未对改革的其他方面进行分析。

只有“加强对试点工作的调研指导和评估总结，深入提炼经验做法，形成可复制、可推广的改革成果”（姜大明，2016），才能发挥好试点作用。针对现有研究不足，中国人民大学住房发展研究中心课题组由吕萍教授带队，于2018年12月17~19日，赴长垣县对“三项”改革的综合情况进行实地调研（林超等，2019），本章即是此次调研的部分成果。本章基于长垣调研的一手资料，从纵深角度分析长垣县在集体经营性建设用地入市、征地制度、宅基地制度以及土地增值收益分配等方面形成的制度性成果，总结有推广价值的实践经验，剖析存在问题并提出未来改革建议，以更好地发挥粮食生产核心区唯一试点对全国改革的示范作用。

第一节 长垣“三项”改革进展与主要成效

一、改革任务

长垣县农村土地制度改革经历了从“单兵突破”到“双向耦合”，再到“三项统筹”的扩展过程。2015年2月27日，十二届全国人大常委会审议通过《关于授权国务院在北京市大兴区等33个试点县（市、区）行政区域暂时调整实施有关法律规定的决定》（以下简称《决定》），授权在试点地区暂时调整实施《中华人民共和国土地管理法》《中华人民共和国城市房地产管理法》有关法律规定，授权期限截至2017年12月31日。2017年6月，原国土资源部会同相关部门，逐一研究批复试点地区实施方案。最初，一个试点地区只开展一项试点，其中集体经营性建设用地入市和宅基地制度改革试点各15个，土地征收制度改革试点三个。长垣县被分配的任务是集体经营性建设用地入市改革。由于“三项”改革关系密切，2016年9月，原中央全面深化改革领导小组决定将土地征收制度改革和集体经营性建设用地入市扩大到全部33个试点县（市、区），长垣县也增加了土地征收制度改革试点任务。2017 年 11 月，原中央全面深化改革领导小组决定将宅基地制度改革拓展到全部 33 个试点县（市、区）。至此，长垣县农村土地制度改革升级为“三项统筹”（见图 3-1）。

图 3-1　长垣“三项”改革任务扩展

党中央关于改革的《意见》是“三项”改革的纲领，明确设定了改革任务。土地征收制度改革的任务是：缩小土地征收范围，规范土地征收程序，完善对被征地农民的合理、规范、多元保障机制。集体经营性建设用地入市改革的任务是：完善产权制度，明确入市的条件和范围，建立健全集体经营性建设用地入市规则和监管措施。农村宅基地制度改革的任务是：完善宅基地权益保障和取得方式，探索宅基地有偿使用、自愿有偿退出或转让机制，改革宅基地审批制度。土地增值收益分配机制改革的任务是建立健全土地增值收益分配机制。

二、改革进展与主要做法[①]

（一）改革进展

长垣县认真落实党中央、国务院决策部署，在坚持习近平总书记强调

① 此部分根据长垣县土地制度改革工作领导小组办公室提供的《河南省长垣县农村集体经营性建设用地入市专题报告》《河南省长垣县土地征收制度改革专题报告》《河南省长垣县宅基地制度改革专题报告》《河南省长垣县土地增值收益分配专题报告》和《河南省长垣县统筹推进三项改革试点专题报告》等整理。

的“不能把农村土地集体所有制改垮了，不能把耕地改少了，不能把粮食产量改下去了，不能把农民利益损害了”的前提下，从调查摸底、确权颁证、城乡规划、确定基准地价、出台政策和学习培训六个方面推进改革。

通过摸底调查，共核查出村镇规划范围内存量集体经营性建设用地852宗1.8万亩，其他处于空闲状态的集体建设用地2.4万亩。安排专项资金3800多万元，全面开展农村房地一体不动产登记工作，制定了农民易接受、村里好操作、政府好监管的宅基地历史遗留问题处理办法①。坚持规划先行，投入资金3000万元，将村级规划与城乡规划体系相结合，在全县城市范围外501个村分批实施村土地利用规划、村庄建设规划、产业发展规划、公共服务规划和生态规划等“多规合一”村级规划编制工作。确定了农村集体经营性建设用地和其他各类建设用地的基准地价，实现与国有土地用途分类相统一、地价水平相衔接，形成了程序统一的基准地价体系。2015~2018年，先后制定出台农村土地制度改革政策文件累计达43个，作为改革依据。先后赴广东、南海等14个试点县考察学习，召开推进会、汇报会、县乡村三级干部培训会等专题大会71次，乡级培训会200余次。

（二）主要做法

集体经营性建设用地入市。凡符合土地利用总体规划和城乡规划的集体经营性建设用地，允许通过拨用、出让、租赁、入股等方式取得与国有土地同等年限的使用权，并允许出租、转让、抵押。制定同国有土地统一和衔接的农村集体建设用地地价体系。赋予入市土地抵押权能，设立2000万元风险补偿金，鼓励金融机构以“银行+担保”和“银行+风险补偿金”模式提供信贷。村集体所有的土地，由集体股份合作社作为入市实施主体；村民小组所有的土地，由村民小组委托集体股份合作社作为入市实施主体；乡集体所有的土地，可指定经济组织作为入市实施主体，也可由乡

① 《长垣县土地制度改革工作领导小组关于规范农村宅基地日常管理相关问题的通知（试行）》（长土改〔2018〕8号）和《长垣县人民政府办公室关于印发长垣县农村房地一体不动产登记若干规定的通知》（长政办〔2018〕81号）。

（镇）、街道办事处作为实施入市主体。探索就地入市、调整入市和整治入市三种入市途径，入市土地用于工业、商业、住宅、旅游、电商、养老、教育、公益性用地等多种用途。区分用途及等级确定调节金征收比例，保证入市收益在国家和集体之间的分配与征地时大体平衡，调节金按县乡四六分成。被占地群众分得入市收益，原则上不超出征地区片价，后来又允许获得不超过每亩 3 万元的增值收益。通过审计和“村财乡管”，加强对集体分享收益的监管。构建与国有建设用地相统一的交易平台、地价体系、交易规则、监管机制和中介服务，规范集体土地资产处置决策程序和入市流程。按照“四议两公开”① 的办法决定村集体所有建设用地的入市相关事宜。

土地征收制度。对征地项目类型进一步细化，形成了包括九大类 26 小类的征地目录，将党政机关、人民团体用地和法律明确不得使用农村集体土地等三种情况列入可征收范围，目录之外的建设用地全部通过集体建设用地入市进行保障。成立由县国土局牵头的公共利益用地争议认定联席会议制度，负责公共利益用地争议认定。单个项目征地面积在 100 亩以上或者涉及拆迁 20 户以上的，必须开展社会稳定风险评估，至少与 80% 的被征地农民协商签订征收补偿安置协议，成立专门机构调处征收矛盾纠纷，将用地报批前的程序由九个简化为五个。对征收集体建设用地和未利用地的，由长垣县政府直报省政府进行形式审查，不再报省国土厅审查，试点期间享受省辖市农用地转用审批权。修订征地区片地价标准，新标准较旧标准提高 18%，平均每亩增加了 6000～7000 元。征收集体土地地上房屋时，农民可以选择“以地易房、以房易房、以人易房、评估换房或货币安置”。农民有权选择现金补贴或社保补贴。按照上年度社会平均工资的 60%，对 2018 年以后被征地农民参加养老保险进行补贴。农民和村集体以 7∶3 的比例分享增值收益。

农村宅基地制度改革。结合中部省份实际，明确“户”的认定标准。

① 村党支部研究入市方案并提议，村“两委”会商议、党员大会审议、村民代表会议或村民会议议决，并将决议和实施结果公开。最终经村民会议 2/3 以上成员或者村民代表表决同意。

在城市规划区外的保留村继续实行“一户一宅”制度，对部分规划不合理的宅基地进行适度置换和调整；在城郊村通过“统规统建”，建设新型农村社区落实“一户一宅”；在城中村，结合城中村改造实现整治入市；在黄河滩区，实施易地搬迁。实行村集体主导下的宅基地有偿使用制度，对超标占用、一户多宅、非本村村民占用宅基地的收取有偿使用费。使用费标准根据村民负担能力统一确定，对超标占用部分征收。对自愿退出宅基地进行补偿，标准参照土地征收区片间隔计算。探索并实践宅基地“三权分置”实现形式。

土地增值收益分配。集体经营性建设用地入市土地增值收益的分配，以促进入市制度和征收制度平稳过渡为原则，对2018年8月3日前的入市地块，被占地农民获得收益原则上不超出征地区片价，剩余收益用于集体经济发展和村组公益基础设施建设。对2018年8月3日后入市地块，收益除去被占地农民合理补偿和相关合理支出后，参考征地试点中被征地农民获得的社保费、分享的增值收益等，分配给被占地农民每亩不超3万元的增值收益，剩余资金用于村集体经济发展，并严格落实“村财乡管”制度。在计算入市地块增值收益的基础上，将应征收调节金额，折算到占成交价款总额的比例，作为土地增值收益调节金征收比例。调节金按县、乡（镇）、街道办事处四六分成，并专项用于农村基础设施建设、农村集体经营性建设用地土地开发和整理周转资金、困难群众社保补贴和特困救助金，以及经县财政部门批准的其他涉农支出。土地征收中土地增值收益的分配，不论征地前后土地用途如何，均获得统一标准补偿。农民与集体获得的总收益包括三部分：按照征地综合区片价计算的土地征收补偿费、基本养老保险补贴和增值收益分享。总体来讲，不论按何种用途出让，都从区片平均增值收益中提取10%以现金形式返还给村集体。

三、主要成效[①]

长垣县农村土地制度“三项”改革，严守四条底线，即构建政策体

① 此部分数据根据长垣县土地制度改革工作领导小组办公室提供的《河南省长垣县土地制度改革调研点简介（2018年）》整理。

系、完善产权制度、丰富试点样本、扎实推进各项工作。截至2018年底，取得的主要成效有：

农村集体经营性建设用地入市方面。入市集体土地192宗3657亩，成交价款3.11亿元，农民和农民集体收益2.9亿元，实现工业、商业、住宅、旅游等用途全涵盖，就地入市、调整入市、城中村整治入市三条入市途径全部实践，出让、租赁、作价入股三种入市方式全面尝试，并通过“入市+产业园区、住宅开发、扶贫车间、新兴产业、公益设施”等，帮助企业盘活资产37.9亿元，实现年产值103.3亿元，带动就业2.1万人。

征地方面。在41宗8442亩土地征收过程中实践征地制度改革，将用地报批前的程序由原来的九个步骤简化为五个，建立“社保+现金”模式保障了被征地农民长远生计，目前共参保失地农民7878人，县财政补贴2.12亿元，已有275人领取社保金。征收中已分享给被征地农民和农民集体3208万元土地增值收益，实现了缩小征地范围、提高补偿标准、规范征收程序、建立多元保障机制全方位探索，被征地农民综合获益较之前提高了40%。

宅基地方面。坚持全域全面铺开，投资3000万元开展全县所有村庄土地利用、村庄建设、产业发展等“多规合一”规划，完成全县601个村集体经济组织组建，投资3863万元全面开展农村房屋不动产登记工作，建立了宅基地退出基金，实现了村集体主导下的宅基地的有偿使用和有偿退出，村集体已收取宅基地有偿使用费2.32万户6817亩2753.8万元，占应缴纳有偿使用费的60.2%。腾退宅基地7207亩。在大浪口村探索并实践了宅基地的“三权分置”，成功创建为国家AAA级旅游景区，通过改革改变了宅基地私有观念，“多占多付出”的观念全面形成，贪占、多占的现象得到遏制和扭转，因土地引发的农村矛盾得到有效化解，因宅基地纠纷造成的上访事件同比下降19%，新增违法用地下降70.2%，全县耕地保有量增加1.1万亩。

第二节　长垣“三项”改革的制度启示和实践经验

长垣县认真按照中央《意见》，结合本地实际开展试点工作，一些做法具有可复制性，可以为制度性成果的形成提供启示；另一些做法可操作性较强，可以作为改革落地的实践经验。前者可以为新制度的形成提供支撑，后者可以对新制度的实施提供支持。

一、制度启示

（一）依法改革：改革悖论的破解之道

依法治国要求严格依法办事，而改革本质上是要突破现行制度，两者关系处理不当就会出现改革悖论。“三项”改革为处理这个问题提供了样本。

“重大改革于法有据”是改革法治化的重要标志，“三项”改革试点首先得到立法机关授权。习近平总书记 2014 年 2 月 28 日在中央全面深化改革领导小组第二次会议上强调“凡属重大改革都要于法有据”，党的十八届四中全会提出“重大改革于法有据”。全国人大常委会于 2015 年 2 月 27 日表决通过《决定》，开展“三项”改革试点，首次落实“试点授权”。随后，全国人大常委会进行了一系列涉及法院、检察院、药品、农民“两权”抵押贷款、股票发行等内容的“试点授权”。

长垣改革始终紧绷法律边界这根弦。例如，在集体经营性建设用地入市的主体方面，长垣县政府严格遵守《物权法》，坚持让享有集体土地所有权的集体经济组织直接作为入市主体，而不是由乡镇政府或县政府越俎代庖。在入市土地增值收益调节金的征收方面，尽管理论上合理，但根据税收法定原则，在税法修改之前，只能参照国有土地出让的相关税种收取“调节金”，以平衡国家和集体的收益。

可见，农村土地制度改革应深刻认识改革和法治的辩证关系，重视“改革悖论”的处理。既不能为了维护法律权威而因循守旧、墨守成规，也不能为了制度创新而将法律束之高阁、目无法纪。“改革法治化”是解决“改革悖论”的必要路径，即“在整个改革过程中，都要高度重视运用法治思维和法治方式，加强对相关立法工作的协调”，任何改革都要首先按法定程序经有权机关批准，并且严格依法在许可范围内进行。

（二）市场配置：改革的基本方向

长垣“三项”改革充分发挥了市场在土地要素配置中的基础作用，主要体现在：

首先，建设用地指标实现市场流转。集体将宅基地和建设用地复垦，节余出建设用地指标，再以10万元/亩的价格流转给县土地储备中心，中心以市场价格流转给本县土地使用者。这样一来，“缺钱不缺地”的集体，将原来闲置的土地资源变成资产，换回资金，用于补偿宅基地退出者，或者建设集体基础配套和公共服务设施，或者发展集体经济，而“缺地不缺钱”的企业也获得了土地要素。通过市场交易，原来闲置的集体建设用地，最终流转到了需要它的企业手中，实现了土地要素优化配置。

其次，形成集体经营性建设用地市场，实现建设用地市场的城乡统一。“入市”赋予集体建设用地和国有土地同等权利，尤其是自由交易权。在集体建设用地市场上，集体可以同各类用地者直接交易。长垣建设了统一的土地产权交易平台，集体土地和国有土地在平台上平等交易，实现了城乡两个土地市场统一。

再次，宅基地有偿使用和退出。一方面，长垣对于超出面积标准（平均约为167平方米）的部分征收有偿使用费，增加超标占用的使用成本，主要目的不是收费，而是鼓励自愿退出。另一方面，对于符合条件的宅基地退出，给予地上建筑物拆除补偿。从农民角度讲，权衡“一正一负”之后，更有可能自愿选择退出。

最后，保障集体土地的增值收益分配权。长垣根据国有土地出让价格和土地一级开发成本测算出土地增值收益，在国家和集体间合理分配。在征地或入市中失地的农民，除了依法得到补偿外，每户还可以得到至少3万元增值收益，体现了按要素贡献分配的市场经济原则。

综上，“三项”改革应坚持市场化方向，依靠市场力量实现建设用地要素合理优化配置。鉴于建设用地指标流转的重要性，应通过立法将其固定下来。坚持市场化改革方向，应当坚持平等、自愿和等价有偿原则，尽量减少行政强制干预。

（三）统筹协调：改革的基本规律

最初仅承担集体经营性建设用地入市改革任务的长垣，在改革中发现，集体经营性建设用地入市同征地制度、宅基地制度改革有紧密联系，仅改革其中一项而其他两项不变，会导致改革空间狭小，出现不少困难。例如，以往只能通过征收转变为国有土地后才能出让的集体土地，如今可以直接入市，不可能不影响土地征收。只有打通包括宅基地在内的各类建设用地向集体经营性建设用地的转换渠道，盘活存量建设用地的改革目标才能更好地实现。“三项”改革间的紧密联系如图 3-2 所示。

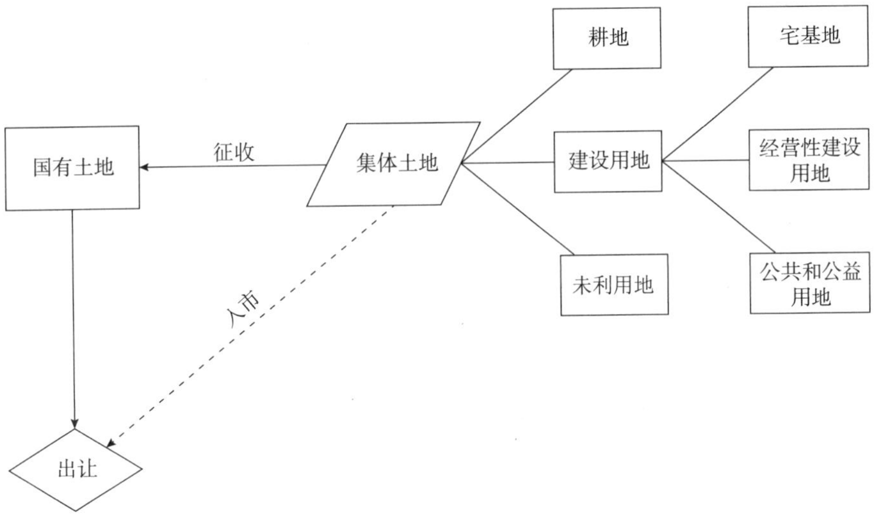

图 3-2 “三项”改革间的紧密联系

此次农村土地制度改革之所以称为“三项”改革，正是因为改革的三个方面有紧密联系。试点实践表明，改革不应将三者割裂开来，而应统筹推进，保持改革的系统性、整体性和协调性。

（四）收益平衡：减小改革阻力的关键

集体经营性建设用地出让时，长垣县政府根据不同用途、不同基准地价等级，从出让金中提取一定比例的调节金来获得收益，比例从 5% 到 30%不等。对于出租、作价入股等方式入市的，在取得租金、股息、红利收入时，按照入市总收入的 3%从中提取和征收调节金，并按照总年限一次性征收到位。

可见，“三项”改革要着重处理好政府、集体、农民和用地者各方的利益关系。由于地价是由土地市场供求决定的，如果集体经营性建设用地入市不会大幅增加建设用地供给，地价将保持稳定或小幅下降，这对作为土地需求方的用地者来讲是有利的，或者至少不会受损，而处理政府与集体、农民之间的利益关系就显得尤为重要。由于集体经营性建设用地直接入市对征地和出让有一定替代作用，地方政府原有利益很可能受损，通过适当征收土地增值收益调节金，能缓冲改革对地方财政的冲击，为其调整财政收入结构留出时间，从而减小了地方政府的抵触情绪。集体和农民是改革最大的受益方，尤其是集体。集体经营性建设用地入市为集体增加的收益，可以用于发展集体经济，助力乡村振兴。

（五）灵活入市：改革适应性的增强之策

长垣对集体经营性建设用地入市的出让、租赁和作价入股三种方式进行了全面尝试。出让（或租赁）主要采用挂牌和协议两种方式，“同一地块只有一个意向用地者的，方可采取协议出让方式。有两个以上用地者的，应按挂牌程序进行入市”①。尽管推行公开市场竞价方式，但不同于一些试点（如广西北流），也不同于国有建设用地出让，长垣并没有禁止入市方在挂牌前同意向用地者接触。实际成交案例中，事前协议十分普遍，而在挂牌时进入到竞价环节的几乎没有。这表明，在长垣的农村建设用地市场上，买方的竞争程度有限。在这样的市场环境下，如果一律强行禁止交易双方进行事前协议，而只允许挂牌交易，虽然能较好地体现市场竞争性，却可能损失效率。这主要是因为，没有供求双方的事前沟通，可能造成供给的盲目性，如果入市方将一宗市场并不看好的地块拿去挂牌，不仅“流拍”的可能性增加，搜寻买方的时间也可能增加，这都可能造成效率受损。

综上，尽管集体建设用地入市采用公开竞价方式（如招标、拍卖和挂

① 《长垣县农村集体经营性建设用地使用权入市公开交易环节工作流程（试行）》。

牌）最能体现市场竞争，更好地发挥市场对资源的优化配置功能，但当市场发育程度不高时，强制推行公开竞价方式，可能增加交易的搜寻成本，进而威胁市场效率。因此，应充分借鉴国有土地出让方式改革的宝贵经验，在建设用地市场发育程度不高时或者地区，不应完全禁止协议方式，随着市场的逐渐成熟，再逐步推行竞争程度比较高的公开竞价方式，压缩协议方式。

二、实践经验

（一）党之领导：改革的坚强保障

农村土地制度“三项”改革中，从中央的顶层设计，到长垣县的实践探索，中国共产党的各级组织无不处于核心地位，发挥着关键作用。

“三项”改革始终在党中央坚强领导下推进。改革开放以来，党的历届全国代表大会，都将农村土地制度改革放在重要地位，中央一号文件连续十五年（至2018年）聚焦“三农”问题，凸显了党中央的高度重视。2008年，党的十七届三中全会提出“集体土地和国有土地同地、同价、同权”。2013年，党的十八届三中全会正式提出“建立城乡统一的建设用地市场。在符合规划和用途管制前提下，允许农村集体经营性建设用地出让、租赁、入股，实行与国有土地同等入市、同权同价”。2015年1月，中共中央印发《意见》。全国人大常委会2015年2月27日经表决，决定授权国务院在33个试点县（市、区）行政区域开展“三项”改革试点。2017年，中央把集体经营性建设用地入市和征地制度改革推广到全部33个试点，全国人大常委会决定将试点延期一年。

作为河南省唯一试点的长垣县，“三项”改革是在各级基层党组织的直接领导下广大党员干部带领人民群众干出来的。一是抓党建与抓改革同步推进。严格落实中央“八项规定”精神，持之以恒纠正“四风”。加强农村基层党组织建设，新发展了87名“能改革、会改革”的党员，依靠基层组织推进改革，在改革中磨炼基层党组织，提高战斗力。二是发挥基层党员干部的核心作用。严格落实“省委直接抓、试点地区党委负责”的主体责任。县委书记担任农村土地制度改革工作领导小组组长，根据改革实施方案对18个乡镇（街道办事处）主要负责人进行系统培训，改革过程中多次召开试点工作推进会。2018年村两委换届后，专门进行改革培训，让支部书记和村长把改革作为上任后的头等大事去抓。定期通报和观摩，以督促村级党员干部，层层压实。三是突出党员的模范带头作用。村干部不仅在确权登记中公道正派，还带头退出超占宅基地，起到表率作用。

历史充分表明，在任何艰难险阻面前，中国共产党都是坚强堡垒，农村土地制度“三项”改革也不例外。“三项”改革的成与败，与党组织的战斗堡垒作用是否得到充分发挥有密切关系。长垣县的改革实践，再次检验了这个论断。为此，在接下来的改革经验推广和全面改革阶段，不论是在改革决策中，还是在政策执行时，都要紧紧抓住党的领导这个制胜法宝。

（二）内生需求：改革的动力之源①

长垣县经济社会发展态势良好，县域经济社会发展与土地要素之间的矛盾越来越明显，因此，对“三项”改革有一定内在需求。

长垣县域经济较为发达，产业用地需求比较旺盛。该县拥有一个省级产业集聚区，成功创建国家级出口工业产品质量安全示范区，是“中国防腐蚀之都”“中国起重机械名城”和“中国卫生材料生产基地”。2018年1~10月，规模以上工业企业增加值增长8.8%，增速居直管县第三位。该县产业发展遇到土地瓶颈，产业用地不足和集体建设用地空闲并存。截至2018年下半年，全县集体建设用地空闲达4.2万亩，潜力巨大。长垣探索了通过集体经营性建设用地保障乡镇企业用地的“调整入市”模式，建设了13个乡镇创业园区，改革盘活集体土地用于工业用途114宗2953.68亩。此举不仅保障了小微企业低成本发展用地，也提高了供地效率，相对于国有土地出让，程序简化，时间缩短。

① 此部分数据根据长垣县土地制度改革工作领导小组办公室提供的《河南省长垣县土地制度改革调研点简介（2018年）》整理。

随着长垣县经济发展和居民收入增加，农民的商业消费和教育医疗等需求日益升级，也需要有相应的公共配套设施用地。2018 年 1~10 月，农村居民人均可支配收入增长 9.3%，增速居直管县第二位，社会消费品零售总额增长 11.5%，增速居直管县第三位。改革盘活集体土地用于旅游、商业、教育、供热、医养结合等服务用地 27 宗 463.66 亩，保障了农民消费升级对空间的需求。

可见，"三项"改革释放土地要素的导向适应了未来"三农"发展的前瞻需要，但实际推进还应考虑不同地区差异化的产业发展需要。对于那些产业发展兴旺的地区，如果对建设用地需求强烈，比较适合"雪中送炭"式的改革；对于那些产业有待发展的地区，"筑巢引凤"式的改革则更为合适。因此，中央明确了"三项"改革方向和基本路径之后，应充分授权地方根据当地实际情况因地制宜。

（三）通权达变：改革创新的必然要求

"三项"改革之初，党中央即设定了"三条底线"，即土地公有制性质不改变、耕地红线不突破、农民利益不受损。"三条底线"实际上告诉各试点两层意思：一方面，在不突破底线的前提下，可以大胆探索；另一方面，试点探索不是无原则的乱干，应有底线意识。长垣对此有深刻理解，在全国人大常委会授权范围内，敢于创新，主要体现在：

其一，入市土地类型不拘泥于集体经营性建设用地。确定入市土地范围是改革首先要解决的问题，尽管改革主要针对集体经营性建设用地，但其具体范围需要试点根据各自情况自主划定。为此，长垣在深入分析全县集体建设用地闲置现状的基础上，以盘活土地资产、提高利用效率为导向，不仅将经营性建设用地，还将其他用途建设用地纳入流转范围。

其二，入市范围不局限于存量建设用地。长垣在改革实践中发现，仅允许存量建设用地入市，尽管可以减轻对耕地保护的压力，却与集体建设用地利用的客观情况不太符合。实际上，农村大量闲置的集体建设用地呈现"散"和"碎"的特点，如果不想办法盘活它们，改革效果会大打折扣。为此，长垣在针对存量土地"就地入市"的基础上，还通过调整或整治，在保证全县建设用地指标不增加、耕地不减少的前提下，将零散的建设用地归并为增量建设用地入市，探索出“调整入市”和“整治入市”模式。

其三，入市土地用途尝试用于住宅开发。针对城中村改造遇到的利益关系复杂、改造周期长和政府负担重等难题，长垣尝试在孔场村单个项目上通过由村民同开发商直接协商的方式来破解。尽管是初步尝试，却为改革储备了多样化样本。

总之，“三项”改革应坚持原则性和灵活性的有机统一，在全国人大常委会授权范围内和不突破“三条底线”的前提下，建立容错机制，鼓励试点地区通权达变，大胆尝试，尽可能提供多样化试点经验。

（四）村财乡管：改革推进的秘诀

村财乡管是指，村集体财产归集体经济组织所有，但在支配时需要接受乡镇政府的监督和管理。这种管理模式有历史经验，也是在同村集体充分沟通，并征得村民同意的基础上开展的。尽管从法理上似乎讲不通，而且实际上增加了管理流程和成本，但在村民自治制度尚不成熟的情况下，能较好地维护村民利益，避免集体财产权益被少数人（如村干部）侵吞。另外，还可以作为乡镇政府行政管理的一个筹码。比如，“三项”改革中有不少具体工作需要村干部去完成，如宣传改革政策、说服村民缴纳宅基地有偿使用费或自愿退出宅基地等，村财乡管使得村干部不敢懈怠。

长垣的实践表明，村财乡管貌似不太合理，却是维护集体经济权益、增加改革执行力的有效做法。集体经营性建设用地入市、宅基地有偿退出以及征地中的土地增值收益的分享，都将增加集体收益，在村民自治水平还有待提高的地区，十分有必要推行村财乡管。

第三节　长垣“三项”改革的难题与破解

长垣县的改革探索取得了良好效果，总体上是成功的，但仍存在一些不足，主要包括：

一、乡村规划未能发挥引领作用

尽管长垣县非常重视乡村规划编制，但编制总体上是和改革同步进行的，未能发挥引领作用。缺少乡村规划的长垣试点在建设用地利用方面依然问题较多。改革盘活了农村闲置建设用地和宅基地，满足了产业发展的用地需要。但调研中并未看到原来的村容村貌发生多大改变。基于生产安全和环保考虑，入市的建设用地作为产业用地大多聚集在村外集中利用，多以“产业园”或“创业园”命名。与此同时，原村址依然存在两大问题：一是整体边界并未缩小，二是原建设用地（含宅基地）布局基本未变，宅基地利用的散、乱状况依旧存在。造成这种局面的主要原因是乡村规划缺失。

长期来看，不进行统一规划，不实施强制规划管理，农村建设用地和宅基地利用的散、乱状态永远无法改变。农村宅基地的现有布局，很多是历史遗留下来的，而历史上的布局大多是自发形成的，很难做到科学合理安排。村民在旧宅重建或翻新时，受制于邻里关系，只能在原址建设，如果没有外界强制要求，不论再过多久，原有布局基本不会有太大改变。因此，政府主导编制乡村规划，并像城市规划一样强制实施是十分必要的。

不过，在编制了规划之后，在不允许“大拆大建”的前提下，实施落地也需要时间。这主要是因为：一方面，住宅的使用寿命往往较长，农民更新住宅比较缓慢；另一方面，农民家庭经济实力差异较大，一些家庭可能需要时间来积累建房资金。但有了规划，农村建设用地才能走上从无序建设到有序利用的轨道，随着时间推移，才能逐步好转。

二、“耕地占补平衡”实现难度大

闲置宅基地复垦，结余出建设用地指标，作为集体建设用地的增量部分入市，是长垣试点的探索。按照耕地占补平衡政策，复垦出来的耕地应该和占用的耕地在数量和质量上相当，然而，长垣是否达到这个标准，尚存疑问。长垣复垦的主要是农村闲置宅基地，或者农民自愿有偿退出的宅基地，“分散”是这些地块的主要特点。然而，由于位置不动，复垦出的耕地依然分散，不能形成集中连片耕地，这就在原村址上形成了“插花耕地”现象。这些所谓“耕地”，面积小而分散，不具备耕作条件，有点类似于“菜园”，即使数量上达标，质量上也难以达到同等耕地的标准，而对这些“插花耕地”的后续利用，长垣总体上还没有形成清晰的思路，初步设想是等待村集体作为增量宅基地重新利用。

盘活农村闲置建设用地不可能一蹴而就，至少应分两步走：第一步是通过复垦，将闲置宅基地和其他建设用地就地整理出来，贴上“耕地”标签，目的是彰显保护决心，此时还不能形成实际产能；第二步是通过制定和实施乡村规划，强制某个时点以后的住宅翻建必须遵守本村规划，逐步实现宅基地地块重组，慢慢将已经有标签的分散“耕地”置换出来，形成有实际产能的集中连片耕地。只有完成这两步，盘活农村闲置建设用地的改革目标才算实现，而如果不进行集中“拆旧建新”，这可能是一个漫长的过程。

三、农村基础设施建设存在较大短板

尽管近十年政府不断加大对农村基础设施建设的投入，但缺口依然不小。路、水、电是基本生存条件，也是三大主要基础设施。全国绝大多数地区很早就实现了通电，而路和水缺口最大。路和水的问题不是有没有，而是好不好。政府曾专项投资为农村修路，农村道路明显改善，但依然存在不少问题：一是没有实现全覆盖。修缮的主要是主街道，不少次街和小路没有修。这也和规划缺失导致的农村道路错综复杂有关。二是耐用性差。重建设，轻养护，没有排水设施，导致道路寿命较短。水的方面主要是生活污水排放问题，规划缺失导致排污设施修建极其困难。长垣也存在上述问题。

可见，农村基础设施建设的短板和乡村规划滞后是紧密联系的，因此，要想补齐农村基础设施建设短板，政府加大投入和规划先行两方面缺一不可。

四、集体收益使用和管理亟待规范

调研中有一个案例令人印象深刻：某村将整理闲置建设用地结余的建

设用地指标交易后，取得400多万元的流转收益，却不知道该如何支配。既“不敢花”，也“不会花”。“不敢花”是因为村干部对相关法律规定不太了解，怕违规；“不会花”是因为找不到适合的投资渠道或项目。

农村土地制度改革将土地资源变成资产后，必然给集体带来收益，只有加强对集体收益的监管，才有可能将收益变为资本。如果监管到位，将收益用于发展集体经济，将实现增值，推进乡村振兴；否则，集体收益有可能被窃取，造成流失或贬值。果真如后者，则盘活农村土地资源仅仅“造福”了个别人，却损害了集体的整体福利，还不如不改革。

五、宅基地“三权分置”认识不一致

长垣的“三项”改革中，宅基地制度改革启动较晚，宅基地“三权分置”改革相对更晚。2018年6月出台了《长垣县宅基地三权分置指导意见》，内容涉及宅基地的监管权、收益权和保有量，宅基地农户资格权的认定、行使、退出与保留，宅基地使用权的跨集体初始取得、流转范围和使用功能等。但目前只是一些初步设计，还存在不少问题，也未进行充分实践。例如，在宅基地农户资格权的认定上，主要规定了认定的程序和对象，对具体的认定标准却未明确；对宅基地农户资格权和集体经济组织成员权之间的关系还未厘清等。因此，长垣县的宅基地“三权分置”改革还需要继续深入。

六、城乡建设用地增减挂钩指标交易的制度基础不稳定

城乡建设用地增减挂钩指标交易在长垣农村土地“三项”改革中扮演了重要角色，然而，其本身还处于试点阶段，没能形成成熟的制度安排。长垣探索的集体建设用地调整入市途径，核心基础之一是通过将农村建设用地复垦为耕地结余出的建设用地指标流转给城市土地储备中心，形成入市土地来源的同时，也使集体能获得土地增值收益。然而，城乡建设用地增减挂钩自2006年4月正式开始第一批试点以来，虽然成效明显，但至今仍处于试点阶段。“三项”改革处于试点阶段，而其赖以存在的城乡建设用地增

减挂钩也处于试点阶段，“试点上的试点”导致改革的不确定性更大。

为了减少改革风险，建议在总结城乡建设用地增减挂钩十余年试点经验的基础上，尽快形成正式制度安排，为农村土地“三项”改革奠定坚实的制度基础。

七、契约长期性与试点临时性之间的矛盾不利于交易

集体经营性建设用地入市试点，依据和国有土地同地同权同价的原则，签订了一系列出让合同、出租协议或是入股协议等合约，约定的建设土地使用权期限长短不一，工业用地出让一般为 50 年，出租最短为 30 年等。然而，全国人大常委会对改革试点的有效期第一次仅有 3 年（2015 年初至 2017 年底），虽延期 2 次，累计也才 5 年。一长一短两个期限之间的矛盾常常引起试点地区，尤其是建设用地使用权受让人的疑虑：试点结束后，所取得的权利还受法律保护吗？

稳定的预期是合约达成的基础，不稳定的预期往往会阻碍合约签订。试点的固有特点决定了上述问题在试点中出现属于正常，但是如果不采取适当措施尽量稳定预期，减少负面影响，就可能导致交易量变少，进而影响试点效果。

八、对供地的统一计划管理重视不够

长垣县集体经营性建设用地入市的条件是：符合规划、产业、环保等政策和标准要求，产权清晰，具备开发利用的基本条件，不改变土地所有权性质，经集体经济组织民主表决同意，并不包括“符合土地利用年度计划”。[①] 这可能隐藏着一定风险。

土地利用计划管理是我国土地管理的一项基本制度，实现了对建设用地的总量控制。在国家建设只能在国有土地上进行的当前制度背景下，土地利用年度计划主要就是国有建设用地供应计划（简称供地计划）。供地计划管理对于城市土地和房地产市场的平稳健康运行发挥了重要作用，也

① 《长垣县农村集体经营性建设用地使用权入市管理办法（试行）》（长政文〔2015〕201 号）。

成为房地产市场的重要调控手段之一。然而，农村土地“三项”改革，尤其是集体经营性建设用地入市，将打破国家对于建设用地的供应垄断，尽管优势很多，但对原有土地利用计划管理带来的冲击也不应被忽视。否则，土地管理的市场调控效果将大大弱化甚至完全丧失，进而威胁土地和房地产市场的健康发展。因此，有必要审慎考虑将集体建设用地直接入市也纳入新型的土地利用计划管理，以此作为入市的必要条件之一。

第四节　本章小结

长垣县作为中原地区唯一的农村土地“三项”改革试点，其改革探索对于如何在农村土地制度改革中，妥善处理盘活农村存量建设用地资源与耕地保护之间的关系，有重要借鉴意义。调研表明，长垣县对改革内容进行了全方位探索，较好地完成了改革任务。长垣的一些成功做法在粮食生产核心区的河南省，可以作为制度性成果予以推广和复制，包括坚持依法改革、坚持资源配置的市场方向、统筹协调“三项”改革、平衡土地增值收益分配和灵活确定入市方式等。另一些做法可以作为推动改革落地的经验被其他地区借鉴，包括坚持党的领导、结合区域发展内生需求、坚持原则性和灵活性的有机统一和实施村财乡管等。

但也应看到改革中存在的一些不足，在接下来试点延期中继续探索、逐步完善，包括乡村规划没有发挥先行作用、“耕占平衡”难、农村基础市场建设存在短板、集体收益监管制度不完善、宅基地“三权分置”认识不统一、城乡建设用地增减挂钩指标交易的制度基础不稳定、契约长期性与试点暂时性之间存在矛盾、未充分重视供地的统一计划管理等。总体来看，严格落实“耕地占补平衡”制度、实行城乡建设用地增减挂钩指标交易和重视乡村规划的编制实施，对于在改革中盘活农村存量建设用地的同时保护耕地起到了关键作用。但也应看到，这些方面还有进一步完善的空间。

第四章　从宅基地制度改革论我国农村住宅制度建设[①]

本章将针对农民“户有所居”目标，基于宅基地制度改革局限性分析，借鉴相对剥夺理论，运用案例研究和综合分析方法，提出农村住宅制度完善路径。研究表明，当前宅基地改革目标，还没有完成城乡住房体系的对接；构建新型农村住宅制度，形成同城镇住宅制度相对应的格局，在有条件的地区还应发展农村非保障住房；这将为统一城乡住房保障体系、打通城乡住宅市场奠定基础，是城乡协调发展的需要。本章认为，构建能适当增加住房可流转性的农村住宅制度，将有利于增加农村村民的获得感，从而促进农村人口乡城迁移和新型城镇化。

农村宅基地制度是在城乡二元户籍制度的基础上建立起来的，为了实现重工业优先发展战略，在国家财政负担能力有限的条件下，限制农村人口流动而做出的一种制度安排（王崇敏，2012），其本身剥夺了农民的住房迁移选择权，造成了不公平，而且随着城镇化的推进，城乡住房权益差异日益加大。制度给追求合理利益的人们造成的机会成本越大，人们冲破制度约束的激励也越大，不合理的宅基地制度引发的问题越来越多。

大多学者认为应首先赋予宅基地与国有建设用地相同的流转、抵押等权能。厉以宁（2008）认为农民宅基地使用权的流转式抵押是推进城乡二元体制改革的重要内容。对于宅基地制度改革的重点，多数研究集中在权利和权属的确定上。刘守英（2014）认为在妨碍城乡发展一体化的体制

---

① 本章内容发表于《中国土地科学》2017 年第 12 期，原标题《基于宅基地制度改革推进中国农村住宅制度建设》，略有删改。

中，城乡二元土地制度是影响城乡平等发展的最重要制度安排。宅基地制度应朝完善宅基地用益物权，赋予宅基地使用权人收益权、转让权的方向改革，积极探索宅基地有偿获得与使用、宅基地交易与流转方案，打破宅基地成员和村社边界，慎重稳妥推进农民住房财产权抵押、担保、转让试点。张菡冰等（2015）认为当前的宅基地使用制度具有身份化特征，限制了其物权属性，改革方向可以在继承环节实行去身份化过程，最终促进宅基地使用权彻底物权化。辜胜阻等（2015）认为土地制度改革应保障农户宅基地用益物权，改革完善农村宅基地制度，慎重稳妥推进农民住房财产权抵押、担保、转让。高圣平（2015）认为宅基地的福利性并不能抹杀宅基地使用权本身的财产属性，宅基地财产属性赋予了宅基地使用权的流转或处分的权利，无论是否承认宅基地的保障功能，都不影响宅基地使用权的流转。许经勇（2017）认为宅基地改革的重点放在扩大其权能，适当提高农村宅基地的市场化程度。

总体来看，无论从理论还是实践，农村宅基地制度的改革都是朝着确保农民住有所居的前提下赋予农民宅基地更加完整的权能，并积极创造条件，将其逐步纳入城乡统一的建设用地市场的方向（中国社会科学院农村发展研究所农村集体产权制度改革研究课题组，2015），完善农民主体地位，有偿使用和退出，扩大权能是改革的出路。本章将从住房的视角，分析当前宅基地制度改革的局限，探讨新型农村住宅制度的构建思路和意义，以期为实现快速城镇化进程中的“户有所居”目标提供参考。

第一节　城镇化背景下宅基地制度进一步改革空间

2015 年 1 月，《关于农村土地征收、集体经营性建设用地入市、宅基地制度改革试点工作的意见》的印发，标志着宅基地制度改革进入试点阶段。然而，从 15 个宅基地改革试点的经验来看，宅基地制度改革可能在以下方面还有改进空间：

首先，有偿使用仅针对历史遗留问题，取得和使用宅基地的无偿性实际上没有改变。对宅基地超标和一户多宅征收有偿使用费，盘活了闲置宅基地，确实有效解决了历史遗留问题。但对宅基地的取得和使用仍然无偿，则没有从根本上改变宅基地的保障性质，也无法彻底改变宅基地低效利用现象。尽管一些试点地区在宅基地分配时进行有偿择位，但取得和使用实际上仍然免费，不能给农户高效利用宅基地以经济激励，形成节约集约利用宅基地的长效机制。

其次，宅基地转让仅限集体经济组织内部，排除了农村住宅市场化的可能。宅基地取得和使用的无偿性意味着仍然坚持福利化的宅基地分配，决定了宅基地转让依然限于集体内部，而不能超出集体范围进行转让，宅基地和农房市场化无从谈起。试点地区在探索农民住房财产权抵押时普遍遇到抵押权实现难的问题，根源就在宅基地和农房没有市场化，无法顺利实现市场价值。另外，当前宅基地改革未能重新考量福利化的宅基地分配，没有改变农村只有单一保障住房的局面，这和城市保障房与商品房并存的局面截然不同。

最后，仅关注宅基地本身，没有从住房的角度综合考虑“户有所居”的解决之道。取得土地仅是“户有所居”的第一步，而非全部。当前宅基地制度的保障性质体现在无偿取得和使用方面，然而至于取得宅基地后农户有无经济能力建房或建成什么样，当前制度似乎缺少明确规定予以保障，这是不完全的住房保障。所以，完善的“户有所居”不仅要“保地”，还要“保房”。另外，就转让而言，忽视房地一体的客观现实，仅强调宅基地本身的有偿转让也是不妥当的。一个不能忽视的事实是：随着农民收入的提高，大多数农户的居住条件明显改善，住宅越建越好，一些住宅甚至堪比城市别墅。不少潜在购买者需要的不再是宅基地，而是成套住宅。可见，只强调宅基地制度改革有些片面，造成了农村住宅制度在体系上无法同城镇对接，应当从“户有所居”角度统筹考虑住房问题。

综上，当前宅基地改革仍然坚持农村住房单一化的保障功能，没有引入市场机制，将无助于缩小城乡二元住宅制度的鸿沟，导致城乡住房体系无法对接，不利于在城乡发展一体化过程中实现城乡住房融合。

第二节　农村住宅制度完善的设想和重要意义

一、农村住宅制度完善设想

我国农村现有的住宅制度是指关于宅基地无偿获取和使用、村民自助建设房屋等一系列规则。由于法律限制宅基地流转及房屋无法脱离土地而独立存在，使自建的房屋流转也受到限制。房屋是土地使用权和房屋所有权的结合，因此，宅基地制度与农村住宅制度之间存在紧密的关系。

在城乡一体化发展的背景下，在当前宅基地改革的基础上，应继续深化城乡住宅制度改革，构建新型农村住宅制度（见图 4-1），最终形成城乡对应和平等的住宅制度（见图 4-2）。

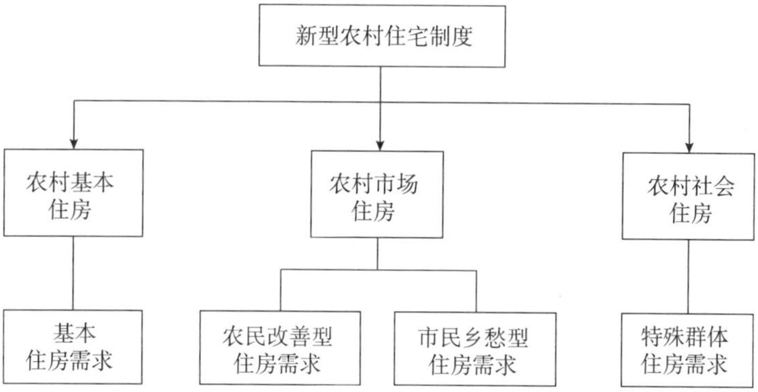

图 4-1　新型农村住宅制度体系

完善现有的农村住宅制度包括以下三个方面：其一，是在现有宅基地制度基础上，构建农村基本住房（福利住房）制度，主要是满足农村居民的基本住房需求，实际中要坚持“一户一宅”的原则，其土地可以采取类似无偿划拨的方式获得，地上建筑可以自建或者集体统一建设；其二，是在农村住宅用地制度基础上构建农村市场房（市场房或者非福利住房）制度，主要满足农村居民的改善型住房需求以及城市居民的乡愁型住房需求等，其土地是有偿供地方式取得，地上建筑主要以集体统一建设为主，住房针对不同群

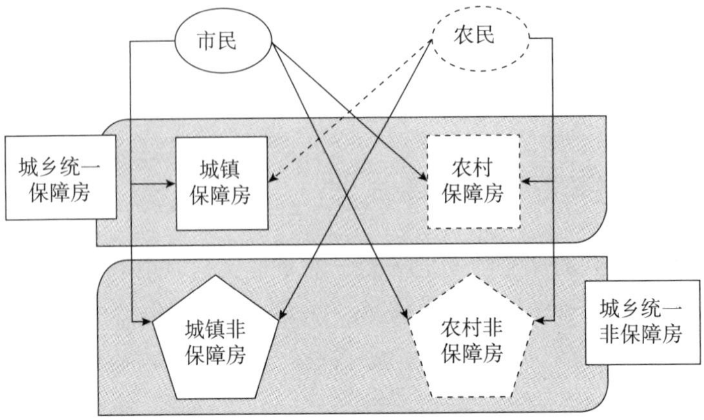

图 4-2 对应和平等的城乡住房体系

体，可租、可售；其三，是在农村住宅用地制度基础上构建农村社会住房，主要满足农村孤寡老人和困难住户的住房需求，由集体统一组织建设。

城乡对应和平等的住宅制度形成后，除了保留城镇现有的住房体系外，允许城市市民到农村购买非保障房，或通过农村住宅市场购买宅基地住房（一旦购买就转换为非保障住房）。若市民在农村定居和工作，也可以享受农村的住房保障，但要以未享受或退出城镇住房保障为前提。在农村，农民可以申请宅基地自建住房，没有经济能力建房者可以享受农村住房保障，富裕者可以进城买房、工作和定居，并享受城市住房保障，但要以未享受或退出农村住房保障为前提。

二、农村住宅制度建设的现实意义

首先，强调对宅基地的管理，对宅基地制度的改革，实际上也是完善农村土地制度和建立农村住宅制度的过程。农村宅基地严格讲是历史形成的概念，从对宅基地的规定来看，可以理解与城市的保障房的划拨用地相关和类似。因此，“一户一宅”也就是相当于城市一户居民只能享受一次保障房待遇一样，是必须要坚持的准则。然而，随着农村住宅市场的兴起，其一是在农村集体内部发生了通过有偿方式进行房产交易的行为，其中包括以“互通有无”“扩大规模”等名目获得住宅用地的，从严格意义上讲，有些住宅用地已经不是宅基地的概念；其二是在城市与农村之间通过有偿方式进行的房产交易行为，其中包括以“农家乐”“观光农业”“度假住所”等名目通过短期租赁或者长期租赁的住宅用地，而这些用地也已经不再是宅基地的范畴了。所以，建立农村住宅制度，不仅需要完善现有的农村土地制度，尤其是农村建设用地制度，也需要通过完善村镇规划等，确定农村住宅用地的范围，再进行区别具有保障性质的宅基地规模以及其他住宅用地的规模，并明确两种农村住宅用地的差异和管理规则，使农村住房保障得以完善，也使农村房产交易市场明晰化和有序化。

其次，建立农村住宅制度，不仅是适应农村宅基地制度改革的要求，也是适应农村发展和城乡整体发展的需要。随着建立城乡统一的建设用地市场以及城乡住宅市场的一体化进程的推进，城乡土地和住房的二元制度必将逐渐改变，构建城乡统一的土地和住宅制度是必然的趋势。农村住宅制度的建立要与社会经济发展形势相适应，也要与城市住宅制度相匹配。二元经济结构逐渐转化为一元经济结构，城乡之间的各种隔离将逐渐消除，城乡之间的差异将逐渐缩小，特别是城乡人口流动和迁移已经带来一系列制度的变革，尤其是户籍制度和社会保障制度的改革已经初见成效。户籍制度的改革使以往不同的城市户口（非农业家庭户）和农村户口（农业家庭户），都统称为居民户；而社会保障制度的变化，则逐步将城市和农村不同的保障制度接轨和统一，并使其能够满足人口流动的需求。这些改革为农村住宅制度以及相应土地制度的改革明确了方向、奠定了基础。

最后，农村住房保障制度和住宅市场的建立，不仅是宅基地制度改革的必然结果，也为统一城乡住房保障体系、打通城乡住宅市场扫清了障碍、奠定了基础。与农村住宅制度相对应的农村保障房用地和商品住房用地，将取代旧有的宅基地制度，会使得宅基地制度的“一户多宅”问题以及新产生的农村住宅用地涉及的“小产权房”问题得以解决。超出“一户一宅”的用地不能再享受保障房用地的政策，“小产权房”的管理将纳入农村商品住房的范畴制订计划和开发。

因此，农村住房住宅制度的建立，不仅适应和促进了农村土地制度的改革和完善，也满足了城乡人口流动对土地和住房权益变动和流转的要求。农村住宅用地产权的明晰和界定，为其权利的价值实现以及流转奠定了基础，也进一步明确了住宅用地的处置权利，为进城务工人员提供和确定了住房的选择权，增加了他们选择的机会。

第三节　基于余江试点的实证分析

江西省余江县作为全国的15个宅基地改革试点县之一，以提升农村品质、促进城乡发展为方向，以落实“一户一宅”为目标，以“村民自治”为主要力量，以“政策宣传”为重要助力，采取了全域、限时推进的战略，经过两年的时间，取得了显著的成效。

一、余江的宅基地改革实践和成效

余江县的宅基地改革，是一次通过部分引入价格手段和市场机制，实现宅基地资源再配置的成功探索。其主要做法可以概括为：

首先，宅基地退出采用集体收回与内部流转相结合的方式。余江县的宅基地占用不均问题比较突出，“一户多宅”和面积超标问题大量存在。据县政府统计，余江县共有农户7.3万户，一户一宅的为4.4万户，一户多宅的为2.9万户，比例达到65.9%。宅基地92350宗，其中闲置2.3万栋，危房8300栋，倒塌7200栋。也就是说，余江有41.7%的存量宅基地处于无人利用状态，浪费比较严重，亟待盘活。

对于“一户多宅”，有偿收回与内部流转相结合。“一户多宅”的多宅部分，不符合规划的，集体有偿收回；符合规划的，集体内部流转为主、集体有偿收回为辅。集体有偿收回时，补贴资金由集体自己筹集，个别村庄由于资金紧张而未补贴，实际上是一种无偿收回。有些村还给积极退出多宅的农户承诺：子女分家立户，再申请宅基地时，享有优先权。集体内部流转，只允许将多出的宅基地流转给符合宅基地申请条件的农户，流转收益一般归农户，也有村会按转让收益的15%、出租收益的20%提取集体收益。由于这种方式的收益高于集体收回补贴，更受欢迎。

提高补贴标准，鼓励宅基地全部退出。为盘活宅基地存量，鼓励“一户一宅”和“一户多宅”全部退出宅基地，提供两种优惠：一是将全部退出的补偿标准上浮20%；二是购买商品房时发放现金补贴。

对于宅基地面积超标、“一户多宅”不愿意退出、非集体成员占用宅基地等情况，征收有偿使用费。面积超标和“一户多宅”的有偿使用费征收标准实行“超额累进”，即由乡镇规定一个起征面积，超出越多，标准越高。非集体成员占用宅基地则按实际占用面积征收，无免征面积。

由于尊重农民意愿，更多采用经济激励方式，余江县的宅基地改革阻力较小，推行比较顺利。截至调研，余江全县共退出宅基地24160宗（3270亩），占到总宗数的26.2%，超过1/4。其中有偿退出4576宗（795亩），无偿退出19584宗（2475亩）。退出宅基地复垦574亩，流转宅基地56宗（20.5亩）。

其次，宅基地增量分配采用择位竞价与随机分配相结合的有偿方式。退出的宅基地再分配时，主要采用“择位竞价”方式。“择位竞价”类似于拍卖，设定一个底价，逐次加价，价高者得。也有村庄担心增加农民负担，采用抽签方式进行分配，价格固定。

二、余江宅基地改革深化和前景

余江宅基地改革不仅通过有偿使用，规范了宅基地使用秩序，盘活了闲置资源，探索出一条道德与法治相结合的改革路径，更重要的是兼顾公平与效率，缩小了村民之间的相对剥夺感，提升了社会福利。余江县的宅基地改革总体上成效显著，但是在城乡发展一体化的背景下，拓展宅改成果、深化改革还有很多工作要做。

首先，从相对剥夺角度分析，宅基地制度改革后，虽然农民集体内部的相对剥夺感将逐渐缩小，但农民同市民之间的相对剥夺感却会增大，这不利于城乡协调发展。宅基地制度改革将严格落实“一户一宅”，农户之间的住宅差异基本消除，因此，相对剥夺感将逐渐缩小。然而，城市的情况却截然不同。由于城市实行商品化和市场化的住宅制度，允许市民自由购置住房，城市家庭一户多宅的现象比较正常。市场化的城市住宅制度和非市场化的农村住宅制度并存，住宅制度的巨大差异势必导致住房财产拥有差异，进而扩大农民同市民之间的相对剥夺感，扩大城乡差距，阻碍城乡协调发展（见图 4-3）。另外，从住房财产权的意义上讲，住宅制度对农村和城市居民是有失公平的。不平等的城乡住房状况，将激发农民城乡同权的诉求。

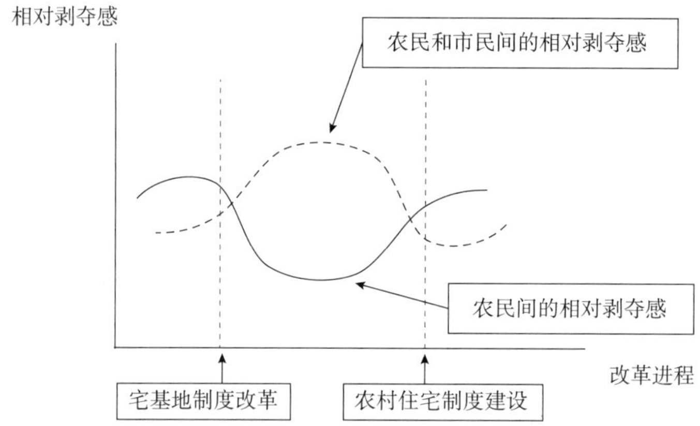

图 4-3　相对剥夺感随改革进程的变化

其次，如果构建新型农村住宅制度，农民同市民之间的相对剥夺感将会缩小，这将有利于城乡协调发展和新型城镇化。如前述，农村新型住宅制度包括农村住房保障和农村住宅市场，这实质上同现行城市住宅制度是同构的。这不仅为未来的城乡住宅制度统一（城乡住房融合）做了制度准备，而且将逐渐减小在住宅制度和住房财产拥有状况方面的城乡差异，进而缩小农民同市民之间的相对剥夺感，促进城乡协调发展。

图 4-3 中显示，随着宅基地制度和农村住宅制度改革的推进，农民的相对剥夺感在不断变化。宅基地制度改革之前，“一户多宅”和“宅基地面积超标”现象普遍，农民间的相对剥夺感较高，但农村住房财产分布状况同城市类似，因此，农户和市民间的相对剥夺感较低。宅基地制度改革落实了“一户一宅”，农户对住房财产拥有的差别消除，农民间的相对剥夺感缩小，但城乡间住宅制度的巨大差异却扩大了农民和市民间的相对剥

夺感。如果新型农村住宅制度得以构建，住房流转将重新催生住房财产拥有差别，提高农民间的相对剥夺感，但城乡住宅制度的同构将缩小农户和市民间的相对剥夺感。

另外，两项改革前后的结果相近，看似出现了反复，但实则不然。宅基地制度改革之前，农民间较大的相对剥夺感和农民与市民间较小的相对剥夺感，是违反“一户一宅”规定，或是农村住宅自发交易导致的结果，是混乱秩序产生的结果，而新型农村住宅制度建设后出现的类似状况，则是引入市场机制后，市场秩序产生的结果，是一种进步。

第四节 本章小结

宅基地改革仅是完善农村住宅制度的第一步，还应继续深化改革，构建同城镇住房体系相对应和平等的新型农村住宅制度，除了以宅基地住房为主的农村保障住房，在有条件的地区还应发展农村市场住房，允许和满足有需要的农村居民通过市场获得更大住房或者第二套住房的改善性需求。新型农村住宅制度的构建，不仅是适应农村宅基地制度改革的要求，也是适应农村发展和城乡整体发展的需要；不仅是宅基地制度改革的必然结果，也为统一城乡住房保障体系、打通城乡住宅市场扫清了障碍、奠定了基础。另外，构建能适当增加住房可流转性的新型农村住宅制度，形成同城镇住宅制度相对应的格局，将有利于促进城乡住房权益平等，降低农民相对于市民的相对剥夺感，进而提升农民的生活满意度。

基于江西余江宅基地改革试点的实证研究表明，通过有偿使用，规范了宅基地使用秩序，盘活了闲置资源，兼顾了公平与效率，缩小了村民之间的相对剥夺感，提升了社会福利。但从相对剥夺角度分析，宅基地制度改革后，虽然农民集体内部的相对剥夺感将逐渐缩小，但农民同市民之间的相对剥夺感却会增大，这不利于城乡协调发展。如果新型农村住宅制度构建完成，农民同市民之间的相对剥夺感将会缩小，而农民集体内部的相对剥夺感将逐渐增大，这将有利于城乡协调发展和新型城镇化。

中篇　农村住宅市场化改革对新型城镇化的影响

第五章　研究意义与研究现状

在2014年我国GDP总量达到10万亿美元，成为世界第二大经济体，人均GDP增至7924美元，进入中等收入国家行列，经济发展逐渐进入“新常态”。经济增速由高速转为中高速是经济新常态最明显的特征，尽管这符合经济运行规律，但经济下行压力依然较大。经济运行中的结构性失衡问题突出，有效需求和有效供给双重不足，产能过剩在部分行业依然严重，商品房库存过高，企业债务高、效益差，生态环境恶化未根本扭转，基本公共服务供给不足，收入差距依然较大，人口老龄化加快等。“十三五”是实现“两个百年”目标中第一个目标即全面建成小康社会的决胜阶段，当前正处于“十三五”的开局时期，良好开局对“十三五”目标的实现至关重要。在中国经济转型的关键时期，面对诸多矛盾和问题，党中央要求把握、适应、引领经济新常态，逐步树立和实施新的发展理念。为了实现“提质增效、转型升级”的目标，将供给侧结构性改革作为主线，落实“三去一降一补”，适度扩大总需求，深化创新驱动，实施新型城镇化战略已经基本形成了适应新常态的经济政策框架。

我国在城镇化和住房方面也取得了令人瞩目的成就。人口城镇化率由1978年的17.9%增加到2016年的57.4%。人民群众的住房条件得到持续改善，城镇居民的人均居住面积由1978年的3.6平方米增加到2015年的34.55平方米[①]，住房短缺时代基本宣告终结。然而，城镇化和房地产方面存在的矛盾和问题也不容忽视，例如交通拥堵、环境污染、房地产价格持续高速增长、房价过高、房地产业对实体经济造成冲击、房地产投机盛行、房地产金融风险累积等。除此之外，在城镇化和住房方面还存在如下

① 此为建制镇建成区人均住宅建筑面积，数据来自《2015年城乡建设统计公报》。

突出矛盾：

首先，城镇化“速度较快、质量不高”的问题突出。中国的人口城镇化率已经达到世界和发展中国家的城镇化水平，但农业迁移人口难以获得城镇非农业户口，无法同城镇原有居民一样同等地获得诸如教育、医疗、社会保险、住房保障和公共交通等城镇基本公共服务，导致户籍人口城镇化率远低于常住人口城镇化率（见图 5-1）。迁移人口难以在城镇定居，造成农村人口的“候鸟型迁移”“半城镇化”状态和人口市民化程度低。由国家发展和改革委员会组织编写的《国家新型城镇化报告 2015》显示，2015 年中国人口城镇化率达到 56.1%，但户籍人口城镇化率仅为 39.9%，两者仍相差 16.2 个百分点（徐绍史等，2016）。城市发展方面问题较多，如城镇空间分布和规模结构不合理、“城中村”和“小产权房”现象普遍、“城市病”问题突出等。

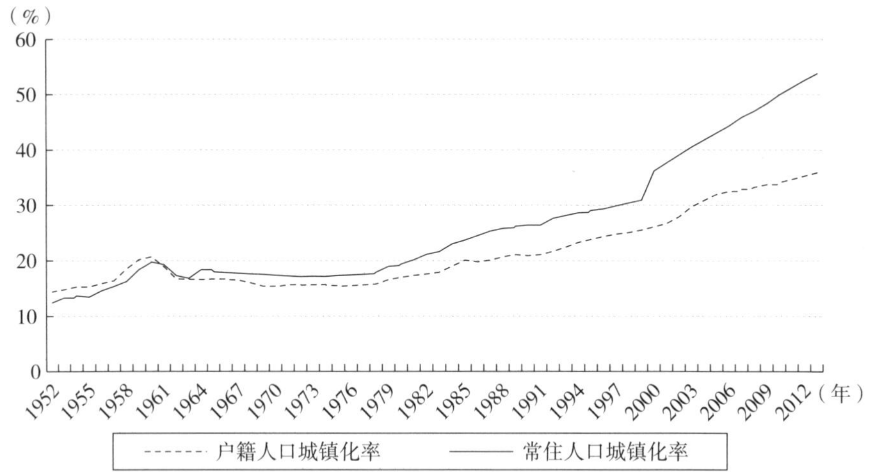

图 5-1　常住人口城镇化率与户籍人口城镇化率对比

资料来源：常住人口城镇化率来自历年《中国统计年鉴》；户籍人口城镇化率来自历年《中国人口和就业统计年鉴》。

其次，城乡发展失调问题凸显。城乡居民人均收入差距依然较大。城乡公共资源配置不均衡，农村基本公共服务供给不足，农村基础设施投入历史欠账较大，电、水、路、信、气等基础设施依然没有完全实现城乡联网。随着农村人口大量向城镇迁移，许多农村加速衰败。

再次，农村宅基地和住宅制度改革比较滞后。宅基地制度改革在农村土地制度改革中相对滞后。我国土地承包制度改革起步最早，从家庭联产承包责任制到承包土地流转，直到2016年10月中共中央办公厅和国务院办公厅印发《关于完善农村土地所有权承包权经营权分置办法的意见》，实行“三权分置”，农地制度日益完善，而农村建设用地改革则起步较晚，宅基地制度改革则更加滞后。城镇住宅制度改革于20世纪80年代开始改革，至20世纪末已经摸索出一条适合中国国情的房地产市场化发展道路。然而农村改革主要集中于农用地，即实行家庭联产承包责任制，农村住房及宅基地制度改革基本停滞。改革开放近40年来基本保持不变的农村住房和宅基地制度，已经不能够适应经济社会翻天覆地的变化。在快速的城镇化进程中，农村常住人口减少同宅基地增加之间的矛盾成为最突出的矛盾之一，这根源于农村住房与宅基地禁止转让、出租和抵押的规定同农村人口大量进城之间的不适应。党的十八大以后，农民住房财产权和宅基地方面的改革才被提上改革日程。党的十八届三中全会要求深化农村土地征收、集体经营性建设用地入市和宅基地制度改革，中共中央办公厅、国务院办公厅于2014年12月31日发文，决定在全国选取30个左右的县（市）进行“三块地”改革试点①。然而，目前农村住宅制度改革仍然缺少扎实的理论支撑，尤其缺乏有关农村住宅制度改革同城镇化之间关系的充分认知。

最后，三四线城市房地产去库存离不开人口城镇化。中国房地产市场自2013年开始进入分化时代，一线和少数二线城市供不应求、房价持续上涨，而部分二线城市和三四线城市房地产供给相对过剩，面临去库存压力。由于三四线城市在教育、医疗等公共服务方面明显弱于一二线城市，对农业转移人口缺乏吸引力，导致三四线城市人口流入有限，房地产需求不旺。为此，2016年中央经济工作会议明确将“去库存和促进人口城镇化结合起来”作为2017年的一项重要工作。可见，人口城镇化同房地产去

① 即《关于农村土地征收、集体经营性建设用地入市、宅基地制度改革试点工作的意见》。

库存有密切联系，事关供给侧结构性改革的大局。

随着中国经济发展中原有“红利”逐渐消失，找寻新“红利”的源泉至关重要，而新型城镇化可能是新“红利”的源泉之一。在此背景下，本书聚焦农村住宅制度改革影响人口城镇化的理论机理，寻求通过农村住宅制度改革推进新型城镇化的对策，对于新“红利”的产生具有重要的理论和现实意义。

第一节　研究意义与研究思路

一、研究意义

城镇化进程伴随着农业人口向城镇迁移并融入城镇社会。在这个过程中，由于涉及居住的乡—城转换，关乎人类基本生存的居住问题对农业迁移人口显得尤为重要。由于中国的住宅制度呈现城乡二元结构，农村人口迁入城镇后将面临完全不同的住宅制度，因而，研究中国的城镇化不能忽视具有中国特色的住宅制度在其中发挥的作用。“人的城镇化”是中国未来新型城镇化的核心，而现行带有福利色彩和社会保障性质的农村住宅制度亟待变革。如果农村住宅制度进行类似城镇的市场化改革，将对人口城镇化产生怎样的影响？会促进还是阻碍农村潜在迁移人口做出乡—城迁移决策？是否有利于进城农民的城市融合或市民化？这些问题都值得深入研究。

理论方面，本书较早研究农村住房财产权对农民迁移的影响，将拓展新劳动力迁移经济学的视野。本书属于新劳动力迁移经济学范畴。新劳动力迁移经济学（Mew Economics of Labour Migration，NELM）在考察不完全市场、融资约束和各种交易成本等因素的情况下，重构了家庭最优资源配置问题（Stark et al.，1985）。相较于主要考察城乡工资差别的传统人口迁移理论，新劳动力迁移经济学对现实的解释力更强。在研究人口迁移影响因素的国外文献中，关注土地产权与人口迁移关系的研究较少，关注研究土地转让权变迁对人口迁移影响的更少，而研究农民住房财产权对人口迁移影响的文献几乎找不到。尽管不少国内文献探讨了承包地和宅基地流转与人口迁移的关系，然而目前尚未检索到研究农村住房流转与人口迁移关系的文献，本书将弥补这方面的不足。

另外，丰富了符合中国国情的城镇化理论。中国的城镇化进程涉及的人口之多、情况之复杂，在世界城镇化历史中都是比较罕见的（李强等，2012）。特别是中国施行不同于西方世界的政治与经济制度，使得西方城镇化理论的中国化充满挑战。人口城镇化率较高水平下，住宅制度的城乡二元结构与城镇化质量提升之间关系的命题，就非常有中国特色。本书从人口迁移和城市融入角度，探讨农村住房的市场化改革对人口城镇化的影响，就属于此领域的一种探索，将有益于中国特色的城镇化理论建设。

实践方面，本书对农村住宅制度改革、新型城镇化、农民增收和经济发展方式转变等均有重要参考价值。

首先，农村住宅制度改革是新型城镇化发展战略的必然要求。破解城镇化中的诸多问题离不开农村住宅制度改革。改革开放以来，我国快速城镇化过程中出现了一系列问题，如农业转移人口市民化进程滞后、建设用地利用粗放低效、“城市病”问题日益突出等，一些问题长期成为社会关注的焦点，比如“小产权房”“城中村”和“空心村”等。相关体制机制不健全是这些问题产生的主要根源。户籍管理、土地管理和社会保障制度等方面的改革正全面推进，农村土地制度改革已涉及承包地流转、集体经营性建设用地入市、宅基地制度、征地制度和农民住房财产权抵押等方面，然而，直接针对农村住房流转方面的改革却未启动。鉴于住房对于农民家庭的重要性，农村住宅制度改革与生产要素城乡双向流动、城乡发展一体化和农业转移人口市民化都有密切联系。因此，农村住宅制度改革在新型城镇化发展战略中的作用值得深入研究。

其次，农村住宅市场发展有助于实现农民财产性权利并增加农民财产性收入。农民增收关键取决于农民财产性收入的增加，赋予农民财产性权利是增加农民财产性收入的必要但非充分条件，农民住房财产价值的实现最终取决于住宅市场。因而，引导和培育农村住宅市场成为增加农民财产性收入的必由之路。

最后，激活农村住房的资产属性事关新常态下我国经济发展方式转变。住房具有消费和投资双重属性，然而，我国农村住房的资产属性始终受到抑制。经济新常态下，我国发展方式转变的压力日益凸显。农村住宅市场化将激活农村住房的资产属性，有利于放松农民创业的资金约束，从而激发农民“大众创业、万众创新”的热情。此外，农村住宅市场化还有利于增加农民财产性收入，进而扩大农村内需，这都将助力我国在新常态下形成经济发展新动能。

二、研究思路

本篇拟研究中国农村住宅制度同城镇化的关系，即从农业人口乡—城迁移和城市融入两个视角，系统研究中国农村住宅制度的市场化改革可能对人口城镇化产生的影响。

首先考察中国的城镇化、住宅制度和农村住宅市场发展的现状。探讨中国的住宅制度在城镇化进程中扮演的角色，研判新型城镇化背景下住宅制度改革的方向，界定人口城镇化和农村住宅市场化的概念内涵、表征体系，通过调研案例分析中国农村住宅市场的演化过程和现状。其次从理论上分析农村住宅市场化影响人口城镇化的机理。基于人口城镇化的“过程观”，将农村住宅市场化对人口城镇化的影响分解为对人口迁移的影响和对迁移人口城市融入的影响两个路径。对农村住宅市场化影响农户乡—城迁移决策建立基于迁移个体效用函数的微观模型和两部门一般均衡模型，对农村住宅市场化影响农业迁移人口城市融入进行理论建模，分别构建理论假说。

农村住宅市场化是一项重大的制度变革，将对农村和城市甚至国家发展产生广泛影响。然而考虑到研究的可行性和必要性，本书暂不研究农村住宅市场化对城市居民经济行为、城市房地产市场发展和宏观经济发展等的影响。

第二节　国内外研究现状

文献检索没有发现专门研究农村住宅市场化影响人口城镇化的文献。不过，由于农村住宅制度是住宅制度的重要组成部分，同宅基地制度、建设用地制度以及城乡统一住宅市场建设等命题密切相关，而且城镇化实质上是农村人口向城镇集中并逐渐融入城市的过程（张培刚等，2009）。因此，有不少同农村住宅市场化、人口城镇化以及两者之间关系相关的研究文献。

一、农村住宅市场化的相关研究

在现行农村住宅制度下，为实现潜在经济利益，一些农民自发将住房或宅基地出租或转让，形成了所谓自发交易市场；宅基地流转是农村住宅市场形成的前提条件之一；如果农房市场得以形成和发展，伴随着集体建设用地入市，未来有望实现房地产和建设用地市场的城乡双统一。为此，此处将综述集体建设用地（含宅基地）自发交易市场、宅基地流转、城乡统一的房地产（住房）市场与建设用地市场等方面文献。此外，也有文献涉及农民财产流转对农民收入和消费的影响，在此一并综述。

（一）集体建设用地（含宅基地）自发交易市场

由于农村住房占用的宅基地属于集体建设用地的一类，宅基地自发交易市场也被作为农村集体建设用地自发交易市场的一部分，而专门针对宅基地和农村住宅自发交易市场的文献较少。

农村集体土地自发交易市场自1980年开始形成，包括农用地和建设用地两大市场（朱明芬等，2011），经过30年发展，更加错综复杂，数量庞大（钱忠好等，2007）。20世纪90年代初期，包括集体土地自发交易市场在内的土地自发交易市场曾成为研究热点，通常把那些违法且隐蔽进行的土地所有权或使用权交易活动称为土地自发交易市场（黄中显，2006；罗迎新，1995；叶玉国，1992；赵森等，1995）。

学界重点研究了农村土地自发交易市场的表现形态、形成原因和防范治理。城乡接合部是集体建设用地自发交易的主要区域，变相买卖土地、出租房屋、联营联建、以地作价担保抵贷等都是表现形式（黄小虎，1995；张晓山等，2008）。黄贤金（2001）发现，自发交易表现为地上建筑物交易间接转让土地使用权、合资企业中的土地投资、土地使用权的间接贷款和还债等形式。有学者认为，包括联营联建、以租代售、建房出租、自行开发商品房在内土地变相开发也是自发交易市场的表现形式（马朝群等，2006）。黄中显（2006）将集体建设用地自发交易总结为六种形态：直接转让型、出租型、房屋转让型、合营型、建房型、抵押型。在长三角、珠三角、北京周边地区，集体建设用地进入市场的方式有出租、转让、联营、入股和抵押等（中央党校课题组，2009）。有研究发现，也存在基层政府和集体组织将农用地转为建设用地后进行自发交易流转的情况，通常以向企业直接出租，或建设厂房、商铺后出租，以及兴建农民新村、农家乐、度假村、小产权房等形式进行流转（蒋省三等，2010）。

学者认为，农村建设用地自发交易市场形成的原因有：城乡建设用地市场二元分割（张晓山等，2008）、法律依据缺失（钱忠好等，2007）、政府相关部门缺少统一管理措施（张雁，2008）、上位法滞后导致的法律执行不力（罗伯特·考特等，2012）、土地增值巨大收益的驱使（刘芳等，2006）、政治体制的外部性（胡亦琴，2009）、政府惩治力度不够（吴晓燕等，2011）、农村土地产权制度不完善（黄中显，2006）、土地产权模糊下的诱致性驱动、村级土地管理缺位（马朝群等，2006）等。

关于防范治理，学者认为，集体建设用地自发交易市场的存在有一定合理性，不应盲目取消，而应通过强制性制度变迁发展土地公开市场（贾生华等，2006；马朝群等，2006）。既然集体建设用地自发流转已经普遍存在且事实上已成为土地资源配置的重要手段，就应当让其直接进入市场（蒋省三等，2010）。这也成为主流观点。应分层、分类、分阶段推进土地自发交易市场显形化，最终建立城乡统一的建设用地市场（罗湖平，2014）。治理集体建设用地自发交易市场还要完善征地制度（陈锡文，

2013；贺雪峰等，2012）。

综上，集体建设用地自发交易市场的研究对本书主要有三点启示：集体建设用地自发交易市场的广泛存在，提示农村住房和宅基地自发交易市场存在的可能；土地制度城乡二元结构是集体建设用地自发交易市场的根源之一，提示住宅制度二元结构可能也是农房自发交易市场的根源；对集体建设用地自发交易市场因势利导的治理思路也为治理农房自发交易市场提供了参考。

（二）宅基地流转

宅基地是农村住房的基础，其流转也是农房流转的基础。因此，宅基地流转研究可为农房市场化研究提供参考。陈小君等（2010a）认为我国现行宅基地制度在转让方面亟待完善。文献对农村宅基地流转的研究主要集中在流转必要性、流转意愿、模式等方面。

关于是否应允许宅基地流转，主流观点持肯定态度。城镇化使得人地矛盾问题日益突出，表现为农民工流出地区土地闲置和流入地区建设用地供给压力增大并存（李敏飞，2013；刘晓平，2011；汪阳红，2011），农民与宅基地和承包地存在的牵连关系既不利于农业劳动生产率提高又限制了农业剩余劳动力转移（刘晓平，2011），城镇化使得宅基地社会保障功能与财产功能产生冲突（李敏飞，2013），这都要求允许宅基地流转。赞成宅基地流转的学者认为，禁止流转存在一系列弊病，包括损害农民财产权利（高圣平，2010），宅基地滥占和农村住房空置（邓卫华等，2012），强化了城乡二元体制等。周其仁（2011）认为土地市场化会给农民带来巨大收益，有人推算了允许流转后农民住房的市场价值为 15 万亿~18 万亿（勾新雨，2012）。但也有学者对宅基地流转可能引发的问题表示担忧，宅基地流转可能导致农民流离失所，加速农村衰败（孟勤国，2010），而禁止流转并未降低宅基地使用效率，反而促进了城镇化（贺雪峰，2013）。

农民宅基地流转意愿的影响因素也是研究热点。黄忠华等（2011）的实证研究表明，农户非农化、利益唤醒和借贷需求对农民的宅基地流转意愿有重要影响，非农收入比重越低和办证意愿越高的农户流转意愿越强烈。关江华等（2013a）发现，户主受教育程度、庭院经营性收入、家庭归属感、宅基地区位条件和家庭非农收入比例等因素依次对农户宅基地流转意愿有显著影响，除了户主受教育程度、家庭非农收入比例影响为正，其他因素为负向影响。影响资产均衡型农户与资产缺乏型农户宅基地流转意愿的因素存在差异，且前者流转意愿比例高于后者，因此宅基地流转保障、扶持政策应体现差异化（关江华等，2013b）。胡方芳等（2014）的实证研究表明，对于新疆农户，宅基地流入和流出意愿受到农户特征、政策和市场特征的影响差异明显。流转范围的限制政策和流转所需时间抑制了宅基地流转，而流转收入越高，流转意愿越强烈。郭贯成等（2014）以张家口地区为例探讨了经济欠发达地区农户宅基地流转方式和流转意愿影响因素在近远郊的差异，教育年限、家庭支出、房屋数量和职业在近远郊对流转意愿有相同影响，社会保障因素对远郊农户流转意愿有正向影响，而社会治安和家庭人数对近郊农民流转意愿有负向影响。也有学者实证研究了宅基地置换意愿（王丹秋等，2015；魏凤等，2013；肖轶等，2012）和退出意愿的影响因素（陈霄，2012；王兆林等，2015；杨君等，2015）。

学界基于各地宅基地流转实践，按照不同标准总结出各种流转模式，并进行了对比分析。陈利根等（2012）按照作用主体不同，总结出政府主导、集体推动和农民自发三种流转模式，比较了三种模式对农民福利状况的影响，认为短期内集体推动模式相对于另两种模式最有利于农民福利增加，但长期内，宅基地市场自由流转是增加农民福利的有效途径。张义博（2014）认为，我国宅基地流转主要存在“宅基地换房”“联建”和“地票交易”三种典型模式，应该支持各地自主探索，因地制宜推动流转方式创新。张梦琳（2014）将宅基地流转模式划分为实物流转和指标流转两大类，前者包括浙江“联众模式”、天津“宅基地换房”模式、河南新乡、山东诸城等地的新型“农村社区”模式；后者包括成都的“指标捆绑挂钩”模式、重庆的“地票”交易。认为符合“市场主导”和“跨区流转”两个标准的模式更有利于资源优化配置和农民利益维护，而以上模式均不具备。刘权（2015）指出应进行主体资格创新、流转客体创新，建立共有产权、有偿取得、有期限使用、宅基地抵押、继承等流转机制。瞿理铜（2015）认为“重视公平、忽视效率”的旧价值取向是导致宅基地利用问题的根源，社会转型要求在更加重视效率的价值取向下创新制度。另外，有研究专门分析了宅基地流转制度改革的风险，风险由强到弱依次为农民权益受损和宏观调控能力受削弱、农村社会受冲击和政府管理效益受损、粮食安全风险（林超等，2014）。

可见，学者比较关注宅基地流转问题。主流观点支持宅基地流转，暗示发展农村住宅市场的必要性。虽然大量文献在此领域进行了广泛探索，然而明确提出发展农村住宅市场的文献却比较有限。

（三）城乡统一的房地产（住房）市场、建设用地市场

在统一城乡房地产（住房）市场和建设用地市场的过程中，促进农村房地产（住房）市场和集体建设用地市场发展是无法避免的，而农村住宅用地也是集体建设用地的重要组成部分。因此，城乡统一的房地产（住房）市场、建设用地市场方面的文献同农村住宅市场化密切相关。

面对我国快速城镇化过程中的城乡二元分割问题，城乡发展一体化成为21世纪初的研究热点（冯雷，1999；杨培峰，1999）。学者认为，建设城乡统一的房地产（住房）市场和建设用地市场也应成为城乡发展一体化的重要内容。厉以宁（2008）认为，作为计划经济体制的两大支柱，国企体制已取得重大进展，城乡二元体制应成为后续改革重点。户籍制度并非城乡二元体制的全部，包括农村土地承包制度和农村宅基地制度在内的土地制度也是城乡二元体制的重要内容，而承包地和宅基地的流转和抵押应是改革重点。在出售宅基地受限的现行法律下，考虑到进城农民返乡后再向集体申请宅基地的困境，宅基地置换是最佳选择。要实现双向城乡一体化，就应消除农村土地集体所有制这个体制障碍，赋予农民财产权，发放房屋产权证，实现承包地和宅基地所有权与使用权分离，并允许房屋和土地使用权转让。这将增加农民财产性收入并扩大融资机会，有利于实现经济增长方式向消费拉动转变（厉以宁，2010a）。

房地产市场或住宅市场城乡统一的对策和影响成为后续研究重点。在

对策方面，何梅（2010）认为，城乡房地产市场一体化将促进土地要素在城乡之间自由流动，增加中低档住房供给从而缓解城市高房价。从农村土地要素供需两方面分析了城乡房地产市场一体化的可行性，指出城乡房地产市场一体化应改革宅基地取得制度、妥善处理“小产权房”问题并加强宏观调控。统一城乡房地产市场应实现城乡地权平等、建立土地开发权市场（马庆斌等，2013）。倪鹏飞（2015）发现，我国住房不仅在农村和城镇之间分配不均，在城市和农村内部也存在不均，城乡二元住宅制度是这些住房问题的根源。为了实现城乡发展一体化，我国住宅制度改革应通过政府与市场相结合，推动包括住宅制度体系、住房供应体系、住房基本制度和配套制度在内的城乡统一住房体系建设。关于城乡住宅市场统一的影响，吕萍等（2013）认为城乡二元住宅制度造成了城乡住宅市场对接扭曲，是小产权房产生的制度根源，应坚持绝对统一、相对统一和逐步统一的原则，促进城乡住宅市场统一，从而彻底根除小产权房。杨遂全等（2015）认为，有条件的宅基地空间权自由流转和农民资产市场化将为农村闲置住房提供较好出路。

城乡建设用地市场统一方面，研究主要涉及两个焦点问题，一是统一的效率与公平问题，二是集体建设用地入市的模式问题。学者普遍认为城乡建设用地市场统一将释放集体建设用地价值，优化用地结构，提高资源配置效率（曲福田等，2011；唐健等，2013；周其仁，2010）。但近年来也有不同看法，认为统一并不一定能提高土地利用效率（贺雪峰，2013；霍雅勤等，2003；吴次芳，2014）。主流观点认为，建设用地市场统一以及集体土地与国有土地的“同地、同权、同价”将使农民和集体获得更多土地增值收益，促进城乡公平（蔡继明，2009；高圣平等，2007a；杨小凯，2001；叶剑平，2009；周其仁，2005）。但也有学者担心统一可能造成城郊农民与其他农民之间的不平等（华生，2013）。对集体建设用地是应当采用“直接入市”还是“间接入市”模式，学界普遍认为应将两者有机结合。有研究认为，应只允许工商业用地直接入市，而商品住宅用地则采取城乡增减挂钩的间接入市模式（张舟等，2015）。有学者指出，可借鉴英、美土地发展权模式，结合我国国情设立新型土地发展权制度（梁发超，2015），构建全新城乡土地储备制度（夏方舟等，2015）。

可见，主张统一城乡房地产（住房）市场和建设用地市场的文献，实际上已经将农村住房及其用地流转作为隐含条件。本书中提出的发展农村住宅市场的主张与此是一脉相承的。

（四）农民财产流转对收入的影响

农村住宅市场化主要涉及住房财产流转，而住房同宅基地及承包地都是农民家庭重要的财产。一些文献研究了农民财产流转对农民收入的影响。

对于农民财产权利缺失导致其无法获得财产性收入，学界并无争议。农民不能像市民那样享受资本市场和房地产市场发展带来的财产性收入是城乡收入差距过大的重要原因（周其仁，2009）。缺乏合法所有权制度保障导致农民家庭拥有的资源成为僵化资产而无法转化为可以增值的资本，这是农民财产性收入增长的制度障碍（王文烂，2010）。如果赋予农村居民财产权，允许房屋、宅基地和承包地使用权转让，农民收入将提高，内需将扩大（厉以宁，2010b）。陈晓君（2012）认为，土地资产化将发挥土地经济收益潜能，提高农民财产性收入。李启航等（2013）根据德索托的思想，利用1997~2009年省级面板数据实证研究发现，法律制度对城镇居民财产性收入有显著影响，但对农民财产性收入影响不显著，表明我国现行法律体系对财产性收入增长的促进效应尚无法惠及农民，存在“布罗代尔钟罩”。张军（2014）发现，1978年以来农民财产性收入增长的主要来源包括土地承包经营权流转、农村集体资产股份化、农民房产和宅基地增值收益等，应继续探索农户房产和宅基地所有权并轨，赋予农户对住房（含宅基地）完整的财产权利。刘鸿渊等（2015）建议，农村产权制度改革是增加农民财产性收入的突破口，但还要创造增加财产性收入的环境条件。

然而对于农地流转是否能增加农民收入，尚存在争议。Jin等（2013）基于肯尼亚1142个有地农户的面板数据研究表明，土地租赁市场发展增加了农户收入，其基于我国家庭的面板数据研究也显示，农地从不善耕种农户和非农化农户流转给劳动力多的农户，将发挥闲置土地的潜力，从而增加生产收益（Jin et al.，2009）。薛凤蕊等（2011）运用DID模型对鄂尔多斯市农户的收益进行实证分析表明，参与土地流转农户的人均纯收入比未参与农户显著增加。李庆海等（2012）运用多重内生处理效应模型对土地租赁的福利影响分析表明，租入或租出土地的农户纯收入都有所增加。胡红斌（2014）的实证分析表明，农村土地流转与农户总收入、非农收入增长具有正相关关系。然而，崔会（2013）对四川省成都市两村的实地调研却未发现土地流转前后农民纯收入发生显著变化。丁琳琳等（2015）的实证分析也表明，地区土地市场化水平对农民土地财产性收入获取有正向影响。朱建军等（2015）在反事实分析框架下，基于2011年中国健康与养老追踪调查数据，利用倾向值匹配（PSM）方法分析发现，农地流转（包括租入与租出）对农民收入增加有促进效应，但却导致城乡收入分配不平等的加剧。

现有文献中探讨宅基地流转对农民收入影响的很少，直接研究农村住房流转对农民收入影响的文献尚未发现。丁琳琳等（2015）分析表明，农民土地财产性收入的获取水平受到财产权制度稳定性影响，而承包地确权对增收的促进作用要比宅基地确权明显。

可见，学界普遍认为农民获得财产权有利于增加农民财产性收入，这为本书研究农村住宅市场发展对农民收入的影响提供了参考，因为农村住宅市场化意味着农民将获得完整的住房财产权。

（五）农村住房资产对消费的影响

如果农村住宅市场得以形成和发展，农民可以将农房交易，实现资产价值，农民家庭的消费可能受到影响。固定资产对居民消费的影响可以分为“财富效应”和“资产效应”，前者指资产价格上升对消费的影响，后者指资产水平对消费的影响（李涛等，2014）。

从现有文献来看，对住房财富效应和资产效应的研究主要针对城镇住房。学者采用宏观或微观数据，运用不同计量分析方法，研究结果大相径庭（周华东，2015）。按结果可以分成三类：住房财富效应为正的文献、为负的文献和非对称性住房财富效应文献。

然而，专门研究农村住房财富效应的文献比较有限。厉以宁（2010b）认为，改革农村土地集体所有制，赋予农村居民财产权，发放房屋产权证，将承包土地和宅基地的所有权与使用权分离，允许使用权转让，将增加农民收入从而扩大内需，有利于实现经济增长方式向消费拉动型转变。虞斌（2014）基于31个省、自治区和直辖市2000~2010年面板数据，考察了农村居民生产性固定资产的财富效应，发现生产性固定资产促进消费的财富效应显著，而银行储蓄和住宅资产均未促进消费支出，其较早的研究还比较分析了城乡居民人力资本财富效应（虞斌，2012）。王猛等（2013）实证分析表明，房价上涨会拉大城乡消费差距。宋明月等（2015）基于2011年中国健康与养老追踪调查（CHARLS）全国基线调查数据，分别考察了城市和农村房产对家庭消费的影响，结果显示，不管是城市还是农村，拥有房产能显著提升家庭消费，不同类型资产价值对消费的影响效应在城乡间存在明显差异。

已有研究对本书的启示是：如果城市房地产市场的发展使得住房财富效应或资产效应存在于城市，那么农村住宅市场的缺失很有可能导致住房财富效应或资产效应在农村是不存在的，而已有文献对此问题的关注似乎有限。

二、人口城镇化的相关研究

人口城镇化一直是学术研究的热点，但对其概念内涵进行专门界定的文献却很少。从文献检索看，中国学者对人口城镇化的研究始于1983年，2010年以后呈爆发式增长。从中国知网检索情况看，最早在学术论文题目中使用“人口城镇化”一词的是顾纪瑞等（1983），认为城市人口增加是城镇化的应有之义，并没有对人口城镇化做专门界定。以“人口城镇化”为主题词检索，2016年共有392篇论文在CSSCI和核心期刊上发表。已有文献主要关注人口城镇化的模式、人口城镇化与土地城镇化的关系、人口城镇化的水平测算等问题，很少有文献专门探讨人口城镇化的内涵。韩兆洲等（2005）认为，城镇化应该包括经济城镇化、人口城镇化、城市建设和生活环境城镇化与人民生活水平城市化，而人口城镇化是区域城镇化的核心，表现为农业人口向非农业转化和人口向工业区聚集。专门探讨人口城镇化的文献较少，可能是因为已有文献将人口城镇化等同于城镇化，既然已经对城镇化的概念有充分讨论，没有必要专门界定人口城镇化。

发展经济学认为，城镇化实质上是农村人口向城镇集中并逐渐融入城市的过程（张培刚等，2009）。因此，关于同人口城镇化相关的研究，此处主要综述农村劳动力迁移和农业迁移人口城市融入（市民化）两个方面的文献。

（一）农村劳动力迁移

在中国快速城镇化背景下，农村劳动力迁移（转移）的影响因素和产生的影响一直是理论研究的热点。由于本书主要考察农村劳动力迁移受到农村住宅市场化的影响，因此，主要综述农村劳动力迁移影响因素方面的文献。

影响农村劳动力迁移的因素比较复杂，可分为经济因素和非经济因素。经济因素方面，早期文献重点研究城乡和地区收入差距，后续研究关注经济发展水平、产业发展、就业等因素。非经济因素包括个人和家庭特征、迁入迁出地的区域特征、文化因素和制度因素等。Rabe 等（2012）认为，迁移决策取决于迁移者在迁移后的期望效用（Expected Utility），而该期望效用是终身收入、就业机会、住房价格等方面在迁入地和迁出地的差异以及迁移成本等因素的函数。

经济因素方面，城乡和地区收入差距对农村劳动力迁移的影响是早期研究关注的重点。蔡昉（1995）认为，改革开放引起的城乡和地区收入差距扩大是农村劳动力迁移的追加动力。研究表明，改革开放后不论是城乡之间，还是沿海和内陆地区之间的收入差距均出现扩大趋势（Zhao，1999），而农村劳动力迁移的变化趋势与此基本一致（蔡昉等，2003）。针对收入更低的西部地区的劳动力迁移规模却远低于中东部地区的现实，蔡昉等（2002）采用斯塔克（Stark et al.，1991）的相对贫困假说进行了解释，认为家庭收入差异导致迁移成本支付能力不同。范晓非等（2013）采用 CHNS（中国健康营养调查）的微观数据分析发现，预期城乡收入差距对劳动力转移影响最为显著。实证研究表明，区域经济发展水平是省内人口迁移的重要“推—拉”因素之一（张苏北等，2013），区域经济差异对人口迁移有正向影响（杨风，2014），迁出地和迁入地的人均 GDP 对于人口迁移的影响明显（刘生龙，2014）。关于产业发展对劳动力迁移的影响，学者发现，第一产业从业人员比重越大，人口迁移越多（张苏北等，2013），农业条件的改善反而会使农民留在农村耕种（朱芸等，2014），农村转移劳动力的吸纳效率随产业结构升级不断提高（关海玲等，2015），第一、第三产业技术进步与农村劳动力转移之间存在长期显著相关关系（佟光霁等，2014），程名望等（2006）却认为农村劳动力转移的根本动因是工业技术进步。关于就业因素的影响存在分歧，有研究认为失业率对人口迁入影响较小（龙奋杰等，2006；徐宏伟等，2015；原新等，2011），但也有研究认为城乡就业差距会对农村居民的人口迁移形成反向影响（朱芸等，2014）。转移人口就业能力对其非农就业稳定影响（罗明忠等，2015b）。

非经济因素方面，学者认为，个体属性因素深刻地影响农村劳动力转移就业空间决策（赵春雨，2014）。男性比女性更有迁移倾向（Ayers et al.，2012；Kaushal et al.，2015；Vadean，2015；雷光和等，2013），教育对劳动力迁移有显著影响（范晓非等，2013），受教育程度更高的人和年轻人更倾向迁移（Ackah et al.，2012；Kaushal et al.，2015；Vadean，2015）。家庭特征方面，家庭规模对于个体的迁移行为是正向的刺激作用（朱芸等，2014），但对家庭的迁移则是负向作用（周皓，2006），有迁移者的家庭更加容易迁移（Ackah et al.，2012；雷光和等，2013；原新等，2011）。动力转移决策受家庭构成与劳动力负担率显著影响（郝立丽等，2014）。迁入迁出地区域因素方面，通信越落后的地区的农村劳动力越倾向于迁移（Zhao，1999），气候对人口迁移有直接影响（Upadhyay et al.，2015），受教育人口较多、医疗福利高、水资源和卫生条件更好的地区对迁移人口吸引力更大（Ackah et al.，2012），迁入地人口规模越大迁入人口也越多（Kaushal et al.，2015；王桂新等，2012）。文化因素方面，迁移人口倾向于选择与迁出地文化习俗相似或者同乡、亲戚较多的地区（Epstein，2015；Vadean，2015；雷光和等，2013）。农村家庭关系网络对成员外出就业影响为正（程名望等，2014；张建华等，2015）。

较多文献对影响农村劳动力迁移的制度因素进行了研究。我国长期存在的城市导向的制度惯性阻碍了农村劳动力转移（傅伯仁等，2010）。已有研究考察了户籍、就业、住房、土地、社会保障和财政等制度对农村劳动力转移的影响。学界几乎一致认为，深化户籍制度改革是促进劳动力流动的基本要求（蔡昉，2005；林毅夫，2003）。李建平等（2012）利用一个家庭迁移决策模型，实证研究表明，劳动力迁移率与收入差距和户籍制度等因素存在显著关联。户籍制度是统一城乡劳动力市场的最主要障碍（薛蒙林，2013），户籍改革将降低农村劳动力迁移成本（朱江丽等，2016）。已经进入城市的农民工面临着户籍制度、就业制度、教育制度等一系列制度的整体排斥（陈丰，2007）。户籍与社会保障制度缺陷导致农村劳动力公民权缺失，迫使农村转移劳动力选择非正规就业（刘雪梅，2014）。农民工在职业获得、行业进入和所有制部门进入三个维度上都遭受了明显的户籍歧视（章莉等，2016）。然而，孙文凯等（2011）研究表明，户籍制度改革在促进农民工流动方面作用有效。厉以宁（2010b）认为，相对户籍制度，土地二元结构是造成农村居民向城市迁移的单向城乡一体化的更为关键的因素。当前我国过高的住房销售价格抑制了人口持久性迁移意愿（董昕，2016），住房保障制度对农民工的排斥成为农村劳动力迁移的阻力（傅伯仁等，2010），构建城乡统一的住房保障体系将有利于农村劳动力迁移（吕萍等，2010）。黄忠华等（2014）认为，现行农村土地制度影响农民工市民化意愿，宅基地和耕地对农民工存在“黏附效应”。社会保障方面，贾男等（2015）发现，新农合的非携带特征限制了参保农民的自由流动，谭华清等（2016）利用中国家庭追踪调查（CFPS）数据的研究表明，参加新农保的农村家庭外出的概率要高2%左右。财政政策方面，李菁等（2013）的研究表明，增加财政农业支出总量有助于农村劳动力转移。吕炜等（2015）的实证研究表明，农机具购置补贴促进农村劳动力转移，其他财政支农支出却产生阻碍作用。以上综述表明，学者已经对各项制度进行了比较充分的考察，但对住宅制度的分析主要针对住房保障制度，对农村住宅制度的研究似乎有待加强。

可见，学界对影响农村劳动力迁移的因素进行了广泛研究，为本书研究奠定了基础。农村住宅市场发展可能直接影响农村劳动力迁移，也可能通过影响已知经济和非经济因素产生间接影响。另外，考察农村住宅市场化对农村劳动力迁移的影响时，应考虑其他主要因素的影响。

（二）农业转移人口城市融入（市民化）

“农业转移人口”的称谓经历了由早期的“盲流”“打工仔”“打工妹”到“农民工”，再到“进城务工人员”，直到目前的“农业转移人口”的过程（孙友然等，2016）。这里从概念界定、水平测度、影响因素、对策建议和最新进展等几个方面，对农业转移人口城市融入（市民化）相关研究进行梳理。

关于农业转移人口城市融入（市民化）的概念。现有文献分为两类：一类研究“农民工城市融入”（秦立建等，2014）；另一类研究“农业转移人口市民化”（陈昭玖等，2016）。韩俊强等（2013a）认为，“人口市民化”“城市融入”“城市融合”和“社会融合”等概念在学术研究中的指代范畴基本相同，其内涵差别不大。比较文献后发现，两类研究在时间上呈一定的递进关系（前者相对较早），但研究内容基本一致，即探讨流向城市的农业转移人口如何享受市民化待遇、被城市社会接纳和认同、融入城市（李伟，2014；魏后凯等，2013）。关于“市民化”的内涵，根据对过程和结果的侧重不同，主要有三种观点：“过程观”（王桂新等，2008；郑杭生，2005）、“结果观”（赵立新，2006）和“综合观”（简新华等，2007）。

关于农业转移人口城市融入（市民化）的水平测度。农业转移人口市民化所处阶段的定性判别是早期的一个重要研究方向，形成“半城市化阶”（王春光，2006）、“虚城市化阶段”（陈丰，2007）和“后市民化阶段”（钟水映等，2007）三种代表观点。随后，研究重点逐渐转向农业转移人口市民化的水平测度，学者们不仅从理论上分析测度原理（卢国显，2006；张延平等，2005），也设计出指标体系并利用数据进行测度（张斐，2011）。已有研究通常从经济、社会、文化、心理和身份五个维度来解构农民工的城市融入，每个维度又包含若干可量化指标，学者的主要分歧在于量化指标的设计上（韩俊强等，2013b；卢海阳等，2016a）。有学者认为，经济融入是社会融入的起点与基础（田艳平，2014）。还有文献从相反的角度出发，测度农民工受到的“社会排斥”水平（龚晶等，2015）。

关于农业转移人口城市融入（市民化）的影响因素。现有文献可以按照被解释变量和解释变量两个标准进行分类，一类研究关注不同的被解释变量，如社会融入（郑思齐等，2009）、经济融入（张庆武等，2015）、心理融入、融入意愿（陈昭玖等，2016）、融入能力等，另一类关注不同的解释变量，包括城乡二元制度（黄锟，2011）、户籍制度（朱新华，2014）、土地制度（傅晨等，2014）、家庭因素（张华，2013）、就业机会、居住状况（胡书芝等，2012）、迁移模式（洪小良，2007）、员工帮助（张宏如等，2015）、人力资本（陈昭玖等，2016）、社会资本（孔祥利等，2016）、心理资本（滕瀚等，2014）、医疗保险制度（秦立建等，2014）、文化因素（杨素青，2015）等。

关于促进农业转移人口城市融入（市民化）的对策与路径。学者基于对影响因素的研究给出了促进农业转移人口市民化的建议，除了应加快户籍等制度全方面改革以外（张静，2015），还可以通过加强农民工培训、建立员工帮助计划（张宏如等，2015）、“回流式”市民化（潘华，2013）、“赋权”（邓玮，2016）、人地挂钩（鲍家伟，2015）等措施，促进市民化进程，同时还应借鉴韩国、日本等国的有益经验，如重视社会保障、产业发展（董向荣，2014）。

关于一些新的研究进展。针对农业转移人口不同群体的研究越来越受到关注。学者从农民工、新生代农民工、工厂农民工和农民工家庭等不同视角进行研究（李伟，2014），新生代农民工和农民工家庭的城市融入问题成为最近的研究热点（卢海阳等，2016b；赵宁，2016）。农民工市民化与消费的关系成为一个比较新的研究视角，卢海阳等（2016b）认为，农民工城市融入既可以提高其家庭消费水平，又能改善消费结构。郑欣等（2016）从传播社会学的视角，探索新生代农民工的“消费式融入”，发现新生代农民工通过消费对农民工群体身份和不平等社会地位进行着隐性抗争。城市空间隔离问题也受到关注，景晓芬（2015）发现，空间隔离对农业迁移人口的市民化有显著抑制作用，因此应尽快将农民工群体纳入城市空间分配体系。有研究探讨了农业转移人口定居意愿的影响因素，孙友然等（2015）运用结构方程模型分析了流动动因对定居意愿的影响，彭华涛等（2015）发现，在社会资本影响农民工城市融入意愿的关系中，城市生活满意度起到调节作用。农民工市民化的社会成本问题也逐渐受到关注，成本测量和分担逐渐成为研究热点（李俭国等，2015）。

通过以上对农业转移人口城市融入（市民化）的研究梳理发现，已有研究紧扣改革脉搏，针对中国城镇化中出现的实际问题，从理论和实践层面展开深入探讨，取得了一些理论共识，为后续研究奠定了基础。农业转移人口城市融入（市民化）的研究呈现出两大发展趋势：一是对城市融入水平的定量测度更为重要；二是对影响城市融入因素的全面化研究将越来越受到重视。就前者而言，受认识水平和数据所限，定量测度仍存分析，是研究难点。就后者而言，已有文献从宏观和微观两个视角对制约农业转移人口城市融入的因素进行了探讨，具体涉及制度政策、资金、环境、人力资本、社会资本和文化资本等方面（孙友然等，2016）。然而就制度层面来看，已有研究尽管分析了户籍制度、农地制度等对城市融入的制约作用，也有学者对农民工的住房问题进行了探讨，但尚未检索到有文献专门研究农村住宅市场发展对农业转移人口市民化的影响，本书将在此方面做些拓展。

（三）农村住宅市场化与人口城镇化关系的相关研究综述

由于没有检索到直接研究农村住宅市场化对人口城镇化影响的文献，此处主要综述相关研究包括：农民财产性收入增长与农村住房财富效应的关系，农地流转、宅基地流转与农村劳动力迁移的关系，农村土地制度、住房问题与农业转移人口城市融入（市民化）的关系。

1. 农民财产性收入增长与农村住房财富效应

对于农民财产权利缺失导致其无法获得财产性收入，学界并无争议，而对于农地流转是否能增加农民收入，尚存在争议。现有文献中，很少有探讨宅基地流转对农民收入影响的文献，尚未发现直接研究农村住房流转对农民收入影响的文献。相关文献综述可以参考本节第一部分“一、农村住宅市场化的相关研究”下面的“（四）农民财产流转对收入的影响”的内容。

住房财富效应方面的研究主要有：

房地产价格（或房地产财富）通过多种渠道影响消费，称为广义的“住房财富效应”。21 世纪第一个十年间我国房价过快上涨与居民消费下降并存的局面引起学界极大关注，住房财富效应成为研究热点。学者采用宏观或微观数据，运用不同计量分析方法，研究结果大相径庭（周华东，2015）。现有文献按照研究结果可以分成三类：住房财富效应为正的文献、为负的文献和非对称性住房财富效应文献。

一些研究发现房价上涨促进了居民消费，即存在正的住房财富效应。按照所采用数据的不同，此类文献可以分成四个小类。第一小类利用了全国层面的时间序列数据。例如，王子龙等（2008）、赵杨等（2011）和赵昕东等（2015）分别基于我国 1996~2007 年、1994~2011 年、2002~2014 年房地产价格和居民消费的季度数据，利用向量误差修正模型（ECM），得出了几乎相同的结果：房地产市场存在正向财富效应。陈伟（2015）基于 1994~2013 年的月度数据发现，我国房地产市场长、短期内均存在微弱的正财富效应。刘旭东等（2016）基于 2005~2015 年季度数据发现，房价对居民消费的财富效应大于挤出效应。第二小类利用了省级层面的面板数据。例如，祝丹等（2015）基于 1999~2013 年省际面板数据和 GMM 方法发现，各省市均存在正向住房财富效应，但不同地区人口年龄结构对住房财富效应的边际影响存在差异。周守亮等（2015）基于 30 个省数据运用面板协整方法发现，整体房地产财富效应为正，但影响程度较低。廖海勇等（2015）基于 1999~2012 年中国 30 个省市的面板数据发现，东部比中西部有更强的正财富效应。李剑等（2015）利用2004~2011年的省际面板数据发现，房价上升对居民消费总量上存在财富效应。第三小类是基于城市面板数据的研究。例如，严金海等（2012）以1999~2009年35个大中城市面板数据研究发现，房价上涨对居民消费有正向影响，但比较微弱。李勇等（2013）发现，35个大中城市中，正财富效应的城市多于负财富效应，安勇等（2016）也有类似结论。第四小类利用了微观调查数据。例如，黄静等（2009）利用CHNS数据（2002年、2004年和2006年）发现，居民消费受到房地产财富显著的正向促进，住房财富效应存在明显异质性。解垩（2012）利用CHARLS数据、陈训波等（2013）利用2008年的CFPS数据、赵西亮等（2014）利用2002年和2007年的CHIP数据、张大永和曹红（2012）与赵卫亚和王薇（2013）使用2010年的CHFS数据、张雯（2016）利用2011年中国家庭金融调查（CHFS）数据，均有类似发现。杜莉等（2013）利用对上海城镇居民家庭入户调查2008~2011年的面板数据也有相同发现。姜正和等（2015）基于2011年的CHFS数据发现，住房财富效应总体为正，但不同风险偏好家庭存在差异。

另一些文献表明房价上涨抑制了居民消费，即存在负的住房财富效应。此类同样可以依据使用数据不同进行分类。第一类基于全国总体时间序列数据的研究有：谭政勋（2010）基于我国1999~2009年的季度数据利用分位数回归模型的研究，以及戴颖杰等（2012）基于我国2000~2009年的季度数据运用因子分析向量自回归（FAVAR）模型的研究均发现，房产对消费存在挤出效应。王春梅（2015）基于1994~2012年的季度数据发现，一线城市房地产的财富效应显著为负，二线城市不显著，三线城市微弱为正。第二类基于省际面板数据的实证分析有：李成武（2010）利用我国2004~2009年的省级季度面板数据、王柏杰等（2011）利用我国2003年第一季度到2010年第二季度的面板数据、陈崇等（2011）基于1998~2008年的省际面板数据、陈健等（2012）基于我国31个省级区域2001~2009年的面板数据、陈峰等（2013）利用中国1999~2010年31个省、市、自治区中高收入家庭的93个收入分层截面面板数据均支持负的财富效应。

第三类基于城市面板数据的实证研究有：况伟大（2011）使用中国35个大中城市1996~2008年的面板数据、王子龙和许箫迪（2011）利用我国30个大中城市1998~2009年的季度数据、杜莉等（2010）利用我国172个地级城市2002~2006年的面板数据、高波和王辉龙（2011）基于长江三角洲16个城市2000~2009年的面板数据，或者发现房价上涨抑制了居民消费，或者发现房价上涨没有明显影响消费支出。周晓蓉等（2014）基于我国1999~2010年31个省、市、自治区的面板数据发现，住房资产价值上涨在短期对消费有正向促进作用，但在长期却存在着负相关性。第四类基于微观家庭数据的实证研究有：谢洁玉等（2012）、陈斌开和杨汝岱（2013）及杨赞等（2014）分别使用2002~2008年、2002~2007年、2002~2009年的UHS数据、陈健等（2013）基于2011年完成的全国30个大中城市的城市家庭抽样调查数据，均发现住房价格上涨对居民消费的抑制作用。李涛等（2014）利用2009年的UHS数据研究发现，家庭住房资产不存在财富效应。颜色等（2013）采用2004年国家统计局的城市人口调查数据发现，由于在现实中房价的迅速上涨具有不可持续性，国民消费因而受到明显抑制。

近年来，一些研究发现住房财富效应存在非对称性问题。齐红倩等（2013）的实证分析发现，我国房地产财富效应具有显著的不对称性，即房地产财富升值阶段的消费变化程度大于紧缩阶段。骆祚炎等（2013）基于1995~2012年的季度数据，运用非线性TVAR模型发现，居民金融资产和住房资产财富效应存在非对称性，金融资产财富效应的非对称性强度要超过住房资产，但是住房资产财富效应的非对称性持续时间更长。周华东等（2015）基于省级面板数据发现，住房财富效应存在非对称性，房价高时和低时，房价上升对消费的影响强弱是不对称的。祝丹等（2016）基于中国1999~2015年的省际面板季度数据发现，金融危机前后房价上涨与下跌对居民消费存在随时间变化的非对称性影响。

然而，住房财富效应的相关文献大多考虑城市家庭，却鲜见对农村住房财富效应的研究。这可能是因为我国现行法律对农村宅基地和住房流转的限制，导致农民住宅市场发展滞后。

专门研究农村住房财富效应的文献比较有限。厉以宁（2010b）、虞斌（2014）、王猛（2013）、宋明月（2015）等展开了研究。详见本节“一、农村住宅市化场的相关研究”下面的“（五）农村住房资产对消费的影响所述”。

2. 农地流转、宅基地流转与农村劳动力迁移的关系

关于农地流转与农村劳动力迁移关系的文献分为两类：一类研究农村劳动力迁移对农地流转的影响，例如，有研究表明，农村劳动力流动没有内生的影响到农村土地流转（孙玉娜等，2012），但也有研究表明，非农就业增长促进了农地租赁活动（Kung，2002；Qian Forrest et al.，2004），农村转移劳动力就业能力的提高将促进其融入城市，进而促进农地流转（罗明忠等，2015a）。另一类分析农地流转对农村劳动力迁移的影响。例如，游和远等（2010）运用线性回归模型、SLM、SEM 选择，基于中国 30 个省的数据发现，农地流转不直接导致农村劳动力转移，农民流转农地后可能出现离地失业或者滞留在农地。还发现，农地流转对农民劳动力转移的影响依赖于农村工业化，而农户户均耕地面积是重要因素。农地占有禀赋降低、农业机械投入增加和农地社会保障功能弱化等都会影响农地流转对农民劳动力转移的作用。陈浩等（2013）利用 1986~2010 年中国农村固定观察点数据做格兰杰检验发现，劳动力转移比重与土地流转比重并不存在因果关系。但也有学者持不同观点，曹亚等认为农地地权流转固化和非契约化经营模式导致农业剩余人口转移（曹亚等，2010）。

还有学者通过理论建模和数值模拟研究农地流转对农村劳动力迁移的影响。谢冬水（2014a，2014b）分别建立城乡二元结构转变模型和劳动力迁移决策模型分析表明，农地转让权不完全：一方面抑制了土地资产属性和流动性；另一方面削弱了农民的信贷融资能力，抑制了土地租赁市场发展。这不仅导致土地财产无法随农村劳动力转移到城市，还引起迁移的机会成本增加，结果造成迁移农户因经济能力有限而难以在城市永久定居。数值模拟结果表明，在不完全的农地转让权作用下，农村劳动力倾向于非永久迁移。

关于宅基地流转与农村劳动力迁移关系的研究较少。黄忠华等（2012）认为，地权诉求如果被唤醒，将激发农户对宅基地的收益诉求，改变财产性收入预期，进而影响农户劳动力转移，基于调研数据的实证分析也证实了宅基地流转同劳动力转移存在显著正相关关系。

国外文献对土地权利和人口迁移之间关系的研究匮乏，研究土地转让权变化对人口迁移影响的文献更少。在引用率最高的文献中，Field（2007）强调了地权稳定性的作用，显示了正式土地所有权的获得如何促进个体在秘鲁城市的劳动力供给增加。Mullan 等（2011）在中国农村发现的证据表明，地权稳定性增强对人口迁移有正向影响，但土地使用权的可转让性对人口迁移没有影响。与此一致，Rupelle 等（2009）证明了地权稳定是中国返回式移民的主要原因。De Brauw 等（2012）研究了埃塞俄比亚土地可转让性对人口迁移的影响，发现了微弱的负向影响。Chernina 等（2014）通过考察 20 世纪初俄国人口欧—亚迁移的历史，发现本希望通过改善家庭经济状况以降低人口迁移倾向的土地所有权改革，由于增加了土地流动性，放松了家庭融资约束，降低了机会成本，反而促进了人口迁移，表明更强的土地流动性会促进国内人口迁移。国外研究文献表明，尽管尚未形成共识，但学者们已经开始关注产权制度对农民迁移行为的影响。

可见，国内外文献对农地流转与劳动力迁移的关系进行了广泛研究，结论虽有争议，但仍有重要参考价值。这些研究主要将农户视为生产单位来考察农地产权对农户迁移行为的影响，关注的是作为生产要素的农业用地。然而，事实上，农户并非简单的生产者，农民家庭是具有多种属性的综合体。除了从事各种农业和非农生产，农户还要消费各种公共品和非公共品，也就是说，农民家庭是个具有多重目标的复杂经济单位。从这个意义上来说，土地对于农户具有多样化的功能，农户除了要在土地上从事农业或非农业生产，还要在土地上进行日常生活。因此，仅从农村土地的生产属性角度研究地权对农户行为的影响是不全面的，还要考虑农村宅基地及住房对农民的居住功能，以及农地和农房共同具有的财产功能。然而目前仅有少量研究考虑了宅基地流转与农村劳动力迁移的关系，似乎忽视了农村住房流转产生的影响。本书试图弥补现有研究在此处的不足，探讨农村住宅市场化即农房流转对农村劳动力迁移可能产生的影响。

3. 农村土地制度、住房问题与农业转移人口城市融入（市民化）

目前和本书研究的“农房市场化对农业转移城市融入”主题比较接近的研究主要包括农村土地制度、居住状况以及农村资产流转对农业转移人口城市融入（市民化）的影响。

黄忠华等（2014）基于托达罗模型和义乌调研数据，研究了农村土地制度（含承包地和宅基地）对农民工市民化意愿的影响机制。结果表明，承包地的保险效应导致承包地保留期望越高者，其市民化意愿越高，而耕地与宅基地则存在环境舒适度效应，即通过在农村保留工作条件和生活环境而对农民工的市民化意愿产生负向影响。这是在宅基地流转受限的制度背景下进行的研究，并未分析如果放开宅基地流转，拥有宅基地的农业迁移人口是否会改变市民化意愿，或者恰恰可以说明，拥有宅基地对市民化的抑制作用是由于宅基地不能流转。傅晨等（2014）在农民分化的前提假设下，探讨农村土地制度创新机理，认为农业转移人口市民化导致农民分化，农民分化引起农民的土地产权诉求改变，因而应创新农村土地制度。此研究是将迁移人口市民化作为农村土地制度创新的背景来研究，而非探讨农地制度创新对人口市民化的影响。

学者研究了迁移人口在城市居住状况的改善对其融入城市的影响。石智雷等（2015）通过构建农民工回流决定理论模型，认为城市住房问题的解决会减弱农民工的回流意愿。实证研究表明，其他条件保持不变时，租房及拥有住房的农民工完全融入城市的概率大于在集体宿舍、工棚和生产场所居住的农民工（韩俊强，2013）。郑思齐等（2009）实证分析了农民工聚居区的住房供给能力与居住环境质量对社会融合影响，指出公共政策可以通过改善农民工住房条件和居住环境促进社会融合。对于新生代农民工，其进城后的住房保障问题已成为城市融入的主要障碍（赵宁，2016）。

此外，也有文献涉及农村资产流转与农民迁移及城市融入的关系。程传兴等（2013）认为，土地资产沉淀同时增加了进城人口的安置成本和老家土地退出成本，土地资产（房地产）不能流转才是农民迁移的根本障碍，户籍制度只是表象，因此应采取措施激励城市政府对外来移民提供住宅。刘文等（2015）基于对江西籍农民工的调研，运用 Logistic 模型研究发现，务工地购房意愿受到家庭土地流转意愿的显著影响。徐芳维等（2015）指出，农村存量资产转移对迁移人口城市融入具有根本性作用，成为迁移主体的新生代农民工因缺少农村资产导致市民化受阻，允许农村资产（含宅基地、房屋等）流转可以形成资产代际转移，加快新生代移民的市民化。刘恺等（2015）则基于广东省五市的问卷调查数据实证发现，农村转移劳动力城市融入对农地流转具有显著促进作用，并且通过农地价值感知作为中介发生传导。

可见，迁移人口在迁入地的居住状况同城市融入有密切联系，而农村资产流转同迁移人口城市融入之间的关系近年来也成为研究热点。这都为本书研究农村住宅市场化对迁移人口城市融入的影响提供了参考。

（四）文献评述

从对国内外文献的分析可以发现，与农村住宅市场化和人口城镇化相关的文献比较丰富，研究两者之间关系的相关文献也有不少，这为本书命题的研究提供了一定基础。

第一，农村住房和宅基地自发交易很早就引起学者关注，该现象客观存在，不是个例且情况复杂。

第二，人口城镇化，尤其是农业转移人口城市融入或者“人口市民化”问题越来越受到学术界关注。

第三，在城镇化影响因素的研究中，农村土地制度，尤其是宅基地制度和农村住房资产流转开始受到学者重视。

第四，关于农村土地制度（如宅基地和承包地流转）对农业人口迁移或城市融入的影响的研究，仍然存在争论。

由上可知，有关农村住宅制度与人口城镇化关系的相关命题，是当前国内外学者关注的焦点和前沿问题，目前尚未形成共识，仍需要深入研究。然而，相关文献中几乎找不到直接研究农村住宅市场化对农业人口迁移或城市融入的文献。现有相关文献主要存在以下需要完善之处：

首先，对农村住宅市场化进行专门深入研究的文献较少。尽管已有文献涉及了农村住宅市场化的相近概念，如房地产或住宅市场城乡一体化、城乡建设用地市场统一、宅基地流转、农村建设用地市场和农村住宅自发交易市场等，也有学者使用了“农村住宅市场化”这一术语，但专门对农村住宅市场化的概念、表征与水平测度等进行深入研究的文献基本没有，相关定量研究更是稀缺。

其次，现有文献较少从迁移与融入视角对人口城镇化的影响因素进行系统研究。已有文献主要关注人口城镇化的模式、与土地城镇化的关系、人口城镇化水平测算等问题，也有文献对人口城镇化的影响因素进行了研究。在人口城镇化影响因素的文献中，有一些文献考察了影响农村劳动力迁移的因素，另一些则分析了影响农业转移人口城市融入的因素，而很少有文献将农村劳动力迁移同农业转移人口城市融入纳入同一分析框架来考察人口城镇化的影响因素。

再次，在人口城镇化影响因素的相关文献中，对土地和劳动力关注得多，对住房或居住关注得较少，几乎未发现直接研究农村住宅市场化影响人口城镇化的文献。土地、劳动力和住房是农民家庭面临的三大资源约束，已有研究对土地和劳动力给予了较多关注，但对农民住房关注比较有限。现有文献考察了影响农业人口转移及城市融入（市民化）的诸多因素，少量研究探讨了农地制度、宅基地制度、转移人口住房问题同农业人口转移或城市融入（市民化）的关系。个别文献分析了农村资产流转同农民迁移或城市融入的关系，但是尚没有发现专门研究农村住房流转对农业人口转移及城市融入（市民化）影响的文献。本书将在此方面进行拓展。

最后，研究方法存在不足。在相关研究中，存在重实证、轻理论的问题。不少研究利用经验数据考察某一因素对农村人口迁移或农业迁移人口城市融入的影响，而扎实的理论分析却比较欠缺。另外，在实证研究的文献中，大多数经验研究利用的数据是自行调查获得，由于样本量有限或者调查技术问题，研究结果可能存在一定偏误。

第六章　中国的城镇化、住宅制度与农村住宅市场化

本部分旨在考察中国的住宅制度与城镇化的现状及两者之间的关系，分析农村住宅自发交易市场的发育过程与现状。基于历史分析方法，探讨住宅制度曾在中国城镇化进程中发挥的积极作用、目前产生的问题，探寻城乡住宅制度未来改革的方向。基于案例分析和制度经济分析，探讨农村住宅自发交易和自发交易市场产生的过程、条件和经验。首先回顾中国的城镇化进程和目前遇到的问题，重点分析人口城镇化的问题和人的城镇化受到的制度制约。接着剖析中国现行城乡住宅制度与住房功能发挥之间的关系，重点关注住宅制度在中国城镇化进程中扮演的角色。其次对新型城镇化与住宅制度改革之间的关系进行具体分析。随后界定农村住宅市场化的内涵、构成和表征。最后对三个调研案例进行对比分析。

第一节　中国的城镇化进程与问题

一、中国的城镇化进程与趋势

中国的城镇化经历了快速发展，尤其是改革开放以来，中国的城镇化速度超过了世界平均水平。1950~2010 年，中国的城镇化率平均每年增长 2.52%，远高于世界同期 0.93%的水平，而 1978~2010 年，中国的城镇化率年均增速 3.2%，领先于世界（高春亮等，2013）。中国的城镇化基本上经历了三个较大的发展阶段（见图 6-1）：

第一阶段：缓慢发展（1949~1978 年）。中国的城镇化在这一阶段主

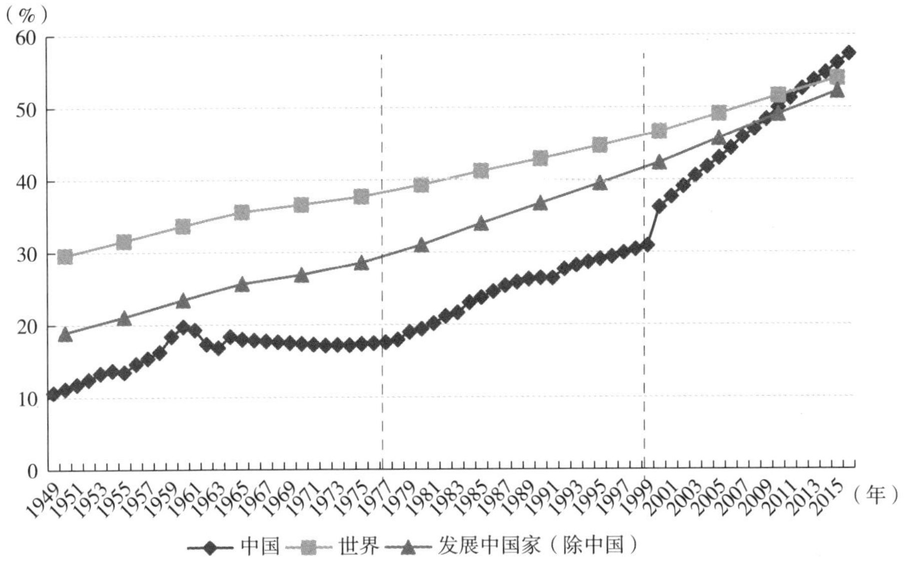

图 6-1　1949~2016 年中国和世界城镇化率变化

资料来源：1949~1999 年中国城镇化率数据来自《新中国五十年统计资料汇编》，1999 年以后的数据来自中经网统计数据库。世界城镇化率数据来自 United Nations（2014）。

要表现为起点低、发展慢的特点。其中，如图 6-2 所示，1950~1980 年这 30 年中，就以城镇人口比重计算的城镇化率而言，中国由 11.2%增加到 19.4%，年均增长 0.27 个百分点，而同期世界由 29.6%增加到 39.3%，年均增长 0.32 个百分点，除中国以外的发展中国家由 19.0%增加到 31.0%，年均增长 0.40 个百分点。中国的年均增长百分点分别低于世界和发展中国家 0.05 个和 0.13 个百分点。

第二阶段：加速发展（1979~1999 年）。中国的城镇化在这一阶段主要表现为加速发展的特点。其中，如图 6-2 所示，1980~2000 年这 20 年中，就以城镇人口比重计算的城镇化率而言，中国由 19.4%增加到 36.2%，年均增长 0.84 个百分点，而同期世界由 39.3%增加到 46.6%，年均增长 0.37 个百分点，除中国以外的发展中国家由 31.0%增加到 42.4%，年均增长 0.57 个百分点。受改革开放政策影响，中国经济和社会快速发展，中国的城镇化进程开始加速，年均增长百分点分别高于世界和发展中国家 0.47 个和 0.27 个百分点。

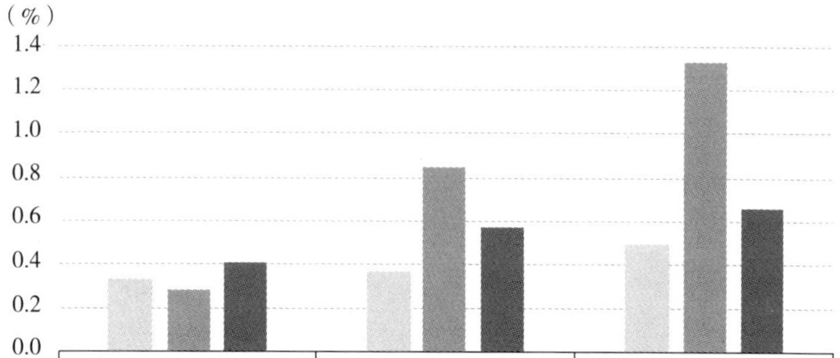

	第一阶段（1949~1978年）	第二阶段（1979~1999年）	第三阶段（2000~2015年）
世界（%）	0.32	0.37	0.49
中国（%）	0.27	0.84	1.33
发展中国家（%）	0.40	0.57	0.66

世界　中国　发展中国家

图 6-2　1949~2015 年中国和世界城镇化率年均增长幅度对比

资料来源：同图 6-1。

第三阶段：高速发展（2000~2015 年）。中国的城镇化在这一阶段主要表现为飞速发展的特点。1998 年，中共十五届三中全会通过的《中共中央关于农业和农村工作若干重大问题的决定》，将“发展小城镇”作为“带动农村经济和社会发展大战略”。2000 年，《关于促进小城镇健康发展的若干意见》强调“加快城镇化进程”，同年，中共中央在关于“十五”规划的建议中提出“要不失时机实施城镇化战略”。发展战略调整有力地推动了城镇化进程。其中，如图 6-2 所示，2000~2015 年这 15 年中，就以城镇人口比重计算的城镇化率而言，中国由 36.2%增加到 56.1%，年均增长 1.33 个百分点，而同期世界由 46.6%增加到 54.03%，年均增长 0.49 个百分点，除中国以外的发展中国家由 42.4%增加到 52.2%，年均增长 0.66 个百分点。中国的城镇化年均增长百分点分别高于世界和发展中国家 0.84 个和 0.67 个百分点。

城镇化的快速发展除了体现在城镇人口比重的迅速上升以外，建制城市（含地级及以上城市和县级城市）数量和建制镇数量也得到快速增长。建制城市总数由 1978 年的 173 个猛增到 2013 年的 658 个，增加了 2.8 倍（见图 6-3）。建制镇数量由 1983 年的 2968 个猛增到 2015 年的 20515 个，增加了 7.9 倍（见图 6-4）。

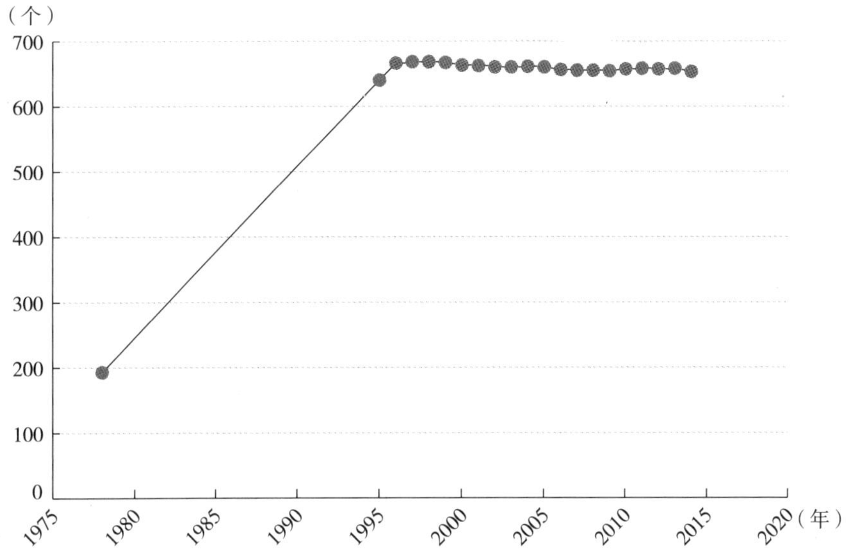

图 6-3　1978~2014 年中国建制城市（含地级及以上城市和县级城市）数量变化

资料来源：中国城市统计年鉴。

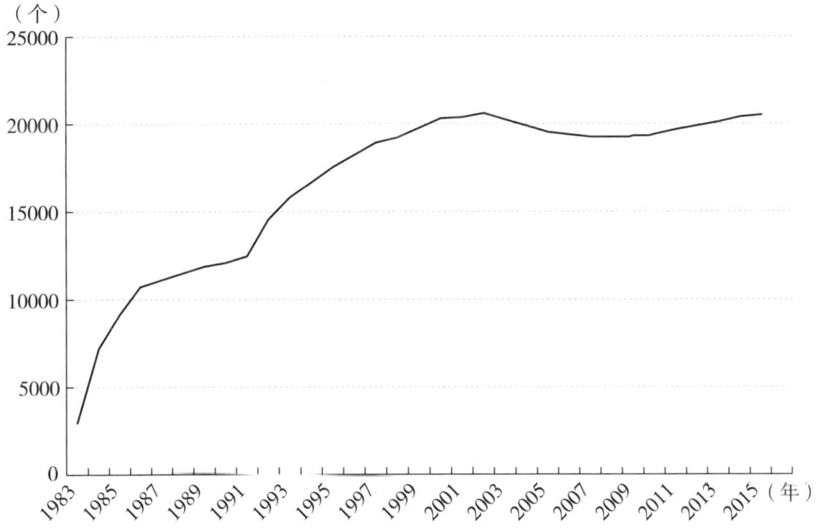

图 6-4　1978~2014 年中国建制镇数量变化

资料来源：中国统计年鉴。

关于中国城镇化的未来趋势，2014 年 3 月中共中央、国务院印发的《国家新型城镇化规划（2014—2020 年）》指出，根据世界各国的城镇化发展经验，我国仍将处于城镇化快速发展阶段。联合国 1974 年对各国城镇化过程进行了研究，发现了城镇化进程呈“S”形变化，并从理论和实践上进行了论证。1979 年，美国学者诺瑟姆（Northam R. M.）在其著作《经济地理》中，据此将城市化进程划分为三个阶段（见图 6-5）：城镇化水平发展的第一个拐点出现在 25%~30%，拐点出现之前，城镇化处于初期阶段，城市化的速度较为缓慢；第二个拐点出现在 60%~70%，拐点出现后，城镇化进入后期阶段，城市人口增速下降；两个拐点之间属于第二个发展阶段，是城镇化快速发展阶段。截至 2016 年，我国的城镇化率为 57.35%，基本处于 30%~70%的第二阶段，即快速发展阶段。

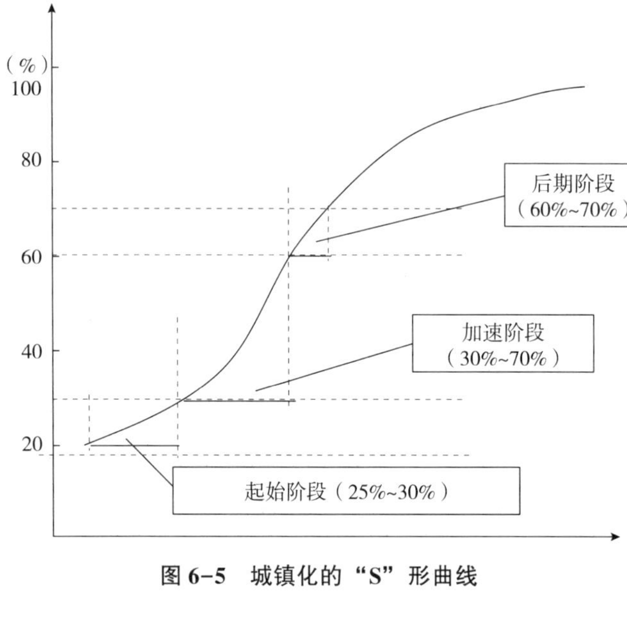

图 6-5　城镇化的“S”形曲线

然而，随着中国经济进入“新常态”，经济增速由“高速”转为“中高速”，经济增速换挡将导致城镇化速度逐步放缓。高春亮等（2013）分别运用曲线拟合法、经济模型法和城乡人口比增长率法对中国未来的城镇化发展趋势进行了预测。研究结果表明，中国的城镇化速度在 2011~2050

年将逐步放缓，年均约提高0.793个百分点。

综上，中国的城镇化取得了举世瞩目的成就，虽然起点较低、起步较晚，但发展速度很快，到2016年，城镇化率基本上达到了世界平均水平。尽管随着中国经济增速放缓，预计未来城镇化速度可能趋缓。但根据国际经验，城镇化的快速发展态势仍将持续，中国的城镇化潜力依然较大，这也意味着中国正进入从农业社会向城市社会转型的关键时期。

二、中国城镇化的主要问题

改革开放40多年以来，中国的城镇化取得了巨大成就，主要体现在较高的城镇化速度，表现为城镇人口比重、建制城市和建制镇数量等“量”的方面快速增加。然而，全面的城镇化还应包括城镇化质量的提升。中国的城镇化进程存在“重速度、轻质量”的短板，根据《国家新型城镇化规划（2014—2020年）》，主要表现在以下方面：

首先，迁移人口市民化滞后，城市融入困难。大量农民工及其家属迁入城市后，虽然在统计上被列为城镇人口，但受到户籍制度限制，无法与城镇居民一样在教育、医疗、养老、就业、保障性住房等方面享受基本公共服务，在城镇内部形成新的二元结构。而在农村，一些家庭成员无法随迁，“留守老人”“留守儿童”和“留守妇女”问题变得越来越突出。

其次，土地城镇化与人口城镇化失衡。地方政府过度依赖土地财政，“摊大饼”式城市建设成风，建成区人口密度过低。据统计，2000~2011年城镇人口增长了50.5%，而建成区面积却增长了76.4%，远高于人口增长。同时，农村人口减少的同时（减少约1.33亿人），农村居民点用地却在增加（增加约3045万亩）。土地城镇化明显快于人口城镇化。

再次，城镇规模结构与空间布局不合理。特大城市人口过于密集，中小城市人口集聚不足，小城镇过多，但规模小，服务功能偏弱。东部与中西部地区的城镇空间布局差别过大，东部地区城镇密集程度远大于中西部地区，刚好与资源环境承载能力错配。

最后，城镇管理服务落后，“城市病”突出。一些城市人口过度膨胀，重视硬件建设而忽视服务管理，出现交通拥堵加剧，水、大气和土壤污染严重，垃圾与污水处理能力不足等问题。另外，学校、医院和保障住房建设等滞后，公共服务供给能力供给严重不足，历史欠账较大，城市管理效率低下。

为此，中国共产党第十八次全国代表大会报告明确提出坚持走中国特色新型城镇化道路。十八届三中全会通过的《中共中央关于全面深化改革若干重大问题的决定》进一步明确“推进以人为核心的城镇化”，突出强调人的城镇化的重要性。《国家新型城镇化规划（2014—2020年）》明确“城镇化必须进入以提升质量为主的转型发展新阶段”，要求“有序推进农业转移人口市民化”。可见，如何推动实现真正意义上的人口城镇化将是未来中国城镇化的重点（刘妮娜，2014）。

三、人口城镇化与人的城镇化

然而，在研究文献中出现了城镇化、人口城镇化、人的城镇化、土地城镇化、空间城镇化、人口市民化、转移人口城市融入等诸多概念，本书认为有必要对其关系进行探讨。

（一）城镇化与人口城镇化、土地城镇化、空间城镇化

尽管对城镇化的研究由来已久，但对其概念的认识却并未达成一致。不同学科从不同角度都有各自界定，在经济学、社会学、人类学、人口学、地理学和历史学等学科中，对城镇化的概念界定均有差别。另外，各国国情不同、所处历史时期不同等也导致了对城镇化理解的差异。综合来看，这些概念都强调人口由农村向城镇转移、某些方面由农村向城镇的转变，都认为城镇化是一种改善和进步。例如，从经济学、人口学和社会学的角度来看，城镇化意味着人口向城市集聚、生产和生活方式由农业向非农业转化。由于城镇化的内涵本身包含了人口的乡—城迁移和城镇人口比重的增加，因此，人口城镇化并未被单独关注。

对人口城镇化的特别关注始于对城镇化速度是否过快的反思，陆大道等（2007）较早指出我国城镇化过于“冒进”，“土地城镇化”速度快于“人口城镇化”。此后，人口城镇化与土地城镇化的协调发展命题越来越受

到学者关注。吕萍等（2008）较早对“土地城市化”概念进行了界定，认为土地城市化是土地利用属性由农用向建设用地的转变过程，是城市化过程的重要表征，并以建成区面积占区域总面积的比重作为衡量土地城镇化水平的指标。卢海燕（2005）认为，空间城镇化是城镇化的载体，是地域和景观由乡向城的转变。陶然等（2008）认为，空间城镇化是城市建成区和工业发展区大规模扩展。

本书认为，城镇化意味着劳动力、土地等生产要素的乡—城转移。城镇化进程是个系统工程，人口城镇化是其核心，土地城镇化和空间城镇化也是其重要内容（见图6-6）。然而土地城镇化和空间城镇化是极为相近的概念，两者都基于城市实物建设，只是侧重点略有差异，土地城镇化更强调城市建设对农用地的占用。也有学者认为，空间城镇化也可以用建成区面积占区域总面积的比重来衡量（卢海燕，2005）。

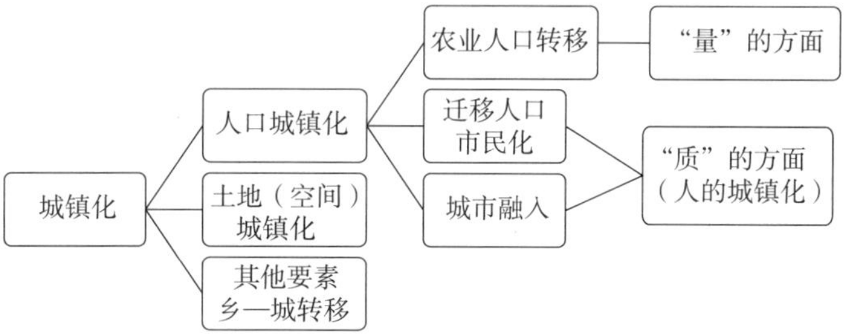

图6-6 城镇化相关概念的关系

（二）人口城镇化与人的城镇化、市民化、转移人口城市融入

《人口辞典》中将人口城市化界定为：居住在城市地区的人口比重上升的现象（Pressat et al.，1985）。2013年11月十八届三中全会通过的《中共中央关于全面深化改革若干重大问题的决定》要求“坚持走中国特色新型城镇化道路，推进以人为核心的城镇化”，随后，“人的城镇化”被使用得越来越多。对于市民化的理解，从现有研究看，有广义和狭义之分。

狭义“市民化”强调形式上的市民化，指流动人口获得与城市居民相同的市民身份和社会权利的过程（王桂新等，2008）。广义“市民化”强调实质意义上的市民化，不仅强调权利和社会地位的市民待遇，还更强调流动人口在生活习惯、行为方式、心理特征等多方面向城市居民转化（刘传江等，2008）。李伟（2014）认为，农民工城市融入指农民工流入城市后，通过适应与调整，逐渐被城市人接纳，同时建立自身的身份认同，享受市民化待遇的过程。有学者认为，“人口市民化”“城市融入”“城市融合”和“社会融合”等概念在学术研究中的指代范畴基本相同，其内涵差别不大（韩俊强等，2013a）。

综上，本书认为，人口城镇化是人口要素由农村向城市的转移过程，表现为农村居民的聚居地由农村向城镇转移，农业人口的就业由第一产业向第二、第三产业转移，农民的行为与生活方式由农民向市民的转化。人口城镇化是城镇化的核心，同土地城镇化、空间城镇化和其他方面城镇化共同构成城镇化的内容。人口城镇化包括农村人口的乡—城迁移与转移人口的城市融入两大过程。仅有农村人口的乡—城迁移，不一定实现完全的人口城镇化，因为迁移人口流入城市并不一定会在城镇永久居住。只有两个过程均得以实现，才是真正的人口城镇化。

人口城镇化包括“量”和“质”两个方面。“量”的方面指农业人口由农村向城镇转移，表现为城市人口规模扩张，用城镇人口占总人口的比重即人口城镇化率作为衡量指标。如前所述，改革开放以来，我国的快速城镇化主要表现为人口城镇化率的迅速提高。“质”的方面指迁移人口的市民化和城市融入。市民化主要指农业迁移人口在户籍、教育、医疗、住房、社会保障等方面获得市民待遇，享受公共服务，可用户籍人口城镇化率来衡量；城市融入主要指农业迁移人口在行为方式、生活习惯等方面由农民向市民转化。我国新型城镇化战略强调的“人的城镇化”，主要强调人口城镇化质量的提升，既包括市民化，也包括城市融入。本书所研究的农村住宅市场化对人口城镇化的影响，将包括“质”和“量”两方面，分别考察农村住宅市场化对农民乡—城迁移决策（“量”）和农业迁移人口城市融入（“质”）两方面的影响[①]（见图 6-6）。

① 本书采用韩俊强和孟颖颖（2013a）的观点，认为“人口市民化”与“城市融入”的内涵基本相同。

四、中国人口城镇化相对滞后的制度解释

尽管从绝对数量上来看，中国的人口城镇化率已达到甚至超过发展中国家乃至世界平均水平（见图 6-1），但相对来看，中国的人口城镇化却是滞后的。主要表现在以下方面：

第一，人口城镇化滞后于工业化。中国的城镇化率与工业化率对比如图 6-7 所示。由此可知，人口城镇化率在 2008 年首次超过了工业化率，在此之前，城镇化率严重滞后于工业化率。尽管 2008 年之后城镇化率开始超过工业化率，但仍低于国际标准。依据国际经验，人口城镇化率与工业化率的合理比值应为 1.4~2.5（简新华等，2010），而中国 2013~2016 年的比例为 1.2~1.4，仍偏低。Song 等（2012）和郭进等（2016）的研究也都有近似结论。

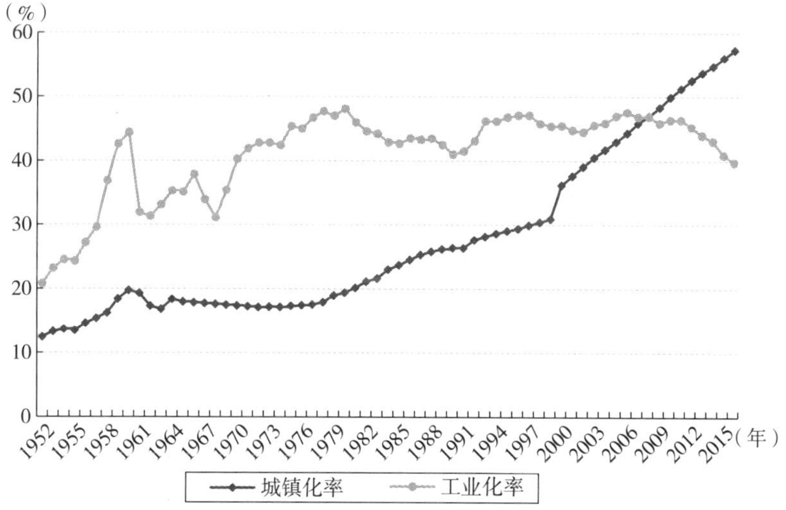

图 6-7 中国的城镇化率与工业化率对比

资料来源：中国统计年鉴。城镇化率为城镇人口比重，工业化率为第二产业增加值占 GDP 的比重。

第二，人口城镇化滞后于土地城镇化。根据王兴芬（2017）的研究，2001 年之后，我国土地城镇化速度超过人口城镇化速度，导致在 2009~

2010年，由土地城镇化滞后转变为人口城镇化滞后。

第三，户籍人口城镇化滞后于常住人口城镇化，人口城镇化质量低。由于一些迁移人口不能立即取得迁入地的户籍，就出现了常住地和户籍地的不一致（见图5-1）。据国务院发展研究中心课题组2007年对劳务输出县的调查，农民工落户城镇的比例只有1.7%。据估计，户籍人口城镇化率大约低于常住人口城镇化率20个百分点（中国人口与发展研究中心课题组等，2012）。然而由国家发展和改革委员会组织编写的《国家新型城镇化报告2015》显示，2015年中国人口城镇化率达到56.1%，但户籍人口城镇化率仅为39.9%，两者仍相差16.2个百分点（徐绍史等，2016）。城镇常住人口中的非本地城镇户籍人口所占比例称为“半城镇化”，而2010年全国共有25个省、自治区和直辖市存在半城镇化问题（李爱民，2013）。

导致人口城镇化滞后的原因比较复杂，制度方面的原因是比较有解释力的。改革开放后，我国经济、社会大发展，然而一些制度虽已不能适应现实，却长期得不到调整。这些制度包括：

（一）户籍制度

城乡二元户籍制度阻碍了农村人口自由流动。户籍管制始于1958年的《户籍管理条例》，旨在将农民固定在土地上，优先保证城市发展，曾对计划经济发挥了重要作用，却不能适应后来的市场经济发展。改革开放后，随着市场经济和工业化的快速推进，户籍管制对人口流动的阻力受到挑战。尽管农村流动人口数量迅猛增加，但户籍管制导致流动人口难以获得非农业户口，无法获得市民身份，无法享受基本公共服务。这导致户籍人口城镇化率远低于常住人口城镇化率。

党的十八大以后大力推进户籍制度改革，2014年国务院发布《关于进一步推进户籍制度改革的意见》，要求逐步以居住证制度取代现行户籍制度。据初步统计，截至2016年9月，全国已有30个省、市、自治区提出取消农业户口与非农业户口的划分。尽管如此，农村迁移人口在社会和经济地位上受到的不平等待遇却不可能完全消除（吴贾等，2015）。一方面，由于存在惯性思维，城市原住民和用人单位对外来农民工的歧视不可能立即消除；另一方面，受财力所限，城市政府难以向流动人口提供与城市市民相同的公共服务。所以，农业转移人口的市民化依然任重道远。

（二）土地制度

土地征收是城市新增国有建设用地的唯一途径。2004 年修订的《土地管理法》第四十三条规定“任何单位和个人进行建设，需要使用土地的，必须依法申请使用国有土地”，在集体土地上进行建设，只限于兴办乡镇企业、村民建设住宅、乡（镇）村公共设施和公益事业建设三种情况，且“国有土地包括国家所有的土地和国家征收的原属于农民集体所有的土地”。可见，集体土地只有经过征收转变成国有土地，才能用于国家建设。

土地征收的行政强制性。土地征收是国家为了公共利益的需要，对土地实行征收并给予补偿的行政行为。行政强制是集体土地征收的特点，即为了公共利益之需要，土地征收不以被征收人自愿为条件。

地方政府土地征收的成本过低。现行《土地管理法》规定的征地补偿，不仅补偿范围小，而且补偿标准低。土地补偿范围仅包括征地补偿费、安置补偿费、地上附着物和青苗补偿费三项，未考虑被征收人的社会保险费用以及土地增值分享。补偿费用的计算以平均年产值的一定倍数计算，且有最高 30 倍的限制，明显偏低。

正是由于以上规定，使得地方政府以极低的经济成本将集体土地转变为国有成为可能，这成为土地城镇化过快的制度根源之一。

（三）财税制度

1994 年的分税制改革，使得地方政府产生征地冲动，导致城市“摊大饼”式扩张，加速了土地城镇化。一方面，地方政府通过低价出让工业用地来拉升 GDP 并增加预算内财政收入。分税制使得地方政府不能再以税收优惠方式争取投资，只有通过工业用地的低价出让提供更有吸引力的投资条件。投资增加不仅可以增加 GDP，产出政绩，又能通过增值税增加地方自留和上缴中央税收收入。另一方面，地方政府通过高价出让商住用地来增加预算外财政收入。地方政府一方面低价征地，另一方面高价出让商住用地，产生巨额预算外财政收入（陶然等，2008）。

可见，中国城镇化相对滞后的局面可以从户籍制度、土地制度和财税制度得到一定解释，学者们对此进行了较多研究。然而，住房事关人们的基本生活需求，住宅制度同户籍、土地和财税制度均有联系，却没有受到学术界应有的关注。

第二节 中国的住宅制度与住房功能发挥

住房具有双重属性，既是一种消费品，又是一种投资品。住房的双重属性意味着住房既能满足人类对居住空间的需求，发挥居住功能，又能满足人类对资产保值和增值的要求，发挥资产功能。然而，住房功能能否发挥以及在多大程度上得以发挥，主要取决于所处的制度环境好坏，即所谓住宅制度决定住房功能发挥。本节首先考察中国现行的住宅制度以及由其决定的住房功能发挥情况，然后分析有中国特色的住宅制度在中国城镇化进程中扮演的角色。

一、中国特色的城乡住宅制度

“城乡有别”是中国住宅制度的最大特色，即在城市和农村分别实行截然不同的住宅制度。城市和农村住宅制度的差别主要体现在住房用地制度和住房供应制度两大方面：

首先，住宅建设用地方面的制度完全不同。土地是任何建筑物赖以存在的基础，我国在城市和农村实行的住房用地制度差别很大。在城市，住房建设用地实行有偿有期限使用，即城市土地归国家所有，个人或企业可以向政府申请使用国有土地，但获得国有土地使用权需要支付土地出让金，且不能超过最长使用期限。在农村，住宅建设用地称为“宅基地”，实行无偿无限期无流动使用制度，即农村土地归集体所有，如果农民需要使用宅基地，需要以集体经济组织成员身份向集体组织提出申请，在规定的用地面积标准内无偿取得宅基地使用权，对宅基地使用没有最长期限限制，但不允许擅自转让宅基地使用权。

其次，住房建设、供应、分配和消费等方面的制度完全不同。1998 年底全面推行城市住宅制度改革后，城市住房的建设、供应、分配和消费等都实现了商品化和市场化。住房被作为一种商品看待，其生产、分配、交换和消费都同普通商品没有太大区别。住房由专业的房地产开发企业开发建设，通过住宅市场出售或者出租给潜在需求者，需求者在市场上使用货币购买或者租赁住房。购房者聘请专业的物业服务公司提供物业管理服务，也可以自由在市场上将私有住房出售或者出租，而在农村地区，住宅制度自中华人民共和国成立以来始终没有太大改变，一直沿用自建自用的小农经济模式。农民自己出资，在取得的宅基地上建设住宅，建成后归自己家庭所有和使用，同时不允许农民自由转让宅基地和住房。

文献研究表明，在资本主义国家，普遍施行财产私有制，土地和房屋都允许私人所有，私人合法财产受法律保护，当然政府也可以像私人一样拥有土地和房屋，只不过国有财产的比重比较低。在实行社会主义制度的国家中，也难找到类似于中国的城乡住宅制度，因此，中国的城乡二元住宅制度是与中国具体国情密切相关的制度创新，是非常具有中国特色的，是独树一帜的。

二、中国城镇住宅制度与住房功能发挥

中国现行的城镇住宅制度形成于 20 世纪 90 年代末 21 世纪初。1998 年是个转折点，因为这一年底停止城镇住房的福利分配制度，实行住房货币化分配，而早在 20 世纪 80 年代，城镇土地制度改革就已经开始。中国城镇现行住宅制度主要有以下特征：

第一，市场化的住房分配制度。在住房福利化分配的制度下，主要是工作单位将单位建设的住房按照职工的工龄、学历、年龄等因素“论资排辈”，提供给职工居住使用，得分高者获得较大较好的住房。不同于福利化的住房分配旧制度，现行住房分配通过市场来完成。像普通商品一样，住房连同其所占用的国有土地使用权在一、二、三级住宅市场上自由流

通。在住房一级市场上，一方是城市地方政府，另一方是取得了开发资质的房地产开发商。地方政府以招标、拍卖或者挂牌等方式将住宅用地有偿出让给开发商。在住房二级市场上，卖方是开发商，买方是购房者。开发商将新建商品房通过自由协商方式出售给购房人。在住房三级市场上，一方是出售住房的个人或企业，另一方是购买住房的个人或企业。出售方将其住房再转让给其他购房人。依靠市场分配住房的基本规则是“价高者得”，完全不同于旧制度的“论资排辈”。

第二，地方政府垄断的土地一级市场。依据《宪法》和《土地管理法》之规定，城市土地归国家所有。地方政府代表国家具体行使土地所有权，负责拟订和实施城市土地供应计划，因此，地方政府成为土地一级市场上的唯一供给者。依据现行《土地管理法》，国家建设只能使用国有土地，禁止在集体土地上进行房地产开发。因此，开发商获得住宅建设用地的唯一途径就是在土地一级市场上从地方政府手中“批租”。开发商如果希望在某一块集体土地上开发住房，只能先由政府征收为国有土地后，再通过出让方式有偿取得。

第三，规划管制下的商品房开发。尽管取得了国有土地使用权，但开发商开发住宅并不能任意行事，还应符合城市规划，受到规划管制。依据《城乡规划法》之规定，“建设用地规划许可证”和“建设工程规划许可证”是开发商在住宅建设开工前必须办理的法律凭证。

第四，市场和政府相结合的多层级住房供应体系。“十三五”规划纲要要求健全住房供应体系，即“构建以政府为主提供基本保障、以市场为主满足多层次需求的住房供应体系”。目前，在我国，中、高收入家庭的住房需求主要通过商品房来解决，低收入和最低收入家庭的住房需求主要通过公租房、廉租房和经济适用住房等保障性住房来满足。

第五，支持住房建设和消费的金融制度。住房金融在中国得到快速发展，成为支持住房建设和消费的必不可少的力量。房地产开发企业可以选择抵押贷款、发行债券或股票等多种方式为住房开发投资融通资金。购房人可以通过住房抵押获得“按揭”贷款，用于支付购房资金。购房人还可以选择商业贷款或者住房公积金贷款。

第六，住房消费的市场化服务制度。中国物业管理服务的市场化、社会化水平稳步提升，住房业主可以委托信任的物业管理公司提供保安、保洁等服务，既可以获得满意的住房服务，又有利于住房的保值增值。

如第一章第一节中“一、二元住宅制度下住房功能发挥的城乡差异”中相关内容所述，中国现行市场化的城镇住宅制度使得住房的居住功能和资产功能均得到充分发挥，主要表现有：①城镇居民的居住条件大幅改善。②城镇家庭住房财富比重增大。③住房投资、投机活动增多。

三、中国农村住宅制度与住房功能不全

从中华人民共和国成立至1953年，农村实行土地的农民所有制。1953年开始的农业生产合作社运动将农村土地的农民个体所有制转变为群众集体所有制（高圣平等，2007b）。1962年实施的《农村人民公社工作条例修正草案》规定，宅基地归集体所有。1963年转发的《中共中央关于各地对社员宅基地问题作一些补充规定的通知》（《六十条》）规定，社员宅基地归生产队集体所有，地上附着物（如房屋、树木、厂棚、猪圈、厕所等）则归社员个人所有。改革开放过程中，包括宅基地在内的农村土地归集体所有的基本制度始终没有改变。中国农村现行住宅制度主要有以下特征：

第一，宅基地无偿取得和无限期使用。现行《土地管理法》（2004年修订）未规定宅基地有偿取得和使用期限。1990年曾试点农村宅基地有偿使用[①]，但为减轻农民负担，国务院在1993年取消了农村宅基地有偿使用费和超占费[②]。因此，农村村民可向村集体提出申请，经批准，在各省规定的面积标准内无偿取得一处宅基地，并可以无限期使用。

① 见1990年1月3日国务院批转的《国家土地管理局关于加强农村宅基地管理工作请示的通知》。

② 《中共中央办公厅、国务院办公厅关于对涉及农民负担项目审核处理意见的通知》（中发〔1993〕10号）。

第二，规划管制下的农村住房自建自用。现行制度并未禁止成规模或有组织地开发建设农村住房，但现实中农民通常以家庭为单位在宅基地上建设住宅，建设资金家庭自筹，自行设计并组织完成建设。但2007年实施的《城乡规划法》规定，农民建房需要办理“乡村建设规划许可证”，以避免住房“私搭乱建”。不像城镇，农村缺少支持农民建设住宅的金融制度。

第三，“一户一宅”，司法实践禁止农村住房流转。“一户一宅”成为现行《土地管理法》（2004年修订）对宅基地管理的一项重要原则，一是因为集体拥有的宅基地资源比较有限，一户多宅或面积超标可能导致滥占耕地；二是为了体现公平原则。关于宅基地的取得、行使和转让，在《物权法》草案审议稿中曾有过激烈的争论（赵树枫，2015）①，但最终实施的《物权法》第153条规定：“适用土地管理法等法律和国家有关规定。”《土地管理法》（2004年修订）并未明确禁止农村住房和宅基地转让，只是规定农村村民出卖、出租房屋后，不得再获得宅基地。《担保法》将宅基地列为禁止抵押的财产。学者将其解读为禁止宅基地转让和抵押（江平，2008），司法实践也是如此惯例性操作的，但也有学者认为经不起推敲（陈小君等，2010b）。另外，现行制度还禁止宅基地和住房向集体组织以外流转②。事实上，农村住房的建筑物部分属于农民私有，其转让是自由的，但由于住房和宅基地不可分，实践中禁止宅基地转让和抵押，其实也就禁止了住房和宅基地流转。自2008年开始，为了破解“空心村”难题，

① 《物权法》草案审议稿中，曾规定“本集体以外的人通过转让取得宅基地使用权的，应当缴纳宅基地使用费”。后又改为“宅基地使用权人经本集体同意，可以将建造的住房转让给本集体内符合宅基地使用权分配条件的农户；住房转让时，宅基地使用权一并转让。禁止城镇居民在农村购置宅基地”。

② 国务院办公厅发布的《关于加强土地转让管理严禁炒卖土地的通知》（国办发〔1999〕39号）规定“农民的住宅不得向城市居民出售，也不得批准城市占用农民集体土地建住宅”；国土资源部印发的《关于加强农村宅基地管理的意见》（国土资发〔2004〕234号）规定：“严禁城镇居民在农村购置宅基地，严禁为城镇居民在农村购买和违法建造的住宅发放土地使用证。”

国家开始鼓励宅基地退出和集体经济组织内部的宅基地转让[①]。

中国农村现行的住宅制度只注重发挥住房的居住功能，而忽视了其资产功能。这主要是因为现行宅基地制度是在社会保障体系未覆盖农村的背景下确立的，带有一定福利色彩，宅基地承担着一定的住房保障功能（胡康生，2007），即国家将宅基地无偿提供给农民，并允许农民自己建造住所的目的是希望农民在农村“安居乐业”，而不鼓励农民将住房建成后转让牟利，也就是将住房视为农民家庭的消费品，而非投资品。农村住房只发挥了居住功能而未发挥资产功能，主要表现有：

其一，农村住房利用的主要状态：自住或闲置。农民根据家庭经济条件建设的住宅，主要满足家庭自身的居住需要。尽管我国城镇化速度很快，但仍有近一半人口居住在农村，这些在城镇化中选择留在农村的家庭，仍然居住在自己建造的住宅中，而那些选择迁往城市的农民家庭，由于转让住房受到限制，大多选择将农房闲置，一年中只在春节回家，或是若干年才回家一次。“空心村”成为快速城镇化过程中出现的一个焦点问题（刘建生等，2016）。

其二，自发的农村住宅交易一直处于自发交易状态。尽管现行制度禁止农村住房流转，但由于宅基地使用权流转具有很强的经济激励（朱新华等，2012），一些农民还是暗地里将住房转让、出租或者抵押，尤其是在经济发达地区和城乡接合部，这种现象非常普遍。农村住宅自发交易依然处于自发交易状态，反映出农民对显化住房资产功能的强烈诉求和住房资产功能受到压抑的客观现实。

其三，农村住房只有成本价而无市场价格。农民用于建设住宅的资金在住宅竣工后就沉淀下来，除了能够使用住宅获得效用，住房资产不具有任何保值和增值可能。尽管一些统计调查也获得了住房的资产价值，但这

① 国务院发布的《关于促进节约集约用地的通知》（国发〔2008〕3号）规定“对村民自愿腾退宅基地或符合宅基地申请条件购买空闲住宅的，当地政府可给予奖励或补助”；十八届三中全会通过的《中共中央关于全面深化改革若干重大问题的决定》明确：“保障农户宅基地用益物权，改革完善农村宅基地制度，选择若干试点，慎重稳妥推进农民住房财产权抵押、担保、转让，探索农民增加财产性收入渠道。”

大多是按照建筑成本测算的，由于我国农村公开住宅市场基本上不存在，农村住房实际上并不存在市场价格。

可见，禁止住房和宅基地转让的现行农村住宅制度抑制了农村住房资产功能的发挥，下文将利用微观调查数据库对此命题进行实证检验。

四、住宅制度在中国城镇化进程中扮演的角色

如第一章第一节中“二、二元住宅制度在城镇化进程中发挥的积极作用”所述，改革开放后，在快速工业化和城镇化过程中，有中国特色的城乡二元住宅制度曾经发挥了积极作用，主要表现在：一是城镇住宅市场化改革为农民进城定居创造了条件。二是作为户籍制度的附属内容，二元住宅制度避免了农民爆发式涌入城市。三是带有保障性质的宅基地制度为农民进城提供了退路，发挥了“缓冲器”的作用。四是城乡二元住宅制度催生了“城中村”和“小产权房”等迁移人口聚居区，成为吸纳进城人口的“海绵”。五是促进了低成本的工业化和城市扩张。

然而，随着我国经济快速发展和城镇化达到较高水平，现行城乡有别的住宅制度也显现出一些有待完善之处，主要表现有：一是人与房错配导致住房和宅基地资源浪费。二是引起人口城镇化和土地城镇化失调。三是农业转移人口在城市的聚居区居住环境差。四是单向城镇化导致农村衰败。五是将农民固定在农村的理念已不适应人口红利消失的现实。

第三节　农村住宅市场化的内涵、构成与表征

一、农村住宅市场化的内涵

关于农村住宅市场化的内涵，目前鲜有文献专门进行正式的阐释。早期文献主要将房地产或住宅市场的城乡统一作为城乡发展一体化的一项重要内容进行研究。厉以宁（2008）认为农村土地制度和户籍制度都是城乡二元体制的重要内容，指出中国农村现行土地制度的问题，现行农村土地

承包制度和宅基地制度是实现城乡双向一体化的体制障碍，所有权与使用权相互分离不仅应当施于承包地，还应施于宅基地，应当解除房屋和土地使用权转让的限制。也有学者从宏观的角度探讨了统一城乡住宅市场的对策及影响，提出建设城乡统一住房体系的思路（倪鹏飞，2015）。

尽管缺少正式阐释农村住宅市场化内涵的文献，但学者们在探讨此问题时基本达成两点共识。一方面，对农村住宅市场化的概念内核认识基本一致，即认为农村住宅市场化一定意味着要解除现行规定对农村住房或农民住房流转的限制，允许农民将自有农房进行自由交易，包括出租、转让和抵押。根据对现行制度的理解差异，具体又可分为两派观点。一些学者认为，现行《土地管理法》并未明确禁止宅基地转让，只是规定“农村村民出卖、出租房屋后，再申请宅基地的，不予批准”，因此农村住宅市场化改革并未和现有规范明显抵触，只需要将允许农村住房转让进一步明确化即可，而另一些学者则认为，尽管《土地管理法》在法律层面只规定了“农村村民出卖、出租房屋后，再申请宅基地的，不予批准”，没有禁止性规范，但在土地相关主管部门的规范性文件和中央及地方的各级实践中，事实上对农村住房流转持否定态度。因此，农村住宅市场化改革应突破这种限制。

另一方面，大多数学者认为农村住宅市场化类似于已经完成的城市住宅市场化，是个全过程概念，既包括存量住房的流通，也包括住房建设和供应的社会化。由于这个共识内容比较全面，因此，笔者认为全过程的农村住宅市场化概念是比较合理的。然而，考虑到农村住房大多为存量房、新建增量住房少的客观事实，存量住房的流通更应成为农村住宅市场化概念的重点，而住房建设和供应的社会化可作为更长远的农村住宅市场化目标。所以本书对农村住宅市场化的内涵作狭义理解。

本书研究的农村住宅市场化，是指在坚持集体土地所有制的前提下，通过赋予农民完整的住房财产权，建立城乡统一的财产权表述体系，实现农村存量住房的自由交易，促进农村住宅市场的规范和发展，推动城乡住宅市场的有序对接，形成城乡统一的住宅市场运行机制和市场体系，从而发挥市场在住房资源城乡配置中的决定性作用。

农村住宅市场化具有比较丰富的内涵，深入理解农村住宅市场化的内涵至少应从以下几个方面进行把握：

首先，农村住宅市场化不等于农村土地（宅基地）私有化。赋予农民完整的住房财产权是农村住宅市场化的重要内容，然而，农民取得的财产权主要针对的是住房或地上建筑物部分，完整财产权的取得并不意味着住房所占的宅基地的所有权发生改变，或者说农村住宅市场化是在保持农村集体土地所有制不变的前提下进行的。当然，就现行法律规定来看，农村住房财产权的不完整主要是由于宅基地使用权的用益物权缺失，因此，是否能取得宅基地的转让权成为农民获得的农村住房财产权完整与否的关键。在农村住宅市场化的过程中，宅基地所有权与使用权分离依然保持不变，改变的是宅基地使用权的权能，宅基地转让权的取得将使得宅基地使用权的权能更加充实。

之所以将保持农村土地的集体所有制不变作为农村住宅市场化的前提条件，不仅仅是因为农村土地的农民群众集体所有制同城市土地的国家所有制共同构成的土地公有制，是《宪法》规定的基本财产所有制，也是我国社会主义制度的重要体现，还因为集体土地所有制作为我国长期以来始终坚持的基本土地制度，其改变可能给经济和社会发展带来难以估量的冲击。另外，城镇国有土地有偿使用改革的成功实践也表明，在保持基本土地所有制不变的情况下实现所有权和使用权的分离是比较稳妥的改革路径。

其次，农村住宅市场化不同于简单的“宅基地入市”。不可否认，农村住宅市场化与宅基地入市有密切联系。一方面，由于房和地的固有关系，农村住宅市场化不可能绕过宅基地流转问题；另一方面，考虑到农村很少存在空置宅基地的客观现实，宅基地流转必然涉及地上建筑物的一并流转，而且目前大量自发交易以住房转让或出租之名行宅基地转让之实。尽管宅基地用益物权的权能残缺是造成农村住房流转受限的根本原因，而且大量研究对此进行了关注，然而农村住宅市场化包含但却不限于宅基地流转。

相对于宅基地入市，农村住宅市场化拥有更加丰富的内涵。从客体上讲，宅基地入市仅针对建设用地，而农村住宅市场化则针对归农民所有的住房，既包括建设用地，也包括地上建筑物。从涉及内容上讲，宅基地入市主要关注宅基地的可转让性，而农村住宅市场化除了关注农民的住房财产权，还强调城乡住房统一市场体系的建设。

再次，农村住宅市场化也不同于农村住房在集体成员内部流转。由于家庭迁移、农户分立、一户多宅等原因，农村宅基地或住房在集体成员之间的流转很早就已经出现。由于内部流转存在一定必要性和合理性，集体经济组织和乡镇基层政府往往持默许态度。然而，这种仅在集体组织成员间进行的农村住房流转由于流转范围受限，加上流转规模有限，往往难以称之为农村住宅市场，其实质是宅基地资源在集体成员间的局部调整。

农村住宅市场化与之存在的明显差别主要体现在两个方面。其一是农村住房的交易范围突破集体经济组织的范围，即农民可以将住宅同集体组织以外的主体进行交易；其二是农村住宅交易将具有一定规模，只有常态化的交易才是农村住宅市场化，偶尔的交易称不上农村住宅市场化。

最后，农村住宅市场化不只是赋予农民完整的财产权。不可否认，赋予农民完整的住房财产权是农村住宅市场化的重要前提，然而它却并非农村住宅市场化的全部。农民取得完整的住房财产权后，尽管享有交易住房的法律权利，但如果不存在发生交易的客观条件，比如不存在潜在的交易对象、交易成本过高、交易风险过大等，农村住宅交易的发生和常态化依然难以实现，农村住宅市场依然难以形成。可见，尽管宅基地流转制度改革是基础，但农村住宅交易条件和市场环境的培育同样重要。本书认为，赋予农民更多财产性权利仅是市场形成的前提，农村住宅市场化还需要出台精心培育市场的一系列改革举措。因而，仅赋予农民完整的财产权不是这里所述的农村住宅市场化。

二、农村住宅市场化的构成

农村住宅市场化具有双重含义，它既可以被理解为是一种状态，也可以被理解成是一个过程。作为一种状态的农村住宅市场化，其实质是农村住宅市场化改革的目标实现，表现为一种静态结果，具体表现为：农村住房在城乡间的自由流转、城乡住房统一而健全的市场体系、规范有序的城乡住宅市场交易秩序等。然而作为一个过程的农村住宅市场化，其实质是农村住宅市场化改革的实施和推进，具体表现为：对和农村住宅交易相冲突的现有法律规范的调整、对已经存在的农村住宅自发交易市场的谨慎治理、对处于自发交易状态的农村住宅市场秩序的逐步规范等。

从改革过程的角度看，农村住宅市场化意味着三个层面的深刻变化：

第一，解除宅基地流转限制，农民将获得住房自由转让权。

按照现行《物权法》的一般规定，农民对其自建的住宅享有所有权，这是一种从建成时就享有物权的原始取得方式。因此，农民对其住房享有的物权，应该和任何普通物权一样，包括完整的权能，即占用、使用、收益和处分四项内容。其中，处分权意味着农民有权依法将其住房进行物理上和法律上的任意处分，只要不损害任意第三人的合法权益。将住房进行转让的权利就属于法律上处分权的重要内容，农民还可以对其财产设置用益物权和担保物权，农民应该享有的这些固有权利应该和城市市民对其商品住房享有的物权是等同的。然而，由于我国《土地管理法》对宅基地的特殊管理规定，农民对其从集体经济组织依申请无偿取得的宅基地使用权进行转让受到限制，由于“房地不可分”的不动产特性，农民转让住宅也受到限制，而导致农民对其住宅享有物权的不完整或者处分权“虚化”。显然，农村住宅市场化的前提是农民可以自由交易自家住房，只有赋予农民完整的农房物权，才能实现农村住宅市场化并最终实现城乡住宅市场统一。

第二，农村自发住宅交易取得合法地位，农村住宅市场规范化程度增加。

据有关调查显示，尽管数量不大，非正规的农村住宅交易却具有一定普遍性。除了前述的农村集体经济组织内部的住宅交易之外，跨越集体经济组织范围的农村住宅交易主要集中在城乡接合部和城中村，尤其是在一些大型或特大型城市的城乡接合部。这些区域的住宅自发交易具有多种多样的表现形式。既有农民违规加盖农宅后出租或出售给外来务工人员的农民工聚居区，也有集体经济组织利用集体土地与房地产开发企业联合开发的成规模小区，即所谓“小产权房”。这些自发交易住宅市场中的住房供给满足了一部分进城务工农民、城市中低收入家庭和新就业大学毕业生的住房需求，在一定程度上起到了住房保障的作用。

然而，农村住宅自发交易的混乱秩序引发不少问题。由于缺少法律的明确规定，这些自发交易的农村住宅交易并未被纳入房地产行政管理的范围，它们始终游离于法制之外。例如，在几乎所有的小产权房小区，不论是将住房出租还是转让，抑或抵押，都无法依法签订受法律保护的交易合同，也都无法在房地产行政主管部门办理登记备案。导致这些自发交易存在很大风险，既有可能因住宅建筑违反城市规划而受到行政处罚甚至强制拆除，也有可能遭受合同另一方的恶意违约而无法寻求法律救济。实际中大量发生的与小产权房相关的法律纠纷就为农村住宅自发交易的弊病提供了有力的注解。

农村住宅市场化就是要改变农村住宅自发交易的无序状态，有条件地承认一些符合要求的交易，进而将那些游离于正式法律制度以外的住房财产和交易逐步纳入合法的产权表述体系。这样才能形成稳定且全面覆盖的住房财产权体系，从而为农村住房财产的资产化创造稳定的产权基础。

第三，农村住宅市场与城镇住宅市场的有序对接，城乡统一的住宅市场体系的建立，与快速城镇化相适应的住房资源市场配置机制的形成和完善。

中国长期以来对城市住宅市场发展的重视造成了发达的城镇住宅市场与基本缺失的农村住宅市场并存的局面，也可以说，这是一种城乡住宅市场完全分割的状态。为了缓解日益严峻的住房短缺局面，20 世纪 70 年代末期启动的经济体制改革将城镇住宅制度作为重要改革对象之一，经过长期艰苦的探索，逐步摸索出住房商品化和市场化的改革方向，1998 年底废除了住房福利化分配体制，正式确立了住房货币化分配体制。随后，中国的房地产市场及住宅市场得到快速发展，这不仅结束了长期以来的住房短期状态，极大地改善了人民群众的居住条件，而且房地产产业也成为国民经济发展的支柱产业。然而，在这30余年的改革进程中，农村住宅制度却几乎没有进行任何改变，与如火如荼的家庭联产承包责任制改革形成强烈反差，最终造成了当前中国的城乡住房二元分割局面。

城乡分割的二元住房体制已经不能满足城镇化高级阶段产生的城乡融合要求。随着国民经济的迅速发展，工业化和城镇化快速推进，伴随着从农业解放出来的劳动力向工业大量迁移，农村人口大量迁往城镇，“农民工”或进城务工人员的居住问题成为社会焦点。一方面，面对城市迅猛上涨的房价，收入有限的进城农业人口没有住房消费能力；另一方面，不能被带进城镇的农民住房只有在农村闲置。这是房不能随人走的二元住房体制造成的住房资源浪费状态。

农村住宅市场化的最终结果就是要消除城乡分割的二元住房体制，建立城乡统一的住宅市场体系，通过市场的力量使得住房能够在城乡间自由流动，形成和人口要素流动相挂钩的动态机制。当然，人口和住房在城乡间的双向流动也是城乡发展一体化的重要内容，因此，就这个意义上来说，农村住宅市场化也是城乡融合发展的必然要求。

三、农村住宅市场化的表征

作为一种状态的农村住宅市场化，具体体现在哪些方面？这就是农村住宅市场化的表征问题。笔者认为，农村住宅市场化至少可以从交易内容、交易范围、交易量、交易方式和交易价格五个方面进行表征。

（一）交易内容

农村住宅市场化完成后，在农村住宅市场上，农村住宅交易的对象是特定的农村住房或住宅，既包括宅基地也包括地上的建筑物及其他附属物。作为一种不动产交易，农村住宅交易同其他不动产交易一样，交易对象实际上是不动产的权利，即产权交易是农村住宅交易的重要特征。那么，农村住宅市场上交易的农房产权具体包括哪些内容呢？或者说，农村住房的哪些权能可以在农村住宅市场上进行流转?

笔者认为，农村住宅市场的交易内容应当包括农村住房的转让、出租和抵押等。

农房转让是指农房权利人将农房产权以有偿或无偿的方式让渡给他人的交易。一项完整的农房转让，转让人转让的权利包括两项内容：其一是农村住房及其附属物的所有权；其二是农村住房所占宅基地的使用权。注意，宅基地的所有权是不允许交易的，这既和城市商品房交易不得转让国有土地所有权保持一致，也符合《宪法》禁止转让土地所有权的规定。

农村住房转让具有两大特征：一个是农村住房转让应坚持“房地一体原则”，即转让人在转让农村住房时，应当将住房建筑部分和宅基地部分一并转让，不允许仅转让其中一部分而保留另一部分，即所谓“房随地走、地随房走、房地一致”。农房转让的另一个重要特征是，农房转让后，转让人将丧失农村住房的一切相关权利。既然转让人已经将农房转让，受让人就成为新的农村住房权利人，转让人不再享有和农房相关的任何权利。

农房出租是指农房权利人在一定期限内将占有和使用农村住房的权利让与他人并取得租金的交易行为。农房出租通常是一种有偿交易。农房出租的两大特征是：首先，农房出租后，出租人不丧失对住房的所有权和宅基地使用权；其次，农房出租是一种暂时的权利让渡，出租人只在租赁期限内让渡住房的占有和使用权，租期届满时，将收回这些权利。

农房抵押是指农房权利人为了为债务做担保，在农村住房上设定担保物权，抵押生效后，债权人取得抵押农房的抵押权，成为抵押权人，在债务人无法清偿债务时，处分抵押农房，优先偿还债务。农房抵押最明显的特征是其不转移占有的特点，即抵押生效后，抵押人继续占有和使用农房，无须将农房移交给抵押权人占有，这是和质押最大的区别。

农村住宅交易的内容之所以包括转让、出租和抵押，主要基于两点考虑。其一，为了和城市住宅交易的内容保持一致。依据《中华人民共和国城市房地产管理法》之规定，城市的房地产交易包括转让、出租和抵押。农村和城市在住宅交易内容方面保持一致，有利于将来的城乡住宅市场融合。其二，三项交易内容涵盖比较全面，基本满足了农户对农房流转的需求。

既然转让、出租和抵押都是农村住宅市场交易的内容，三者中的任意一个都能在一定程度上反映农村住宅市场化的水平。当然，对农村住宅市场化最准确表征，依赖于包含三种交易在内的一系列指标的综合表征。这也为本书在实证部分，以农村住房出租来表征农村住宅市场化提供了理论基础。

（二）交易范围

交易范围是交易发生的区域边界。农村住宅市场化之前自发完成的农村住宅市场交易有一些发生在集体经济组织成员之间，另一些则超越了集体经济组织的范围，如“小产权房”和“城中村”等。在农村住宅市场化完成以后，农村住房的交易范围将不受集体经济组织这个边界的任何限制，当然这并非意味着就不存在集体经济组织内部的交易。笔者认为，随着农村住宅市场化程度的不断提高，农村住宅交易的范围将逐步扩大，由最初的以集体经济组织内部交易为主逐步扩大为以乡镇范围的交易为主，再扩展到县、市范围的交易，再到省域乃至全国范围的农村住宅交易。

（三）交易量

交易量是用来衡量市场大小的一项指标，可进一步用交易频率与交易规模来表征。交易频率是在一定时期（通常为一年），市场上发生的交易次数，可以用来表征市场交易活跃程度。对于农村住宅市场来说，一定区域在一定时期内农村住宅交易的次数越多，交易频率越高，表明市场化程度越高。交易规模是用来衡量市场体量大小的重要指标，可以用某种单位来表示。比如，农村住宅市场上，农房交易的面积、套数等都属于交易规模的范畴。

（四）交易方式

交易方式是商品交换过程中采用何种具体做法来完成交易，是联系交易当事人的方式和手段。依据不同的标准，可以对交易方式进行不同的分类。按照契约关系的不同，农村住宅交易的方式有非书面合同方式、书面合同方式和备案合同方式等。交易双方采用口头或其他方式进行交易即为非书面合同方式，早期自发的农房交易较多采用此种方式。书面合同方式是通过签订书面合同完成交易，这种方式更加规范。如果签订书面合同且依法在相关部门进行交易备案，则为备案合同方式。备案合同方式是法律明确要求不动产交易应当采用的交易方式。农村住宅交易采用备案合同方式进行的比例越高，则说明农村住宅市场化的程度较高。

（五）交易价格

交易价格即成交价格，可以是某个具体交易的实际成交价，也可以是多次交易的平均抽象价格。农村住宅交易的成交价是特定类型农村住房在一定时期内若干次交易的平均成交价格，是一个反映市场供求关系的抽象价格。在农村住宅市场化达到一定水平之前，农房自发交易市场上的自发交易的成交价格往往偏低，尤其是和临近区域城镇住房的交易价格相比更低。这主要是由于以下原因：首先，此时的自发交易没有明确的法律依据，游走在合法与非法的边缘地带，而交易双方均对交易的法律风险有所估计，进而影响到成交价格。或者说，交易买方面临较大的法律风险，需要较低的价格予以补偿。其次，交易范围有限，市场竞争不充分。农村住宅市场在自我发育的早期，除了城中和城郊，交易大多发生在农村集体经济组织成员之间，偶尔有交易发生在集体成员和非集体成员的农民之间，很少有城市居民到交通不便的偏远农村地区购房居住。有限的交易范围使得市场上出现了竞争的双向不足，有限数量的卖方导致卖方竞争不足，有限数量的买方又导致买方竞争不足。农村自发交易住宅市场上不充分的竞争限制了市场功能的发挥，进而扭曲了市场价格。

总之，市场成交价格相对于城镇明显偏低，实际上反映了城乡住宅市场割裂导致农房市场价格估值偏低，农房价值没有显化。农村住宅市场化将消除自发交易时存在的市场风险，竞争变得更充分，将使得农房价值得以彰显。从这个意义上讲，一定区域里农村住宅市场相对于临近可比的城镇住宅市场的相对交易价格将能体现农村住宅市场化水平以及城乡住房融合的程度。可以通过以下公式来表示：

$$R=\frac{P_{rural}}{P_{city}} \tag{6-1}$$

式（6-1）中，R 表示农村和城镇住宅市场的相对交易价格，P_{rural} 是农村住宅市场上的交易价格，P_{city} 是和分子中的农村可比的相邻城市住宅市场的交易价格。有：

$$\begin{cases} R\to 0，农村住房市场化水平降低 \\ R\to 1，农村住房市场化水平提高 \end{cases}$$

在农村住宅市场化改革过程中，通常情况下有 $0<R\leqslant 1$，即在完全实现改革既定目标之前，农村住宅交易价格通常低于城市。随着农村住宅市场化改革的逐步推进，农村住宅市场化程度将逐步提高，R 也由小到大，农村住宅交易价格也越来越接近城市水平。当然，在改革完成后，不排除一些地区出现农村住宅交易价格高于城市的情况，即 $R>1$。

综上所述，农村住宅市场化可以利用交易内容、交易范围、交易量、交易方式和交易价格五个方面来表征。农村住宅市场化的实现是个逐步演化的过程，在某一个具体的时间横截面，农村住宅市场化的水平可以通过考察以上五个方面的具体状况来进行研判。如果将实现农村住宅市场化的过程大致划分成三大阶段，其和五个表征之间的对应关系可由表 6-1 来说明。

表 6-1　农村住宅市场化的表征体系示意

农村住宅市场化水平			
表征	低	中	高
交易内容	出租为主	抵押、转让增加	转让、出租、抵押比例适当
交易范围	集体内部为主	逐步扩大到乡（镇）、县市、省域	全国范围
交易频率	较低	不断增加	较高
交易规模	面积和套数小	稳步增长	稳定在较大水平
交易方式	非书面合同方式为主	书面合同方式增加	全面的交易备案
交易价格	相对城镇价格偏低	逐渐和城镇价格接近	与城镇价格接近
改革进程——————→			

第四节　本章小结

本章主要考察了中国的城镇化、住宅制度以及农村住宅市场发育的现状。以历史分析方法为主，重点分析了住宅制度和中国城镇化进程的关系；对农村住宅市场化的内涵进行了界定，对其构成和表征进行了详细阐释；基于对浙江德清、长沙浏阳、陕西高陵的案例调查，运用制度变迁理论，分析了农村住宅自发交易市场的演进过程、演化条件和现状。

首先，回顾了中国的城镇化进程和目前遇到的问题，考察了城镇化相关概念之间的关系，重点分析了人口城镇化出现的问题和人的城镇化受到的制度制约。中国的城镇化起点较低、起步较晚，但发展速度很快，随着中国经济增速放缓，预计未来城镇化速度可能趋缓。“重速度、轻质量”是中国城镇化的短板，表现为：迁移人口市民化滞后，城市融入困难；土地城镇化与人口城镇化失衡；城镇规模结构与空间布局不合理等。以人为核心的城镇化将是中国城镇化未来的方向。本书认为，人口城镇化包括农村人口的乡—城迁移与转移人口的城市融入两大过程，分别对应人口城镇化的“量”和“质”两大方面。本书所研究的农村住宅市场化对人口城镇化的影响，将分别考察农村住宅市场化对农民乡—城迁移决策（“量”）和农业迁移人口城市融入（“量”）两方面的影响。中国的人口城镇化相对滞后可以从户籍制度、土地制度和财税制度得到有力解释，住宅制度也是影响人口城镇化的重要因素。

接下来，剖析了具有鲜明中国特色的城乡住宅制度，考察了住宅制度与住房功能发挥之间的关系，重点分析了住宅制度在中国城镇化进程中扮演的角色。中国城镇和农村的住宅制度在用地、住房建设、供应、分配和消费等方面均截然不同，是与中国具体国情密切相关的制度创新。中国城镇现行住宅制度的核心是住房分配货币化，这充分发挥了住房的居住功能和资产功能。中国农村现行住宅制度的核心是福利化的宅基地供给和住房自建自住，这只发挥了住房的居住功能，而抑制了其资产功能。在城镇化的早期，城乡二元住宅制度曾经发挥了积极作用：为农民进城定居创造了条件；避免了农民爆发式涌入城市；发挥了“缓冲器”的作用；催生的“城中村”和“小产权房”成为吸纳进城人口的“海绵”；促进了低成本的工业化和城市扩张等。但随着城镇化达到较高水平，城乡有别的住宅制度也显现出一些不协调：人与房错配导致住房和宅基地资源浪费；人口城镇化和土地城镇化失调；农业转移人口在城市的聚居区居住环境差；单向城镇化导致农村衰败；将农民固定在农村的理念已不适应人口红利消失的现实等。

其次，对新型城镇化与住宅制度改革之间的关系进行了具体分析。城乡住宅制度同新型城镇化的很多内容密切相关，中国特色的新型城镇化道路不可能绕过城乡住宅制度改革，而城乡住宅制度的成功改革必然对新型城镇化目标的实现产生事半功倍之效。本书认为，具有鲜明中国特色的城乡二元住宅制度曾在中国的城镇化进程中扮演了重要角色，但随着中国的城镇化水平进入高级阶段，现行住宅制度目前已经不能适应新型城镇化的要求，需要以新型城镇化为导向深化住宅制度改革。深化住宅制度改革应按照新型城镇化战略的要求，在完善城镇住宅制度的同时，着力在农村住宅制度方面寻求突破。农村住宅市场化既有利于人口市民化，实现以人为本的城镇化，又有利于激活农村住房的资产功能，构建城乡要素双向流动机制，还有利于城乡住房融合和城乡发展一体化，因而应当成为深化住宅制度改革的重要方向。

本书认为，农村住宅市场化，是指在坚持集体土地所有制的前提下，通过赋予农民完整的住房财产权，建立城乡统一的财产权表述体系，实现农村存量住房的自由交易，促进农村住宅市场的规范和发展，推动城乡住宅市场的有序对接，形成城乡统一的住宅市场运行机制和市场体系，从而发挥市场在住房资源城乡配置中的决定性作用。从改革过程的角度看，农村住宅市场化意味着三个层面的深刻变化：解除宅基地流转限制，农民将获得住房自由转让权；农村自发交易住宅交易取得合法地位，农村住宅市场规范化程度增加；农村住宅市场与城镇住宅市场的有序对接，城乡统一的住宅市场体系的建立，与快速城镇化相适应的住房资源市场配置机制的形成和完善。农村住宅市场化至少可以从交易内容、交易范围、交易量、交易方式和交易价格五个方面进行表征。

最后，本书基于实地调研案例，对三地农村住宅市场从形成背景、交易动机、类型、数量、价格和范围等方面进行横向对比，探讨了我国农村住宅市场的发育状态、演化条件、发展模式与经验。研究表明，我国农村住宅市场起步较早但发育迟缓，整体发育程度不高，发展潜力较大；交易内容方面，出租方式更为常见；区域差异明显，发达地区发育较好且出现城乡住宅市场融合态势；农房市场离不开产业支撑，与经济发展呈现相互促进关系；制度约束强弱取决于基层政府态度。

第七章 农村住宅市场化影响人口城镇化的理论机理

第一节 基于“过程观”的农村住宅市场化对人口城镇化的影响

学者对城镇化的理解根据侧重点不同可以分为两类：“结果观”和“过程观”。强调城镇化完成以后的经济社会状态的观点称为“结果观”（刘雪梅，2014；王兴芬，2017），而强调完成城镇化所需经历过程的观点称为“过程观”（滕瀚、黄洪雷，2014；任远、乔楠，2010）。持过程观的经济学者认为，城镇化是各种生产要素不断向城镇集中的动态过程。基于此，本书将人口城镇化理解为人口不断向城镇聚集、农村居民生活方式向市民转变的过程。前者表现为农村居民由农村向城镇迁移的过程，而后者则表现为农民在城镇定居并逐渐融入城市的过程。本书在考察农村住宅市场化对人口城镇化的影响时，即基于人口城镇化的“过程观”。

基于人口城镇化的“过程观”，本书拟将农村住宅市场化对人口城镇化的影响分解为对人口迁移的影响和对迁移人口城市融入的影响。农村住宅市场化对人口迁移的影响，也即对农村家庭（或农户）乡—城迁移决策的影响；农村住宅市场化对迁移人口城市融入的影响，也可以理解为对农村（农业）迁移人口城市融入或市民化的影响。前者主要针对有迁移可能但尚留在农村的农民家庭群体，称其为“潜在乡—城迁移家庭”，后者主要针对已经迁往城市但生活方式尚未完全转化的迁移人口家庭，称其为“迁移人口家庭”。

本书在考察农村住宅市场化对人口城镇化的影响时，首先考察其对农户乡—城迁移的影响，然后考察其对迁移人口城市融入的影响。具体分析框架如图 7-1 所示。

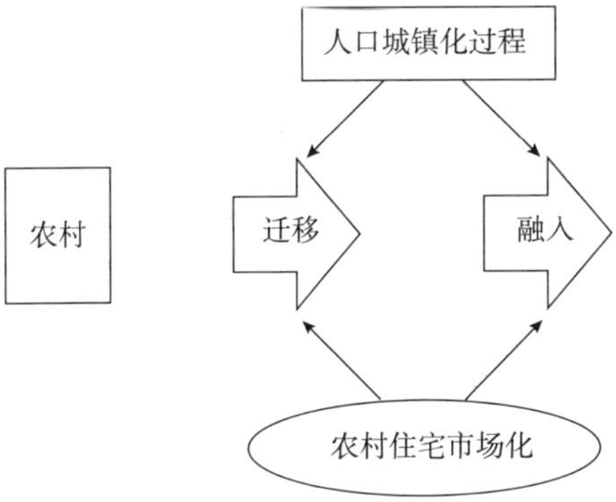

图 7-1　基于“过程观”的农村住宅市场化对人口城镇化的影响

第二节　农村住宅市场化影响人口城镇化的一般分析

从一般意义上讲，农村住宅市场化通过放松乡—城迁移家庭的预算约束，对人口城镇化产生影响。

一、城镇化进程中农民家庭面临的选择

在理性经济人假设下，城镇化进程中的农民家庭，不论是潜在的乡—城迁移家庭，还是已经迁往城市的家庭，都面临预算约束下的效用最大化问题。农民家庭在既定收入水平下，通过做出一系列决策以实现效用最大化。这些决策既包括家庭生产投资、消费和储蓄，也包括是否乡—城迁移、是否定居在城市等。据此，可以分别构建潜在迁移家庭和已经迁移家庭的效用最大化问题。

潜在的乡—城迁移家庭的效用最大化问题为：

$$\begin{cases} \max\ U(c,\ m) \\ s.\,t.\ \ cp_c + mp_m = I \end{cases} \tag{7-1}$$

式（7-1）中，c 代表一系列其他消费的总和，m 代表家庭的乡—城迁移，此式将是否进行乡—城迁移视为一种消费。p_c 为其他消费的价格，p_m 为乡—城迁移的价格，即迁移的费用，I 为家庭总收入。此式的含义是，尚未迁移的家庭在一定的收入水平下，为了实现家庭效用最大，做出消费决策和乡—城迁移决策。潜在乡—城迁移家庭的效用最大化问题可以用图形表示，如图 7-2 中的图 I 所示。图中，在当前收入 I_0 下，农民家庭选择 A 点可以实现效用最大，因为 A 点是预算线和无差异曲线的切点。此时的效应水平为 U_0，其他消费为 c_0，乡—城迁移为 m_0，可以认为此时农民家庭由于收入有限受到财务限制而不选择迁移。

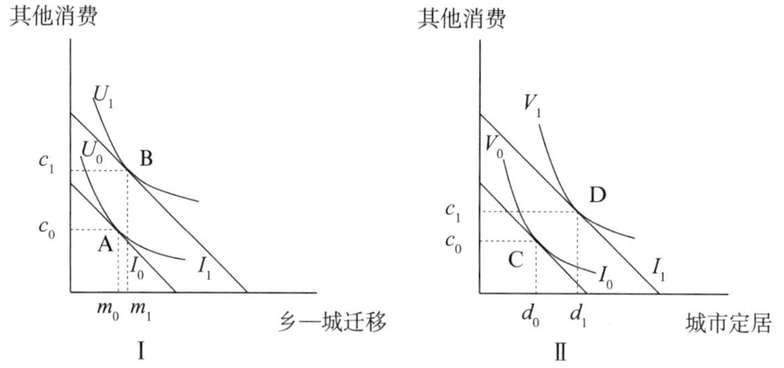

图 7-2　农村住宅市场化的影响

已经迁入城市家庭的效用最大化问题为：

$$\begin{cases} \max\ V(c,\ d) \\ s.t.\ \ cp_c+dp_d=I \end{cases} \tag{7-2}$$

式（7-2）中，c 代表一系列其他消费的总和，d 代表家庭在城市定居的决策，此式将是否在流入地的城市定居视为一种消费。p_c 为其他消费的价格，p_d 为城市定居的价格，即城市生活的各项花费，I 为家庭总收入。此式的含义是，已经流入城市的家庭在既定的收入水平下，为了实现家庭效用最大，做出消费决策和城市定居决策。已经迁入城市家庭的效用最大化问题可以用图形表示，如图 7-2 中的图 Ⅱ 所示。图中，在当前收入 I_0 下，农民家庭选择 C 点可以实现效用最大，因为 C 点是预算线和无差异曲线的切点。此时的效应水平为 V_0，其他消费为 c_0，城市定居为 d_0，可以认为此时农民家庭由于无力负担城市高昂的生活成本而不选择在城市定居。

二、农村住宅市场化对农民家庭预算约束的影响

农村住宅市场化将激活农村住房的资产属性，从而有利于农民收入尤其是财产性收入增加，农民收入增加意味着家庭预算约束的放松，而这将影响乡—城迁移决策和迁移人口的城市融入。

农村住宅市场化至少可以通过资产增值、出租收益和融资担保三个途径促进农民收入增加。具体来讲：

首先，农村住宅市场化将通过农村住房资产增值促进农民增收。随着农村住宅市场化水平的不断提高，农村住房资产增值将先后经历“从无到有”和“从低到高”两个阶段。农村住宅市场形成之前，因现行制度对宅基地流转的限制，农民转让住房也受到严格限制。尽管一些调查获得了所谓“农房资产价值”，但此价格实际上是根据房屋建造成本得到的“成本价”而非可以在市场成交的“市场价”。或者说，因为不存在农村住宅市场，农房市场价为零，农村住宅市场的发展将产生真正的“市场价”，此所谓“从无到有”阶段。另外，随着农房市场的形成和发展，农村住房供求关系将正常化，成熟的市场机制将有利于被长期低估的农房价格逐渐回归正常，此所谓“从低到高”阶段。农村住房增值促进农民增收的最终实现，依赖于农民将农村住房在市场上转让。如果农民选择持有住房，还可以通过出租住房实现收入增加。

其次，农村住宅市场化后农民可以出租农房获得租金收益。尽管农村现行住房和土地制度未明确禁止农村住房租赁，而且从调研情况看，农村住房的自发租赁实际上已相当普遍，但自发形成的农村住房租赁市场的交易秩序还有待规范。农村住宅市场的形成和发展，将伴随着农房租赁交易的逐步规范，这样，农房租赁中的交易风险将逐步降低，交易成本也将明显下降，进而农房租赁中的出租方和承租方获得的剩余将有所增加。

最后，随着农村住宅市场的发展，农民更易于获得农房抵押贷款投资

于生产经营，获得经营收益。抵押物的可转让性决定了抵押价值能否实现，是抵押能否起到担保作用的关键环节。然而，对于农村住房而言，如果不存在规范的农房市场，农房抵押权的实现就得不到保障，债权人的风险就会明显增加，这也是金融机构对农村住房抵押贷款顾虑重重的根本原因所在。随着农村住宅市场的发展和农房交易关系的理顺，农房抵押权实现将不成问题，农民更易于通过将农房抵押给金融机构融得资金。

可见，农村住宅市场化将增加农民收入，进而放松农民家庭的预算约束，这种影响可以通过图 7-2 得到反映。图 7-2 中，I_0是农村住宅市场化实现之前农民家庭的预算线，随着农村住宅市场的形成和发展，增收效应逐渐得以显现，收入增加将使得预算线向右移动，I_1是农房住宅市场化实现之后农民家庭的预算线。

农村住宅市场化对农民家庭的增收效应，将在实证研究部分进行检验和测算。

三、预算约束改变对人口城镇化的影响

农村住宅市场化将改变农民家庭预算约束，而这将影响其一系列经济行为。换而言之，农民家庭预算约束放松以后，农民在消费、投资、储蓄和定居等方面的行为都将发生改变，因为预算约束放松增加了行为选择可行集，而适当调整行为组合将有利于实现家庭效用（收益）的最优化。农村住宅市场化通过放松农民家庭预算约束，最终将对包括农民家庭乡—城迁移和城市融入在内的人口城镇化产生影响。

具体来讲，对于那些在做出乡—城迁移决策时受到财务限制的家庭而言，农村住宅市场化之前，尽管迁往城市的预期收益比较乐观，但由于家庭收入相对于高昂的迁移支出比较有限，这些家庭不得不暂缓或者放弃乡—城迁移。然而在农村住宅市场化之后，这些家庭预算约束得到放松，可能有足够的能力支付迁移费用，从而果断选择迁往城市生活。这一过程由图 7-2 中的Ⅰ图显示。图Ⅰ中 B 点为在放松后的预算线下农民家庭做出的最优选择，此时的效用水平为 U_1，高于农房市场化前的效用水平，其他消费

为 c_1，乡城迁移为 m_1，此时农民家庭由于收入增加而改变了原来的决策，选择迁移。

对于那些已经迁往城市，正在考虑是否在城市定居，却又受到财务限制的家庭而言，农村住宅市场化之前，尽管定居并融入城市生活会带来诱人的效用，但由于家庭收入相对于较高的城市生活成本比较有限，这些家庭被迫放弃在城市长期生活的打算。然而在农村住宅市场化之后，这些家庭预算约束得到放松，可能有足够的财务能力支付城市生活成本，从而选择长期定居城市并融入城市社会。这一过程如图 7-2 中的图Ⅱ所示。图Ⅱ中 D 点为在放松后的预算线下农民家庭做出的最优选择，此时的效用水平为 V_1，高于农房市场化前的效用水平，其他消费为 c_1，乡—城迁移为 d_1，此时农民家庭由于收入增加而改变了原来的决策，选择在城市定居生活。

第三节 农村住宅市场化影响农户乡—城迁移决策的理论模型

本部分通过理论建模考察农村住宅市场化对农户乡—城迁移决策的影响。首先，建立了一个简单的基于迁移个体效用函数的微观模型，分别分析了农村住宅市场化对效用函数中各个自变量的影响。其次，考察了一个仅包含农业和非农业两部门的经济体，同时引入农地和农房的可流转程度两个因素，求出一般均衡解。最后，根据两个理论模型分析的结果，提出可供实证检验的研究假说。

一、“减损效应”与“增收效应”

首先，农村住宅市场的建立和发展有利于减少空置和物理折旧等损失，表现为“减损效应”。在现行农村住宅制度下，选择迁往城市而未对老家住房充分利用的农民家庭遭受着显性和隐性两种损失。一方面，经验表明，长期处于空置状态的住房，由于缺少最起码的监管、维修和养护，其物理损耗很可能呈加速趋势。例如，住房的某处损毁由于得不到及时维修，状况可能进一步恶化，无人居住的农村房屋更可能遭受鼠患侵害等。住房的这些损耗是看得见、摸得着的物理折旧，农户如果进行修缮，需要花费一定费用，这意味着家庭收入的直接减少，对于农民来讲是一种显性损失。另一方面，农村住宅处于空置状态还会给迁移农民造成机会损失。假如农房租赁市场较为成熟，迁往城市的农户可以将住宅出租获得租金收益，但现实却是，农村住房大量空置，迁移农户无法获得租赁收益。这尽管不直接表现为收入减少，但也确确实实是一种损失，故称之为隐性损失，而在农村住宅市场得到发展以后，选择乡—城迁移的农户可以自由选择是否将自家住宅对外出租。如果选择出租住宅，不仅可以避免建筑物的加速折旧，还能获得一定租金，避免机会损失。可见，农村住宅市场化对显性损失和隐性损失均有减损效应。

其次，农村住宅市场的发展有利于增加农民的财产性收入，表现为“增收效应”。农村住宅市场化完成以后，进城农民可以充分利用农村老家的原有住房，产生财产性收入。农村住宅市场化给农民增加的财产性收入，既可能是有形收益，也可能是无形收益。农村住宅市场成熟以后，农民可以充分行使完整的所有权，既可以选择将住房和宅基地有偿转让，也可以选择出租或者抵押。对于那些迁移农民家庭而言，转让住房能够产生所有权让渡收益、出租可以获得租金收益，而抵押则可以融得资金用于投资，获得投资收益。这些都是实实在在的有形收益。当然，一些比较注重社会关系的迁移家庭也可能将住房提供给亲人或者朋友“借住”。“借住”不同于租赁，表面上并不收取租金，貌似无偿使用，实则不然。我国农村大多是熟人社会，比较看重“礼尚往来”，那些借用了他人住房的农户，会在今后较长的一段时间里给对方不少“好处”。例如，借用者可能在农忙时节或者婚丧嫁娶时给住房出借方提供无偿帮工，也可能不时提供一些实物礼品等。尽管看不见、摸不着，这些好处却是一种无形收益。

综上，农村住宅市场化后，农民对农房将拥有更多的处置选项，即使外出务工或迁往城市，农房可以不再像以前那样只能空置，避免了损失，这实际上是减少了乡—城迁移成本。农房市场化后，农户如果选择乡—城迁移，拥有住房将从劣势转变为优势，因为在市场上可以将住房出租、转让或抵押等，不仅避免了空置损失，还可以获得流转收益。农房流转收益既可以用于支付乡—城迁移成本，也可以用来支付城市生活成本，增加迁移后的效用，还能用于人力资本投资以增加工资收入和工作稳定性。因此，农村住宅市场化以后，在其他因素不变的条件下，对于一般农户而言，相对于留在农村，迁往城市将能获得更大的效用。可见，农村住宅市场化将通过“减损效应”和“增收效应”的叠加对农户产生乡—城迁移的正向激励。

二、基于迁移个体效用函数的微观模型

Rabe 等（2012）认为迁移决策取决于迁移者在迁移后的期望效用（Expected Utility），而该期望效用是终身收入、就业机会、住房价格等方面在迁入地和迁出地的差异以及迁移成本等因素的函数。据此，本书将农户的乡—城迁移决策设定为这四个因素的函数，有：

$$M=f(\Delta Y,\ \Delta E,\ \Delta P,\ C) \tag{7-3}$$

式（7-3）中，M 表示农户做出由迁出地（农村）向迁入地（城市）迁移决策的概率，有 $M\in[0,\ 1]$。ΔY 表示农户在迁入地和迁出地期望收入差异的现值，主要取决于两地的工资差异。由于城市工资通常高于农村，因此假设 $\Delta Y\geqslant 0$，且城乡工资差距越大，农户做出迁移决策的可能性越大，即 $\frac{\partial f}{\partial(\Delta Y)}>0$。$\Delta E$ 为迁出地和迁入地的就业机会差异，由于城市就业机会相对较多，因此 $\Delta E>0$，且城乡就业机会差异越大，农户做出迁移决策的可能性越大，即 $\frac{\partial f}{\partial(\Delta E)}>0$。$\Delta P$ 为迁出地和迁入地的住房价格差异，城市房价通常高于农村，因此 $\Delta P>0$，由于城市房价越高，农户在城市生活的压力越大，故农户做出迁移决策的可能性越小，则有 $\frac{\partial f}{\partial(\Delta P)}<0$。$C$ 代表迁移成本，包括交通费用等。迁移成本越大，迁移可能性越小，有 $\frac{\partial f}{\partial C}<0$。

下面在模型中引入农房市场化。首先考虑农房市场化对收入差异的影响。农房市场化后，如果农户选择向城市迁移，就可以将农房转让或出租而变现，其家庭财富的增加量显然将大于农房不能流转时。可见，农房市场化将增加迁移农户在城乡之间的收入差异，即如果假设收入差异是农房市场化及其他因素的函数，则有：

$$\Delta Y = Y(t, Z_1) \tag{7-4}$$

且有：$\frac{\partial Y}{\partial t} > 0$

式（7-4）中，t 表示农村住宅市场化程度，有 $t \in [0, 1]$：当 $t=0$ 时，表示农房禁止流转；当 $t=1$ 时，表示农房市场化程度最高，可以完全自由流转。Z_1 为影响收入差异的其他因素的向量。

农房市场化有可能增加农民在城市的就业机会。农房流转将增加农民收入，农民将有能力进行人力资本投资。农房市场化将提高农房的可抵押性，农民易于获得在城市创业的启动资金。因此有：

$$\Delta E = E(t, Z_2) \tag{7-5}$$

且有：$\frac{\partial E}{\partial t} > 0$

式（7-5）中，Z_2 为影响农民在城市就业机会的其他因素的向量。

农房市场化还有可能缩小城乡住房价格差异。农房市场化不仅会提升农村住房价格，还将通过消化城市住房需求而抑制城市房价上涨。因此有：

$$\Delta P = P(t, Z_3) \tag{7-6}$$

且有：$\frac{\partial P}{\partial t} < 0$

式（7-6）中，Z_3 为影响城乡住房价格差异的其他因素的向量。

如果将农户迁移后农房闲置作为一种迁移成本，农房市场化将减少农村住房闲置，从而降低迁移成本。因此有：

$$C = C(t, Z_4) \tag{7-7}$$

且有：$\frac{\partial C}{\partial t} < 0$

式（7-7）中，Z_4 为影响城乡迁移成本的其他因素的向量。

将式（7-4）—式（7-7）代入式（7-3）得：

$$M=f(Y(t, Z_1), E(t, Z_2), P(t, Z_3), C(t, Z_4)) \tag{7-8}$$

为了考察农房市场化 t 对农户迁移概率的影响，对式（7-8）求 t 的偏导，有：

$$\frac{\partial M}{\partial t}=\underset{+}{\frac{\partial f}{\partial Y}}\cdot\underset{+}{\frac{\partial Y}{\partial t}}+\underset{+}{\frac{\partial f}{\partial E}}\cdot\underset{+}{\frac{\partial E}{\partial t}}+\underset{-}{\frac{\partial f}{\partial P}}\cdot\underset{-}{\frac{\partial P}{\partial t}}+\underset{-}{\frac{\partial f}{\partial C}}\cdot\underset{-}{\frac{\partial C}{\partial t}} \tag{7-9}$$

由式（7-9）可得：$\frac{\partial M}{\partial t}>0$，这表明随着农房市场化程度的提高，农户选择乡—城迁移的可能性会增加。

三、两部门一般均衡模型

参考谢冬水（2014a）在研究不完全的农地转让权与农村劳动力迁移的关系时构建的劳动力迁移决策模型，本书通过构建一个城乡两部门（农业和非农业部门）模型来考察农村住宅市场化对农户乡—城迁移的影响。在该模型中，农村进行农业生产，城市进行非农业生产，劳动力在两部门间流动即城乡间流动，城镇化主要意味着农户的乡—城流动。

首先假设两部门生产函数都只有劳动力一种生产要素，其他生产要素（资本、土地等）都纳入全要素生产率。则两部门的生产函数分别为：

$$Y_{at}=A_t(1+\delta_{1t})L_{at}^{\mu} \tag{7-10}$$

$$Y_{mt}=M_tL_{mt}^{\theta} \tag{7-11}$$

式（7-10）和式（7-11）中，Y_{at}、Y_{mt} 分别表示农业和非农业部门产出，L_{at}、L_{mt} 分别为农业和非农业部门劳动力要素投入，若劳动的边际生产率递减，有 $\mu>0$，$\theta<1$。A_t 和 M_t 为农业和非农业部门的全要素生产率。δ_{1t} 为农地的可流转程度，有 $\delta_{1t}\in[0, 1]$，农地完全可流转时 $\delta_{1t}=1$，完全不能流转时 $\delta_{1t}=0$。由于农地可流转性越强，越有利于实现农业规模经营和技术创新，从而推动农业技术进步，故有 $A_t(1+\delta_{1t})$。

接下来构建代表性家庭的效用函数。假设代表性家庭在 t 期的成员数为 N_t，且为无限延续的。设单个成员在时点 t 为 Stone-Geary 效用函数，有：

$$u(c_{1t},\ c_{2t})=\begin{cases}c_{1t},\ c_{1t}<s\\ \gamma\ln(c_{1t}-s)+\ln c_{2t},\ c_{1t}\geqslant s\end{cases} \tag{7-12}$$

式（7-12）中，c_{1t}和c_{2t}分别表示单个成员农产品和非农产品消费量，s表示维持生存的最低农产品消费量，只有当农产品产量超过最低生存量时，才消费非农产品。设t期有N个相同成员，贴现因子为β，则家庭总效用为：

$$\sum_{t=0}^{\infty}\beta^{t}N_{t}u(c_{1t},\ c_{2t}) \tag{7-13}$$

假设第t期每家农户的劳动力为N^{a}，每个城市家庭的劳动力为N^{m}，经济中的劳动力总量为$N=N^{a}+N^{m}$。设每户劳动力迁移量为x_{t}，将农村人均耕地面积标准化为1。如果允许农地和农民住房流转，伴随着劳动力乡—城迁移，相应的农地和住房可以进行出租，也可以进行转让，还进行抵押获得贷款，农地的可流转程度（δ_{1t}）与农村住房的可流转程度（δ_{2t}）都将对转让收入（S）、租金收入（T）、抵押贷款数额（B）产生影响。因此迁移农民流转农地和农房的总收益为$(\delta_{1t}+\delta_{2t})(S+T+B)$，其中$0\leqslant\delta_{1t}$，$\delta_{2t}\leqslant1$。进城工作的农民将获得非农部门工资收入（$w_{t}$），并要承担一定的迁移成本（$G_{t}$）。于是可以得到农户的预算约束：

$$N^{a}(p_{t}c_{1t}^{a}+c_{2t}^{a})=p_{t}A_{t}(1+\delta_{1t})(N^{a}-x_{t})^{\mu}+(w_{t}+(\delta_{1t}+\delta_{2t})(S+T+B)-G_{t})x_{t} \tag{7-14}$$

式（7-14）中，p_{t}为农产品与非农产品相对价格（非农产品标准化为1）。耕地和住房分别为农民家庭提供生产和生活资料，脱离农业生产而迁往城市的农户有可能倾向于将住房和农地同时流转，因此农地和农房的可流转程度存在紧密联系，假设为：

$$\delta_{1t}=h+\tau\delta_{2t} \tag{7-15}$$

式（7-15）中，$\tau>0$表明农房与农地可流转程度呈正相关关系，$h>0$表明即使农村住房完全没有流转性，农地也有一定流转性。将式（7-15）代入式（7-14），则代表性农民家庭面临的最优化问题为：

$$\begin{cases}\max\limits_{c_{1t}^a,c_{2t}^a,x_t} N^a\sum\limits_{t=0}^{\infty}\beta^t[\gamma\ln(c_{1t}^a-s)+\ln c_{2t}^a]\\ s.t.\ N^a(p_tc_{1t}^a+c_{2t}^a)=p_tA_t(1+h+\tau\delta_{2t})(N^a-x_t)^{\mu}+(w_t+(h+(1+\tau)\delta_{2t})(S+T+B)-G_t)x_t\end{cases}$$

(7-16)

一阶最大化条件为：

$$p_t(c_{1t}^a-s)=\gamma c_{2t}^a \tag{7-17}$$

$$w_t=\mu p_tA_t(1+h+\tau\delta_{2t})(N^a-x_t)^{\mu-1}+G_t-(h+(1+\tau)\delta_{2t})(S+T+B) \tag{7-18}$$

代表性城市家庭面临的最优化问题为：

$$\begin{cases}\max\limits_{c_{1t}^m,c_{2t}^m,x_t} N^m\sum\limits_{t=0}^{\infty}\beta^t[\gamma\ln(c_{1t}^m-s)+\ln c_{2t}^m]\\ s.t.\ N^m(p_tc_{1t}^m+c_{2t}^m)=M_t(N^m+x_t)^{\theta}-w_tx_t\end{cases} \tag{7-19}$$

式（7-19）中，上标 m 表示非农业部门，预算约束表明：非农业部门产出应支付迁移农民工资。一阶最大化条件为：

$$p_t(c_{1t}^m-s)=\gamma c_{2t}^m \tag{7-20}$$

$$w_t=\theta M_t(N^m+x_t)^{\theta-1} \tag{7-21}$$

下面分析当生产、消费和劳动力迁移达到均衡时的情况。由于 $N=N^a+N^m$，故将式（7-17）乘以 N^a、式（7-20）乘以 N^m，并将等号两边相加后得到两种产品市场出清时的均衡条件，即：

$$p_t(N^ac_{1t}^a+N^mc_{1t}^m-Ns)=\gamma(N^ac_{2t}^a+N^mc_{2t}^m) \tag{7-22}$$

城乡劳动力市场实现均衡的条件是工资相同，由式（7-18）和式（7-21）得：

$$\mu p_tA_t(1+h+\tau\delta_{2t})(N^a-x_t)^{\mu-1}=\theta M_t(N^m+x_t)^{\theta-1}-G_t+(h+(1+\tau)\delta_{2t})(S+T+B)$$

(7-23)

农业和非农业部门的总消费和总产出相等时，整体经济达到均衡，即有：

$$N^ac_{1t}^a+N^mc_{1t}^m=A_t(1+h+\tau\delta_{2t})(N^a-x_t)^{\mu} \tag{7-24}$$

$$N^ac_{2t}^a+N^mc_{2t}^m=M_t(N^m+x_t)^{\theta} \tag{7-25}$$

将式（7-23）等号两边分别除以式（7-22）两边，并将式（7-24）

和式（7-25）代入，得到：

$$\frac{\mu A_t(1+h+\tau\delta_{2t})(N-x_t)^{\mu-1}}{A_t(1+h+\tau\delta_{2t})(N^a-x_t)^{\mu}-Ns}=\frac{\theta M_t(N^m+x_t)^{\theta-1}-G_t+(h+(1+\tau)\delta_{2t})(S+T+B)}{\gamma(M_t(N^m+x_t)^{\theta})} \tag{7-26}$$

式（7-26）表明，农户迁移量由农村住房可流转程度、农业和非农部门的全要素生产率等因素决定，将式（7-26）写成函数形式，即：

$$F(G_t,\delta_{2t},A_t,M_t,x_t)=\frac{\mu A_t(1+h+\tau\delta_{2t})(N-x_t)^{\mu-1}}{A_t(1+h+\tau\delta_{2t})(N^a-x_t)^{\mu}-Ns}-\frac{\theta M_t(N^m+x_t)^{\theta-1}-G_t+(h+(1+\tau)\delta_{2t})(S+T+B)}{\gamma(M_t(N^m+x_t)^{\theta})} \tag{7-27}$$

对隐函数 F 分别求 G_t、δ_{2t} 和 x_t 的偏导数，判断其符号为：

$$\partial F/\partial G<0,\partial F/\partial\delta_{2t}>0,\partial F/\partial x<0 \tag{7-28}$$

由隐函数定理可得：

$$\frac{\partial x}{\partial G}=-\frac{\partial F/\partial G}{\partial F/\partial x}<0 \tag{7-29}$$

$$\frac{\partial x}{\partial\delta_{2t}}=-\frac{\partial F/\partial\delta_{2t}}{\partial F/\partial x}>0 \tag{7-30}$$

式（7-29）表明，随着乡—城迁移成本的增加，农户迁移会受到抑制。式（7-30）表明，农村住房可流转程度增加将对农户乡—城迁移产生促进作用。这主要是由于随着农村住宅市场和农地流转市场的发展，进城农户可以将家庭住房以及承包农地进行流转获得收益，并用于支付迁移成本。

四、研究假说 I

根据以上理论建模分析，不论是基于迁移个体效用函数的微观模型，还是两部门一般均衡模型，都可以推导出农村住宅市场化对农户的乡—城迁移决策将产生正向作用。据此可以从理论上提出如下研究假说，以供实证研究部分进行检验：

理论假说 I：由于受现行农村住宅制度所限，农村住房和宅基地不能流转，住宅仅仅用于居住，住房资产功能未得到发挥。城镇化过程中农民迁往城镇后原有住宅不能通过流转得到有效利用，不仅不能增加财产性收入，还会加速折旧，给迁移农民造成经济损失。农房市场化将允许农村住房转让、租赁和抵押，产生“减损效应”和“增收效应”，从而改变农户乡—城迁移的期望效用，放大迁移前后农户家庭效用的增加幅度，从而对农户乡—城迁移决策产生正向影响。

第四节　农村住宅市场化影响农业迁移人口城市融入的理论模型

一、“居住时间效应”与“迁移模式效应”

农村住宅市场化将通过两个途径对农业迁移人口城市融入产生推动作用：“居住时间效应”与“迁移模式效应”。

（一）途径一：“居住时间效应”

农房市场化将促进农民增收，提高迁移农民在城市租购住房的支付能力，进而改善其在城市的居住条件，延长居住时间，而城市居住时间增加将增强留城意愿和市民化程度（李强等，2009）。可见，农房市场化将通过促使迁移农民城市定居而延长其城市居留时间，进而促进其城市融入，称之为“居住时间效应”。

环境心理学可以为“居住时间效应”提供理论基础，其“场所心理”能为迁移农民的城市融入提供独特视角（滕瀚等，2014）。依据环境心理学，某些场所会促进或抑制特定行为或产生相互作用，因而社会关系内嵌于特定环境中，人与环境相互塑造（Altman，1993）。场所经历、场所联结和场所依恋对于理解农业转移人口的生活方式转变和社会心理融入均有很大帮助。随着迁移人口进城后对环境的深入了解（场所经历），将形成身份认同和“内部人员”的感觉，逐步实现社会心理融入。人与其家园及群体的长期结合将形成场所联结，而进城后对老家的乡村依恋会对城市融入产生一定阻力。物理的居住环境对社会资本可能产生提升作用，也可能产生破坏作用，这主要依赖于环境对居住者的社会交往是积极的还是消极的（Hodgetts，2012）。

“场所心理”理论强调物理居住环境对人的社会心理的重要作用，对农业迁移人口的城市融入至少有两方面启示：一方面，城市定居是迁移人口融入城市的前提，漂泊不定的迁移人口很难产生积极的场所经历和场所联结，也就难以在生活方式和社会心理方面完成城乡转变；另一方面，在物理环境产生积极影响的前提下，城市居住时间与城市融入有密切关系。有研究发现，居住时间和邻里关系对社区吸引力的影响要大于社区大小（Sampson，1988）。显然，理论上，农业迁移人口的城市稳定居住，将对其城市融入产生正向影响。

另外，有学者对农业转移人口家庭住房支付能力与永久性迁移意愿进行的实证研究发现，以房租收入比为衡量指标的家庭住房支付能力与持久性迁移意愿的关系在拐点之前显著为正，在拐点之后则为负（董昕，2015）。也就是说，在拐点到来之前，家庭住房支付能力越强，持久性迁移意愿也越强。可见，既然农村住宅市场的发展有利于增加迁移家庭的收入，也就意味着迁移家庭的住房支付能力将增加，这会使得农民在城市的定居意愿有所增加。定居意愿和定居能力的提高将延长迁移家庭城市定居的时间，而稳定的城市定居会对城市融入产生促进作用。

（二）途径二：“迁移模式效应”

农村住宅市场化将提高迁移家庭的支付能力，改善其在迁入城市的居住条件，而农业转移人口居住条件改善将促使“个体式流入”向“家庭式流入”转变。相对而言，家庭式迁移和居留更有利于农民的经济融入和社会融入（田艳平，2014），称之为“迁移模式效应”。

农村住宅市场的发展有利于农业人口迁移从“个体迁移”转变为“家庭迁移”。在农村住房流转受限的情况下，迁移家庭的老家住宅或者空置或者留人看管。如前所述，空置可能导致住宅加速物理折旧和租金损失，而留人看管则会导致家庭人口迁移的不完全。农房市场建立后，对农房的处置将更加灵活，农民可以选择将农房出租或者转让，留人看管已不需要，家庭成员可随户主迁往城市，举家迁移更为可能。另外，举家迁移增加的生活成本也可由对农房的有效利用而增加的财产性收入得以补偿。

农业人口的家庭迁移方式更有利于农民融入城市，其主要原因阐述如下：

第一，相对于个体迁移，家庭迁移不存在“牵挂效应”。对于个体迁移来讲，不论是少数还是大多数家庭成员迁往城市，老家都留有一部分家庭成员，可能是留守老人，也可能是留守儿童，还可能是留守妇女，这是一种不彻底的迁移方式。已经迁往城市的家庭成员，由于对留守在老家的家庭成员的“牵挂”，很难在迁入地找到归属感，在心理上总认为进城是临时的，迟早要返回老家。所谓“候鸟式迁移”就是非家庭迁移产生的结果，而家庭迁移则不存在留守人员问题，也不存在“牵挂效应”，更有利于永久性迁移。

第二，举家迁移后在城市的家庭式居留将增加参加社区活动的机会。城市居住社区举办的各种社区活动是加强人际沟通、增进邻里感情的重要机会。迁移家庭全家在城市居留，实现了家庭成员的多样化，而爱好的多元化有利于家庭成员参与更多的社区活动，为建立良好的社会关系、较快地融入社区创造条件。比如，儿童随父母在城市定居，参加亲子活动的可能性会增加，老人随子女在城市定居，参加健身活动或宗教活动的可能性会增加等。

第三，举家在城市定居会增加家庭责任感，提高融入城市生活的主动性。当迁移家庭的子女在城市就学后，为了使下一代成为城市的新市民，迁移家庭的父母会主动改变，形成适应城市社会的新的生活方式和思维习惯，努力完成从“农民”向“市民”的全面转变。

第四，家庭在城市居留可以使家庭成为压力缓冲器，对城市生活的适应能力会得到提高。在城市工作中遇到的困难和烦恼，由于家人的陪伴，可以得到有效纾解。

总之，举家迁移后，迁移农民由于可以和家人共同生活，既能消除与家人分离的心理负担，又能与家人共同参加一些社区活动而产生归属感，提升身份认同。更为重要的是，由于子女跟随父母进城就学，父母的家庭责任感将增强，更能承受一些辛苦工作，并且抗压能力会提高，家庭成为风险缓冲器。家庭式移民相对于个体移民在应对风险方面的差异，是“迁移模式效应”产生的原因。这将增强家庭在经济、社会和文化等方面融入城市的能力（张庆武等，2015）。

二、农村住宅市场化影响农业迁移人口城市融入的建模分析

不能在城市稳定居住，就不具备与城市社会广泛接触和交往的可能，农业迁移人口就很难在社会、心理、文化和经济等方面实现由农村向城市的转变。因此，城市定居是影响农业转移人口城市融入（市民化）的关键因素。解决农业转移人口城市居住问题，既要依靠政府主导的住房保障体系，也离不开可以为迁移农民提供租购房源的住宅市场。在当前我国城市住房保障 s 还未完全覆盖农业迁移人口的现实约束下，进城农民的住房问题需要更多地依靠住宅市场来解决。因此，农民在迁入城市的住房消费能力显得尤为重要。农业迁移人口在城市的住房消费能力 v 取决于城市房价 p 和农民收入 y，而随着农房市场化程度 δ 提高，农民收入 y 将增加。据此有：

$$v=\frac{y(\delta,\ X)}{p} \tag{7-31}$$

式（7-31）中，X 表示影响农民收入的其他因素。根据以上分析，有 $\frac{\partial y}{\partial \delta}>0$。

农业迁移人口在城市的居住状况 h 取决于住房保障水平 s 和住房消费能力 v。住房消费能力越强，越能在住宅市场上通过租购改善居住状况，于是有：

$$h=h(v,\ s) \tag{7-32}$$

且$\frac{\partial h}{\partial v}>0$

农业迁移人口市民化（或城市融入）程度 I，受到城市居住 h 和其他因素 Z 的影响，根据上文分析，城市居住越稳定，农业迁移人口市民化水平越高，于是有：

$$I=f(h,\ Z) \tag{7-33}$$

且$\frac{\partial f}{\partial h}>0$

将式（7-31）、式（7-32）代入式（7-33），可得：

$$I=f\left(h\left(\frac{y(\delta)}{p},\ s\right),\ Z\right) \tag{7-34}$$

则农村住宅市场化程度 δ 对农业迁移人口城市融入水平 I 的影响为：

$$\frac{\partial I}{\partial \delta}=\frac{\partial f}{\partial h}\cdot\frac{\partial h}{\partial (v)}\cdot\frac{\partial y}{\partial \delta}\cdot\frac{1}{p} \tag{7-35}$$

由于：$\frac{\partial y}{\partial \delta}>0$；$\frac{\partial h}{\partial v}>0$；$\frac{\partial f}{\partial h}>0$

故：$\frac{\partial I}{\partial \delta}>0$，即随着农村住宅市场化程度的提高，农业迁移人口的城市融入水平将增加。同时该结果中$\frac{1}{p}$表明，城市房价上升将抑制农村住宅市场化对农业迁移人口城市融入的促进效果。

三、研究假说Ⅱ

通过以上对农村住宅市场化影响农业迁移人口城市融入的理论建模分析，可以得出农村住宅市场的建立和发展对农业迁移人口的城市融入将产生促进作用的结论。由此可以归纳出供实证研究检验的如下理论假说：

理论假说Ⅱ：农村住宅市场的发展以及同城市住宅市场的逐渐融合，使得已经迁入城市的农村人口能够通过在农村住宅市场上自由交易原有住房，获得财产性收入，以补偿在迁入城市的生活支出，改善居住状况。在迁入城市稳定居住，以及举家迁移并在城市定居生活，都有利于农业迁移人口和城市社会充分交往，从而加速其在社会、心理、文化和经济等方面向城市转变，即产生“居住时间效应”与“迁移模式效应”。因此，农村住宅市场化将促进农业迁移人口的城市融入。

第五节　本章小结

图 7-3 展示了本书对农村住宅市场化影响人口城镇化的理论分析框架。

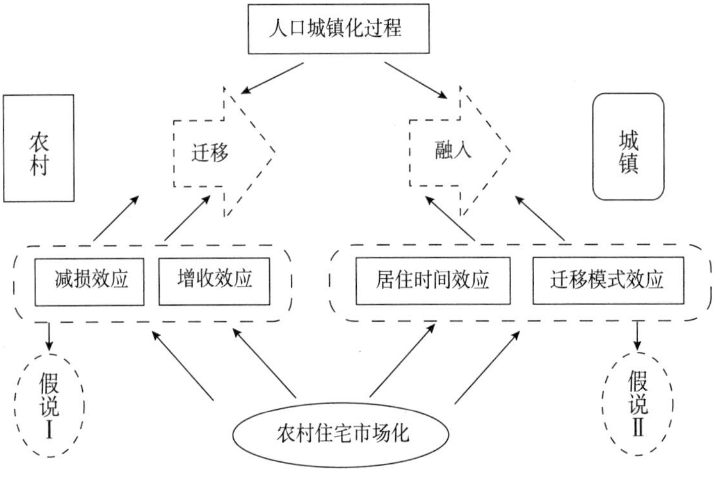

图 7-3　农村住宅市场化影响人口城镇化的分析框架

本部分从理论上分析了农村住宅市场化对人口城镇化的影响机理。本书基于人口城镇化的“过程观”来考察农村住宅市场化的影响，即将农村住宅市场化对人口城镇化的影响分解为对人口迁移的影响和对迁移人口城市融入的影响两个路径。从一般意义上讲，农村住宅市场化通过放松乡—城迁移家庭的预算约束，对人口城镇化产生影响。农村住宅市场化有利于农民收入尤其是财产性收入的增加，这将引起农民家庭预算线外移，使得潜在迁移人口负担迁移成本的经济能力以及已经迁移的农户家庭负担城市生活成本的经济能力都得以增强，从而促进乡—城迁移决策和迁移人口的城市融入。具体来讲，农村住宅市场化后，农民对农房将拥有更多的处置选项，即使外出务工或迁往城市，农房可以不再像以前那样只能空置，避免了损失，从而产生“减损效应”与“增收效应”，促进农民家庭做出乡—城迁移决策；农房市场化将产生“居住时间效应”，通过增收改善迁移农民的城市居住状况，延长城市居留时间，进而促进其融入城市，还将产生“迁移模式效应”，增加家庭式迁移，提高迁移人口的城市融入速度。

对农村住宅市场化影响农户乡—城迁移决策分别建立基于迁移个体效用函数的微观模型和两部门一般均衡模型，得到理论假说Ⅰ：农房市场化将允许农村住房转让、租赁和抵押，产生“减损效应”和“增收效应”，从而改变农户乡—城迁移的期望效用，放大迁移前后农户家庭效用的增加幅度，从而对农户乡—城迁移决策产生正向影响。通过对农村住宅市场化影响农业迁移人口城市融入的理论建模，得到理论假说Ⅱ：农村住宅市场的形成和发展将产生“居住时间效应”与“迁移模式效应”，在迁入城市稳定居住，以及举家迁移并在城市定居生活，都有利于农业迁移人口和城市社会充分交往，从而加速其在社会、心理、文化和经济等方面向城市转变，即促进农业迁移人口的城市融入。

下篇　农村住宅制度革新与城乡住房融合

第八章　建立农村住宅市场的理论意义和现实路径[①]

本章旨在探讨农村住宅制度的市场化改革方向。建设农村住宅市场有利于提高生产效率、重新分配收入并重新配置经济机会，打破“城乡二元经济”的枷锁，是土地资源市场化配置改革的必然趋势。然而，除法律障碍以外，农民住房流转意愿不高及农村住房租购欲望不强可能是最大阻力。应按照“先赋权、再规范、后统一”的总体步骤有序推进；重点考虑城乡住宅市场融合程度和农村区位两个因素，划分五类地区，实行差异化的市场构建路径。

随着支撑我国城乡二元结构环境的改变，党的十八届三中全会提出城乡一体化发展战略。以城乡二元分割为主要特征的住宅制度赖以存在的内外部环境也在改变。一方面，逐渐升级的城镇化和工业化引起城乡住房需求的深刻变化；另一方面，城乡住宅市场尤其是农村也出现不少变化，表现为“城中村”和城乡接合部的农村租房交易活跃、农房闲置（“空心村”）现象普遍、农房抵押需求旺盛、农房非农经营增加等。不能适应环境变化的二元住宅制度导致住房资源的城乡错配，表现为城市住房供不应求（高房价）和农村住房与宅基地资源闲置，出现进城务工农民“在农村盖房给老鼠住，在城市住得像老鼠”的怪现象。可见，我国现行城乡住宅制度亟待变革。由于农村住房问题更加突出，提高农村住房的可转让程度进而建立农村住宅市场是未来改革方向之一。

相关文献主要包括农村集体建设用地市场和宅基地流转两类。农村集

---

① 本章内容已发表于《经济体制改革》2017 年第 1 期，原标题为《农村住宅市场建设：理论意义和现实路径》，略有删改。

体建设用地市场方面的文献主要探讨农村建设用地自发交易市场问题，包括交易形式（黄贤金，2001；黄小虎，1995；黄中显，2006；蒋省三等，2010；马朝群等，2006；张晓山等，2008；中央党校课题组，2009）、产生根源（罗伯特·考特等，2012；钱忠好等，2007；吴晓燕等，2011；张晓山等，2008）和管制对策（陈锡文，2013；贺雪峰等，2012；罗湖平，2014）等方面。研究表明，我国农村建设用地的交易形式多样，其是在复杂的历史、制度和改革背景中长期形成的，所以直接入市、建立城乡统一建设用地市场、完善征地制度应成为未来改革方向。宅基地流转方面的文献应重点关注是否应当流转（邓卫华等，2012；贺雪峰等，2013；李敏飞，2013；周其仁，2011）、流转态度（关江华等，2013a，2013b；郭贯成等，2014；胡方芳等，2014；王丹秋等，2015；杨君等，2015）和实践经验（刘权，2015；瞿理铜，2015；张梦琳，2014；张义博，2014）等。学者对是否应允许宅基地流转仍存分歧，肯定观点略占优势。影响农民宅基地流转态度的因素很多。学者对比了各地宅基地流转的实践，有学者认为市场化应成为改革的价值取向（张义博，2014）。

农村住宅流转离不开宅基地流转，而宅基地属于集体建设用地，因此，以上文献同农村住宅市场研究密切相关，其研究思路和方法对本研究有重要参考价值，其建立城乡统一建设用地市场和促进宅基地自由流转的结论也为建立农村住宅市场提供了一定支持。然而，专门研究农村住宅市场的文献甚少。鉴于此，本章拟从理论上探讨建立农村住宅市场的动因和意义，并结合我国农村住宅自发交易的现状分析市场建设遇到的各种障碍以及可能的路径。

第一节　建立农村住宅市场的动因和意义

一、建立农村住宅市场的动因

（一）根本因素：土地资源市场化配置改革的必然趋势

我国自改革开放以来，一直坚持以市场经济为导向，不断加深市场机制在国民经济发展中的作用，党的十八届三中全会决议更是提出了要让市场机制在资源配置中起决定性作用，土地作为重要生产要素，也必然要求能够在竞争、统一的市场内自由流动，所以土地资源市场化改革方向是趋势。现行的土地管理制度在城市土地管理方面，已经实现了从计划经济体制下土地无偿划拨无期限使用到有偿出让有期限使用改革，并充分利用“招拍挂”等市场化方式配置资源，但在农村土地管理方面，却依然保持着浓厚的计划经济色彩，农村集体土地所有权权能缺失，集体建设用地不能自由流转，只能通过征地途径才能进入土地一级市场，造成农村土地市场发育滞后和农村土地资源利用率低下。这种城乡二元割裂的土地管理模式不仅造成土地资源浪费，而且还引发了征地拆迁、土地财政等经济社会问题，导致社会总体福利下降。所以，推进农村集体建设用地制度改革是打破城乡二元土地市场，实现统一的建设用地市场，推动农村土地制度改革的必然要求，也是土地资源市场化配置的必然趋势。

（二）现实因素：集体建设用地自发交易流转市场成为既成事实

现行的土地管理制度引起中央政府、地方政府、开发商、村集体、农民等利益主体围绕土地财富获取的多重博弈，导致了一种无序的、价格机制扭曲的、畸形发育的土地自发交易市场的形成（罗湖平，2014），事实上，这种自发交易流转由最初的乡镇企业倒闭破产后闲置用地的再次流转，发展到近些年以“小产权房”建设为标志的房地产开发一直没有间断，其背后的原因在于，土地管理制度形成巨大的外部利益，作为“理性经济人”的市场主体必然通过各种方法和渠道去争取获得这部分利益，特别是在东南沿海，大城市城乡接合部等经济较发达地区，其外部利益越大，这种违法的自发交易流转市场越发达。这些自发交易流转，缺乏有效的市场机制、缺乏良好的市场组织，导致市场机制出现功能障碍（张四梅，2014），引发农村耕地被大量侵占、集体建设用地低效蔓延、农民合法权益无法得到保护、扰乱国有土地市场等问题，所以应当为引导已经成为既成事实的集体建设用地自发交易流转市场合法化，降低自发交易市场交易风险，建立公开、高效的土地交易市场。

（三）外部因素：推动新型城镇化战略、实现城乡一体化发展的需要

过去40多年来，中国城镇化进程取得了令人瞩目的成就，城镇化率由1978年的17.92%上升至2016年的57.35%。这一成就的取得在很大程度上归功于我国特色的土地管理制度。在现行土地管理制度的激励作用下，地方政府依靠征地，大肆将农地转变为城市建设用地，以这种低成本方式招商引资，经营城市，实现了我国前一阶段快速城镇化。但是，这套制度在爆发出巨大能量的同时，也积累了许多问题，比如广为社会诟病的“暴力拆迁”“土地财政”“地王”等问题越来越被重视，这种粗放、蔓延化的城镇化模式遭到越来越多的质疑。

2013年中国提出新型城镇化道路，将其视为中国下一轮经济增长的引擎，可以预见，未来还会有数以万计的农民涌入城市，城市还会继续扩张，会需要更多的土地来满足不断膨胀的城市建设用地需求。依赖过去侵占农地的方式不具有可持续性，因为中国是世界上人地矛盾最突出的国家之一，大量优质耕地被侵占会威胁到国家粮食安全。同时，这种模式阻碍了中国经济结构的转型与升级，拉大城乡发展水平差距，唯一的出路只有坚持走集约节约用地、挖掘存量建设用地潜力、统一城乡土地市场的路子，才能保证未来中国新型城镇化建设更加健康、可持续，使广大农村享受到与城市均等的公共服务，逐步实现城乡一体化发展。然而这一思路的实现需要依托农村集体建设用地潜力的释放，所以利用农村集体建设用地是推动新型城镇化，实现城乡一体化的现实需要。

二、理论解释和意义

（一）基于发展经济学的视角

发展经济学家们从认为发展中国家应当避免单一的产业调整和改革，而是全面推进产业结构调整与进步（Rosenstein-Rodan P N，1943），特别是加快大量隐蔽在农村的过剩劳动力向城镇工业部门转移（Lewis W. Arthur，1954），从而提高劳动力数量与质量、增加社会资本投资、改进生产效率（Solow Robert，1956），为了影响各种发展要素，实现经济发

展，"有效率的经济组织是经济增长的关键"，制度安排的发展才是改善生产效率和要素市场的主要历史动力（诺斯，2008）。由此可知，中国经济的二次发展就是要打破长期以来"城乡二元经济"的枷锁，实现产业结构的优化升级，解放被束缚在土地上的农村剩余劳动力，通过制度改革刺激中国经济发展的潜力。

面对当前经济形势，习近平总书记对经济形势做出了经济增长速度换挡期、结构调整阵痛期、前期刺激政策消化期三期叠加的重要判断。所谓"增长速度换挡期"，就是我国经济已处于从高速换挡到中高速的发展时期；所谓"结构调整阵痛期"，就是说结构调整刻不容缓，不调就不能实现进一步的发展；所谓"前期刺激政策消化期"，主要是指在国际金融危机爆发初期，中国实施了一揽子经济刺激计划，现在这些政策还处于消化期。

中央正是基于上述"三期叠加"的基本判断，提出了"新常态、新思维、新举措"的经济发展与改革思路。这意味着改善中国经济结构不仅仅是要技术创新在经济增长中发挥更大作用，而是通过更加深入的改革，激发各要素的潜能，在实现长期稳定经济增长的同时解决一些长期困扰中国经济的结构性矛盾。譬如，全面深化经济体制改革，处理好政府与市场的关系，发挥市场在资源配置中的决定地位；推进经济结构战略性调整，改善需求结构、优化产业结构、促进区域协调发展、推进城镇化，加快建立扩大消费需求长效机制，释放居民消费潜力，加快改革户籍制度，有序推进农业转移人口市民化；推动城乡发展一体化，推进集体土地制度改革，依法维护农民土地承包经营权、宅基地使用权、集体收益分配权，改革征地制度，提高农民在土地增值收益中的分配比例。

（二）基于新制度经济学的视角

根据菲尼（1992）的观点，如果潜在利益的获取是受限于现有的制度安排，那么只有改变现行制度才能获得这些潜在利益，如此就产生了制度变迁的需求。而且，诺斯（1973）在"制度决定论"中认为经济增长的关键是制度因素，而且这一制度是能够适当刺激个人行为的有效制度。因此，布罗姆利（1996）认为制度变迁有四大动因：提高生产效率、重新分配收入、重新配置经济机会和重新分配经济优势。我国的集体土地制度改革正是基于上述的认识及判断产生制度变迁需求和动力的。

1. 提高生产效率

伴随我国经济迈入新常态，经济、社会发展进入转型期，新型城镇化战略成为未来中国经济增长的新引擎。过去三十年，依托户籍制度、城乡二元土地制度等为我国工业化、城镇化提供了大量廉价劳动力和土地资源，实现了经济腾飞和快速城镇化。一方面，农民离开耕种，进城务工，在城市就业，为城市发展做出贡献；另一方面，自己却无法在城市享有与市民同等的居住、社保、教育、医疗等公共服务，这其中又因城市房价的“高涨”，农村土地资产也无法得到体现和支持，使得住房成为农村劳动力变成市民的最大障碍。这说明在制度层面上，农村集体土地制度的供需矛盾已经凸显，供求不均衡状态长期存在，其制度效率表现低下。然而作为中国社会重要制度的土地制度，如果出现严重滞后且不能及时解决的话，则会引发其他相关制度的变化，从而使土地需求者通过其他制度变迁来获得土地供应。

2. 重新分配收入

过去牺牲农村发展和农民收益的做法使得进城务工的农民工不得不保留农村土地作为自己年老返乡后的最后保障，这些进城农民被迫成为“候鸟式”农民工，这种城镇化模式虽然为前一阶段的城镇化、工业化做出了巨大贡献，但也造成了诸如“土地财政”“农民工”“高房价”“空心村”“小产权”等问题。当前集体土地制度已经到了严重影响我国城乡居民发展机会平等、收入分配公平的程度，推进改革就是对现有城乡收入或是土地收益在全社会范围内的重新分配。

3. 重新配置经济机会

这些“新三农”问题产生的根源在于旧的城镇化模式以城市发展为目标导向，忽视了人的发展，忽视了本应是城镇化目标人群——农村迁移劳动力的发展。所以，新型城镇化战略提出要求实现“人的城镇化”，为实现这样的目标，就必须打通人的自由迁移渠道，激活农民土地资产以降低迁移人口进城门槛，加快住房发展以保障迁移人口住有所居。

第二节　农村住宅市场建设的或有阻力和可能路径

一、市场构成要素与农村住宅市场建设的或有阻力

微观经济理论认为，市场是由某种商品或服务的买者和卖者组成的群体（Mankiw N G，2014），商品、供给和需求是构成市场的三大基本要素。我国农村住宅市场建设应从市场三大构成要素入手，着力消除这些方面存在的各种障碍。

（一）农村住房转让权缺失：法律阻力

现行法律对宅基地转让的限制导致农民住房财产权的残缺，农民不能将住房进行交换是农村住宅市场建设的第一道障碍。

目前，我国农民对其家庭住房享有的财产权是不完整的。按照现行《物权法》的一般规定，本来农民对其自建的住宅从建成就应该享有完整的物权，包括占用、使用、收益和处分四项权能，而且转让权属于处分权的重要内容，同时农民还可以对其财产设置用益物权和担保物权，这些权利本来应该和城市市民对其商品住房享有的物权是等同的。

（二）农民住房流转意愿不高："产权悖论"

农村住房转让权的获得尽管使农民转让住房成为可能，然而农房最终是否被交换还依赖于农民的流转意愿。理论上，农民的流转意愿取决于诸多因素，如农民对农房的社会保障功能的认知、农民的市场意识、"叶落归根"的传统观念、进城务工的收入预期、未来农房升值预期等。假定其他因素不变，农民住房转让权的取得很有可能通过提升农房未来升值预期而对农房流转意愿产生削弱效应，即"产权悖论"。

"产权悖论"可能产生两方面影响。一方面，"产权悖论"会引起取得住房转让权的农民产生房屋增值的未来预期，导致农房转让的意愿不高，

出现农房“惜售”现象，从而对农村住宅市场发展产生一定阻力。另一方面，尽管农民对农房的转让意愿受到削弱，但对农房出租和抵押意愿的影响有限。农民可以在保留农房所有权的前提下通过设置用益物权或担保物权进行农房交易。因此，尽管“产权悖论”会成为农村住宅市场建设的障碍之一，但阻力有限。

（三）农村住房租购欲望不强：内外部环境和市场风险的差异

从农村住房的需求方面看，我国城乡发展不平衡问题相当突出，城乡间内外部环境和市场风险的明显差异会抑制买方（尤其是城市居民）对农村住房的租购意愿，阻碍农村住宅市场建设。具体来看：

首先，城乡内外部环境的较大差异会削弱对农房的租购欲望。长期以来我国“以农补工”“重城轻乡”的发展战略造成城乡发展有些不平衡，直观的结果表现为城乡发展环境的一些差别。农村在基础设施和公共服务设施方面普遍落后于城市，这将导致农村的宜居性不强，住房的居住功能难以发挥，对潜在租购者尤其是城市市民的吸引力有限。此外，城乡内外部环境差异呈现多样化特点，即不同区位农村与城市间的环境差异明显不同，这决定了农村住宅市场建设不应“一刀切”。

其次，城乡住宅市场风险的巨大差异会抑制对农房的租购意愿。快速城镇化进程中涌入城市的大量人口支撑了城市住房需求，与相对不足的住房供给共同作用的结果是城市住房价格的持续攀升，由此形成对城镇住房升值的稳定预期。但相对而言，农村的情况则大不相同。由于法律限制，农房交易一直处于自发交易状态，交易费用较高，交易风险较大，农房价值的未来变动趋势难以把握，对农村住房尚未形成稳定的升值预期。这些都会导致农房的潜在需求者在做出租购决策时三思而后行。

二、农村住宅市场建设可能的路径

建立农村住宅市场应当基于集体建设用地与农村住宅自发交易流转普遍存在的事实，针对构建农村住宅市场的障碍，在考虑影响农村住宅市场发展的主要因素的基础上，有步骤地推动改革。

（一）战略步骤："先赋权、再规范、后统一"

"赋权"主要指突破现行法律障碍，赋予农民与其住房有关的各项财产权利。发展农村住宅市场的前提是农民可以自由交易自家住房，只有赋予农民完整的农房物权，才能实现农村住宅市场化。"赋权"的目的是要实现农民住房物权的"四化"，即"实化""完整化""清晰化"和"平等化"。"实化"是改变农民住房财产权虚置状态，使其切实享有相关权利，而不只是享有名义上的所有权。"完整化"是让农民对其住房享有本来应该具有的完整所有权权能，不仅享有占有、使用的权利，还享有处分和收益的所有权利，其中的处分权主要应包括法律上处置的权利，即自由转让权。"清晰化"是通过确权登记，将农民对其住房享有的物权明确化，不仅和他人财产权划清界限，还应做到有据可查，从而为交易安全创造条件。"平等化"是指消除农村住房与城市住房的权利差异，实现法律意义上的"同房同权"，消除对农村住房所有权的一切歧视与限制。

"规范"是指立法者和政府应正视并承认农村住宅市场的客观存在，将其纳入公共治理范畴，逐渐推动农村自发交易住宅市场的合法化和规范化，为实现同城市住宅市场的有序对接铺平道路。大量农村住宅交易因处于法律的"灰色地带"而不受政府管制，长期处于失范状态。这些游离于正规法律之外的自发交易存在着较大的交易风险，即对交易双方的合法利益产生威胁，又导致农村住宅市场难以在正常轨道上健康发展。处于不受法律管制状态的农村住宅市场，如果和相对来说规范得多的城市住宅市场对接，可能出现两方面问题，一方面对接难度很大，另一方面一旦实现对接，城市住宅市场很可能受到农村住宅市场的负面冲击而陷入混乱状态。因此，农村自发交易住宅市场的合法化和规范化是实现城乡住宅市场统一的必备条件之一。"规范"的关键是设计比较完整的交易管理制度并严格执行，不仅要实行交易备案制度以充分掌握交易信息，还应公布农村住宅交易合同示范文本，减少交易的签约成本和风险。

"统一"是指农村和城市两个住宅市场实现无缝对接，住宅市场完成从"二元"到"一元"的过渡。城乡住宅市场融合是农村住宅市场发展的应有之义和必然结果。“统一”重在完成制度体系设计和为自由竞争创造条件，实现一体化后，住宅市场将不存在制度造成的城乡割裂，无论是城市住房还是农村住房都可以不受限制地自由流转。

三大步骤之间紧密联系，存在一定的先后次序，但不存在明显的时间分界，有时可能存在交叉。三个步骤之间的关系如图 8-1 所示。“赋权”和“统一”更多地需要中央层面进行顶层设计，“赋权”应遵循全国一致的原则，当然统一的法律规范对于一些特殊情况，比如“小产权房”和“城中村”，可以设定一些特别规定，以避免改革带来的负面冲击，而“规范”则更多地需要各级地方政府，尤其是基层政府根据各地具体情况，采取有针对性的政策。

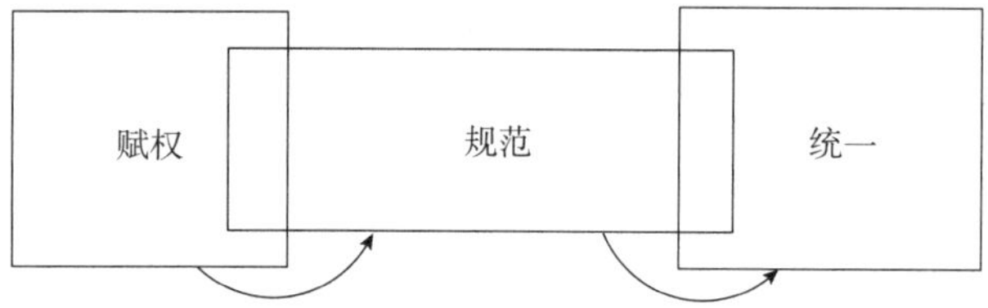

图 8-1　城乡住宅市场统一的总体步骤

（二）农村区位——农村住宅市场需考虑的重要因素之一

住房作为不动产的属性决定了“区位”应该成为建立农村住宅市场必须重点考虑的因素。根据我国农村与城市的区位关系不同，可以将农村分为城中农村、城郊农村、普通农村和偏远农村四类。四类农村在基础设施、市场观念、村民自治能力、城乡房价差异和交易机会等方面均表现出明显差异（见表 8-1），农村住宅市场建设应区别对待。城中农村由于地处城市规划区，享受了城市公共投资的外部性，基础设施条件同城市接近，村民拥有较强的市场观念，村集体自治能力较好，住房价格水平同城市比较接近，住宅交易机会很多。城郊农村位于城乡接合部，随着城市边界的扩张，其基础设施条件改善较大，其他方面情况稍微弱于城中村，但由于尚拥有大量耕地，其扩张潜力又大于城中农村。偏远农村距离城镇较远，交通不便，公共财政投资有限，基础设施条件差，其房价同临近城镇差距很大，住宅交易机会也很少，由于信息较为闭塞，农民市场观念落后，集体自治能力也弱。普通农村的基础设施条件通常好于偏远农村，但同城中农村和城郊农村相比也较差，住宅交易机会较少，住房价格同城市差距较大。

表 8-1　不同农村区位条件比较

	基础设施	市场观念	村民自治能力	城乡房价差异	交易机会
城中农村	好	强	较强	很小	很多
城郊农村	较好	较强	较强	小	较多
普通农村	较差	较弱	较弱	较大	较少
偏远农村	差	弱	较弱	很大	很少

（三）城乡住宅市场融合程度——农村住宅市场需考虑的重要因素之二

农村住宅市场建设不能忽视已经自发形成的住宅市场城乡融合的客观现实。按照制度变迁理论，制度安排的实施不能脱离实施环境。因此，构建农村住宅市场应针对不同的市场融合现状，实行有差别的改革措施。

在高融合度地区，农房交易本身比较活跃，农民拥有较强的市场观念和投资意识。城乡住宅市场能够自发形成较高的融合态势，表明市场统一的许多客观条件已经基本具备。但是由于我国现行法律的限制，大量农房交易是在隐蔽状态下完成的。从实际调研看，不仅乡镇基层政府对这些隐蔽交易的基本信息掌握甚少，就连交易农房所在集体对很多交易都不能全面了解。因此，大量不受管制的隐蔽交易实际上处于一种失范状态，农房交易合约的签订和履行很不规范，不仅交易成本高昂，而且交易风险也较大。因此，高融合度地区的城乡统一住宅市场建设的重点在于“规范”。对此，基层政府和集体组织有很多工作可以做。比如，严格落实住宅交易的登记备案制度，及时全面掌握交易动态；发布农村住宅交易合同推荐文本；建立农户住宅交易信用档案等。

在低融合度地区，农村住宅自发交易较少，既有基础设施落后、市场环境不完善等客观原因，也有农民市场观念不强等主观原因。因此，为了推动城乡住宅市场的统一，地方政府的工作重心应放在加大基础设施投资、加强对农民投资行为的引导方面。对于中融合度地区，由于情况更加多样化，更应该结合各地具体特点，采取有针对性的措施。

（四）农村住宅市场建设的差异化路径选择思路

依据城乡住宅市场融合程度和农村所处具体区位两个因素，可以划分为五种地区类型（见图 8-2），每个地区可以根据自身条件选择适宜的住宅市场城乡统一路径。其中，需要特别说明的是，有几类特殊类型由于存在的可能性较小而不予专门考虑。例如，根据现有研究，处于城市规划区的农村，其城乡住宅市场融合程度低的可能性较小，而一般农村和偏远农村有较小概率拥有高的城乡住宅市场融合程度，偏远农村拥有中等城乡住宅市场融合程度的可能性也不高。

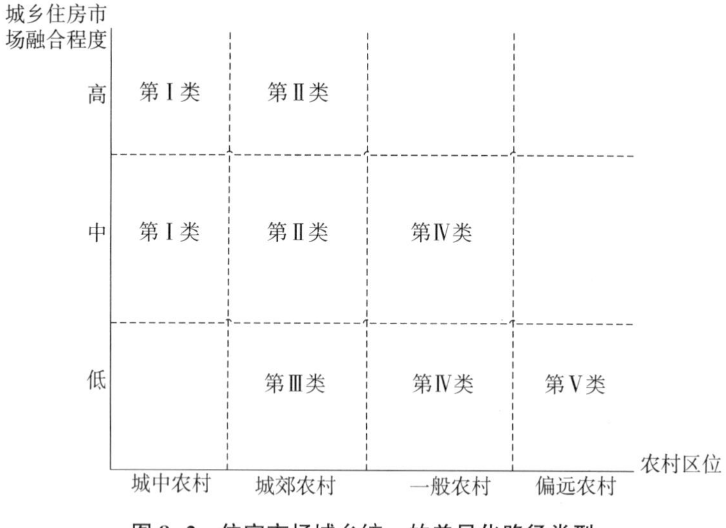

图 8-2 住宅市场城乡统一的差异化路径类型

不同地区农村住宅市场的构建应实行有差别的政策。第Ⅰ类地区地处城市规划区甚至城市中心，不少农村已被城市包围，形成所谓“城中村”，应鼓励农村住房直接进入城市住宅市场，实现同城市住宅市场的对接。第Ⅱ类地区处于城乡接合部，也能享受城市公共服务设施，具有较好的区位优势，同时也聚居了大量外来人口。这类地区不仅存在大量农房被出租或出售给城市外来人口的自发交易，还存在大量由集体经济组织统一开发的成规模小区，即“小产权房”。第Ⅱ类地区应更重视加强对交易的规范管理，妥善处理“小产权房”，除了农民家庭可以成为住宅交易主体，集体经济组织也可以进行住宅交易，取得的市场收益可以在集体与个人之间进行合理分配。第Ⅲ类地区也处于城乡接合部，同第Ⅱ类地区具有相似的区位条件，但该类地区通常地处经济欠发达城市或中小城市的郊区，农村住宅交易不太活跃，农房市场化水平偏低，同城市住宅市场融合程度偏低。第Ⅲ类地区应特别重视规划的实施管理，对受农村住宅市场化刺激可能会出现的违法建设行为进行事前预防，避免重蹈第Ⅰ类、第Ⅱ类地区自发交易中建设规划失范的覆辙。第Ⅳ类地区属于普通农村，距离城市较远，受到的城市辐射和带动作用有限，城市公共服务设施的外溢作用不大，自身基础设施条件弱于前几类地区，因而农村住宅交易机会较少，农村住房和宅基地的升值潜力较小。该类地区应通过住房实物交易同土地指标交易相结合的方式，推进农村住宅市场发展。第Ⅴ类地区远离城镇，地处偏远，交通不便，公共服务设施较差，农户居住分散，但自然环境相对较好。农房交易较少，自发交易偶尔发生。第Ⅴ类地区应主要通过土地指标交易方式发展农村住宅市场。政府引导地处边缘山区、自然承载能力较差的农村农民下山居住，用产权置换或货币置换方式，集中安置到中心村或建制镇规划红线范围内集中居住，节约出的宅基地经过复垦形成“建设用地指标”。建设用地指标可以先在一定范围交易，最终实现在全国范围的指标异地交易。

第三节　城乡住宅市场统一的核心制度变革

一、宅基地制度改革

首先，宅基地取得制度改革。关于是否应该实行宅基地有偿取得制度，学界尚存争论，我们认为，应将宅基地取得主体分为初始取得主体和非初始取得主体。在目前住房保障制度未覆盖农村的现实状况下，应继续坚持初始取得主体对宅基地的无偿取得制度，对非初始取得主体实行有偿取得制度，并对非初始取得实行和国有土地使用权相同的有限期使用制度。

这里的初始取得主体指本集体经济组织内部未享有宅基地或宅基地面积不够标准的村民，即应该享有而实际未享有宅基地的村民。为防止出现饱受诟病的权利滥用和逆向选择问题，在继续坚持初始无偿取得的同时，应改革宅基地初始取得资格规定并严格执行用地标准规定。改革仅以户籍作为宅基地初始取得条件的现有规定，代之以居住、生产和户籍“三位一体”的综合认定标准。

所谓非初始取得主体，即初始取得主体以外的人，包括本集体经济组织内部宅基地面积已够标准的村民或非本集体经济组织成员。非本集体经济组织成员包括非本集体组织村民和城镇居民。为保证公平，首先应以宅基地确权登记为契机，彻底清理“一户多宅”和“宅基地超标”（下文详述）。非初始取得主体只可以通过变更取得宅基地使用权，即在统一的交易市场，通过给付使用权人一定的对价，向土地所有权人（集体经济组织）交齐宅基地使用费，向政府交齐相关税费后，可以通过变更取得农村宅基地使用权。对于宅基地使用费的缴纳方式，可以一次性征收，也可按年度征收。

对初始取得继续实行无限期使用制度，但对非初始取得实行和国有土地使用权相同的有限期使用制度。使用期限可参照国有居住用地使用权 70 年的标准，自非初始取得之日起开始计算，到期后的处理也和国有居住用地相同。

其次，宅基地退出制度改革。初始取得主体取得的宅基地使用权无使用期限，死亡后若无继承人，则由集体收回。若继承人符合初始取得主体资格，仍可无偿无限期使用。若继承人属于非初始取得主体，继承取得宅基地使用权后应缴纳有偿使用费，使用权到期后由集体决定收回或允许继续有偿使用。非初始取得主体通过其他方式取得的宅基地使用权，到期后由集体决定收回或允许继续有偿使用。鼓励定居城市的农户自愿退出宅基地，建立“退出补偿制度”和“宅基地债券制度”。“退出补偿”主要是对退出宅基地上的房屋进行一定的货币补偿，而“宅基地债券”则是针对退出的宅基地由乡—城移民输出地政府或政府委托的机构发放的一种凭证，主要有两个作用：一是承诺在若干年后，如果农民希望回到农村，原户籍所在地要为其在邻近村镇提供一块宅基地、旧房或村镇集体房；二是作为劳务输入地政府将农民纳入城镇住房保障体系的优先条件。

再次，宅基地使用制度改革。非初始取得主体对宅基地实行有偿使用，分为两类：一是存量宅基地的有偿使用，针对“一户多宅”、面积超标家庭收取土地使用费；二是增量宅基地的有偿使用，非初始取得主体需支付宅基地有偿使用费。

又次，放松宅基地用途管制。随着农民非农经济活动的日益增多，农房的使用功能悄然发生着变化。农房已不像过去那样只为农民提供住所，它们越来越多地作为生产要素被农民投入到非农经济活动中。这一点和城市住房有很大不同。城市住房虽然具有消费品和资本品的双重属性，但最终的用途主要是居住，外部性的存在使得擅自改变用途可能损害他人的正常使用，因此我国现行法律对城市住房的用途改变进行较为严格的管制。鉴于此，未来改革中农房利用管理应和城市有别，对农房用途改变的管制应比城市宽松。

具体来讲，建议修改《物权法》第252条，增加宅基地使用权的收益权能，即允许举家搬迁至城镇的农民在限定条件下处分其宅基地使用权，以获得一定收益。另外，还应改变“宅基地使用权不得用作经营性用途”的规定，代之以列举加概况的方式，即明确列出禁止用途，并授权其他法律和行政法规做出其他具体规定。应清理现行对宅基地使用的限制性规定，适当允许在宅基地上进行的经营行为。

最后，宅基地流转制度改革。建议修改《物权法》，增加宅基地使用权的处分权能，即允许农民在符合法定条件的情况下自由转让宅基地使用权。无论对于地上有建筑物的农村住房转让，还是对于地上无建筑物的宅基地转让，转让双方均应首先依据交易申报制度向集体组织和乡镇人民政府进行申报，按类别进行转让。宅基地流转分为三种类型：初始取得主体之间流转（AB 之间）、初始取得主体与非初始取得主体之间流转（A 到 C、D 到 B）以及非初始取得主体之间流转（CD 之间）（见图 8-3）。

其中，初始取得主体之间流转（AB 之间）、非初始取得主体转让给初始取得主体（D 到 B）、非初始取得主体之间流转（CD 之间），不设置任何前置条件，集体和乡镇政府也不收取任何费用，即可办理转让登记。若是初始取得主体转让给非初始取得主体（A 到 C），除应符合下列条件之一外，受让方还应向土地所有权人（集体经济组织）缴纳宅基地使用费，向政府缴纳相关税费：①已参加了城镇居民社会养老保险，并且其身份转为城镇居民的；②在城镇购买了住宅并取得权属证书的；③在农村存在一户多宅的，可以将一户一宅以外的住宅出售。

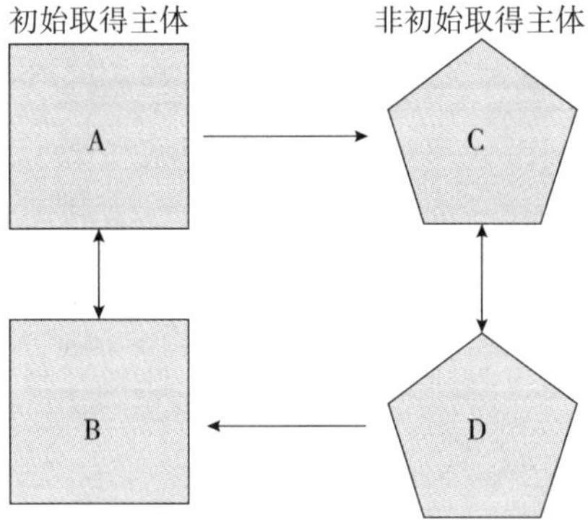

图 8-3　不同类型主体间的宅基地流转

二、城乡统一的住房流转制度改革

建立城乡统一的住房转让制度。即建立类似于城市国有土地上房屋转让的农村住房转让制度。宅基地初始取得主体转让住房的，比照城市国有划拨地上房屋转让的规定处理。宅基地非初始取得主体转让住房的，比照城市国有出让地上房屋转让的规定处理，基本允许自由转让。

具体来讲，宅基地初始取得主体转让住房时，转让双方首先应向集体组织和乡镇政府提出转让申报，然后分类进行。若是初始取得主体之间转让住房，不设置任何前置条件，集体和乡镇政府也不收取任何费用，即可办理转让登记。而若是初始取得主体将住房转让给非初始取得主体，则应由集体组织和乡镇政府分工进行审查，只有符合法定条件才可以转让。集体组织除了审查转让是否符合上述宅基地流转的三个条件之一，还要考虑两个条件，一是本集体宅基地供需状况，二是优先购买权（下述）。如果集体做出否决转让的审查结论，应对住房有偿回购。乡镇政府主要审查拟转让房屋是否存在违法侵占农用地和是否违反村镇建设规划。经审查符合转让条件的住房在转让时，还要缴纳有偿使用费和相关税费，才能办理转让登记。

建立城乡统一的住房抵押制度。宅基地初始取得主体抵押住房的，比照城市国有划拨土地上房屋抵押的规定处理。宅基地非初始取得主体抵押住房的，比照城市国有出让土地上房屋抵押的规定处理，基本允许无条件抵押。具体来讲，宅基地初始取得主体对住房设定抵押时，抵押价值应是扣除宅基地价值后的余额，抵押权实现时，抵押权人也只能对扣除宅基地使用费和相关税费后的余额行使优先受偿权。

建立城乡统一的住房财产继承制度。如果继承人是初始取得主体，住房可以无条件继承。而如果继承人是非初始取得主体，必须实行有条件继承，即缴纳相关税费和宅基地使用费后可继承。若继承人放弃继承权，则由集体收回住房和宅基地，并对住房价值进行适当补偿。

应设置“村民优先购买权”和“集体优先回购权”。为了避免出现有限的宅基地被非初始取得主体大量侵占而初始取得主体却无“立锥之地”的不公平局面，应设置“村民优先购买权”和“集体优先回购权”。“村民优先购买权”是指，在农村住房转让时（不论是初始取得主体还是非初始取得主体转让），初始取得主体基于集体成员身份，在同等条件下均享有优先购买权。“集体优先回购权”是指，不论是初始取得主体还是非初始取得主体转让住房，在保证“村民优先购买权”之后，集体享有同等条件下的优先回购权，回购的住房和宅基地用于分配给集体初始取得主体或满足集体建设需要（见图 8-4）。

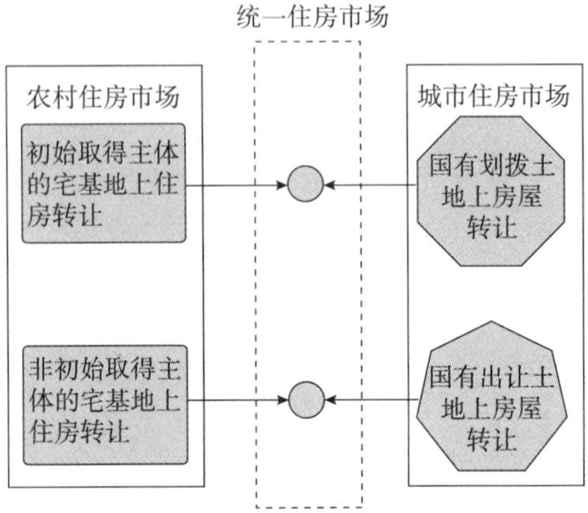

图 8-4　两类住房转让的城乡对应关系

三、城乡统一的住房市场监管与服务机制

建立城乡统一的住房交易申报制度。农村住房交易应施行类似于城市的房地产交易价格申报制度，但鉴于宅基地性质的特殊性，农村住房交易申报还应包括更丰富的内容。除了申报交易价格，农村住房交易还应申报：第一，交易双方的身份，以区分宅基地初始或非初始取得主体；第二，若转让方为初始取得主体，还要提供其在城镇和农村的住房情况、参加城镇居民社会养老保险情况等信息。此外，由于集体土地所有制，农村住房交易除了向乡镇基层政府申报外，还应向住房所在集体经济组织申报，由集体经济组织审查是否符合转让条件、决定是否行使优先回购权、通知集体成员行使优先购买权。

建立城乡统一的房地产价格评估制度。住房的不动产特性决定了价格评估在住房交易中的重要地位。我国城市的房地产价格评估制度已运行多年，为房地产市场健康运行做出了重要贡献，而农村以自发交易为主的现存隐形住房市场，尚缺乏公平公开的市场价格形成机制，更需要构建交易价格评估制度。建议将城市房地产交易价格评估制度直接推广到农村住房市场。房地产交易价格评估不仅可以为农村住房交易双方提供交易价格参考，还能为税收征管提供课税评估、为金融机构提供抵押价值评估，是一项不可或缺的中介服务。

建立城乡统一的不动产交易市场。房地产的不可移动性决定了其交易对象实际上是房地产产权，这使得房地产交易具有抽象性。不动产交易市场可以为房地产交易提供有形交易场所，使抽象的房地产交易更为具体，降低交易风险，保障交易安全。农民文化素质和法制观念相对于城市居民偏弱，更需要通过有形市场进行住房交易，这不仅有利于维护农民的合法权益，还有利于规范交易行为，维护市场秩序。本课题组实地调研发现，不少地区已经建立了不动产交易市场的类似机构，如浙江湖州的“农村综合产权流转交易中心”、湖南浏阳的“农村资源流转交易中心”、陕西高陵的“农村产权交易中心”等。进一步的改革应当在三方面做出努力：首先应普及化，即在全国农村普遍建立不动产交易市场，可考虑在乡镇一级设立不动产交易中心。其次应标准化，由住房和城乡建设部在总结各地实践的基础上，对不动产交易市场的设置目的、设置原则、服务内容、服务流程等制定统一的标准，全国一体施行。最后应综合化，即扩大不动产交易市场的服务范围，不论私产还是公产，只要涉及不动产交易，就应在交易市场完成，并以此作为办理不动产产权转移登记的必要前置条件。不过，为鼓励农村住房进入市场交易，应降低服务收费或免费提供交易服务。

第四节　本章小结

建立农村住宅市场有利于降低已成为既成事实的集体建设用地自发交易流转市场的交易风险，既是土地资源市场化配置改革的必然趋势，又是推动新型城镇化战略、实现城乡一体化发展的需要。从发展经济学的视角看，中国经济的二次发展就是要打破长期以来“城乡二元经济”的枷锁，解放被束缚在土地上的农村剩余劳动力，通过制度改革刺激中国经济发展的潜力。建立农村住宅市场即是突破现行农村住宅制度的重要变革。从新制度经济学的视角看，建立农村住宅市场作为对现行农村住宅制度的一项重要变革，有利于提高生产效率、重新分配收入并重新配置经济机会。

基于市场构成要素理论的分析表明，建立农村住宅市场面临着多重障碍。除宅基地转让受限的法律障碍以外，“产权悖论”引起的农民住房流转意愿不高以及城乡间内外部环境和市场风险的较大差异导致的农村住房租购欲望不强可能是农村住宅市场发展的最大阻力。为此，我们认为，建立农村住宅市场应按照“先赋权、再规范、后统一”的总体步骤有序推进；应基于城乡内外部环境和市场风险的差异化特征，重点考虑城乡住宅市场融合程度（高、低）和农村所处具体区位（城中农村、城郊农村、一般农村和偏远农村）两个因素，划分五类地区，实行差异化的市场构建路径。

第九章　新型城镇化背景下的城乡住房融合[①]

城乡住宅市场、权利和制度的系统融合，是经济关系和资源组织方式的自发式优化，有利于显化农户财产和集体资产，增加劳动力和资本要素的城乡双向流动，助推城乡协调发展。在系统剖析城乡住房融合和构成的基础上，解构其权利为基底、市场为组织和制度为约束的三层融合形态，进而构建“融合度”的表征体系，对我国城乡住房融合现状进行区域层面的“初判”和城市层面的“精判”。分别从资本要素和劳动力要素流动两个视角构建低度融合向高度融合、中度融合向高度融合的多维度融合模式，以此提出两个假说：一是融合将提升农村住房财产化收益和集体组织资本化收益进而缩小城乡差距；二是融合程度与劳动力流动存在正向关系。针对城乡差异较大且住房融合程度不高的地区，从提高制度安排与实施环境匹配性视角构建差异化融合现实路径。研究丰富了发展中经济体的城镇化演进理论，并从住房权利、市场和制度的泛化角度为助推新型城镇化提供了政策启示。

城镇化是把落后的二元经济社会结构转变为一元现代化结构的发展过程，是缩小直至消除城乡差别和地区差别的必然要求。改革开放以来，我国城镇化水平不断提高，从 1978 年的 17.92%已经提升至 2015 年的 56.10%。然而，在持续快速发展的过程中，也逐渐出现各种问题。在城镇化方面，突出表现为城镇化质量不高，即人口城镇化滞后于人口非农化、土地城镇化、工业化和经济发展，“半城镇化”现象突出，城乡发展失衡，

① 本章内容已发表于《公共管理与政策评论》2018 年第 2 期，原标题为《城镇化背景下差异化的城乡住房融合——理论框架与现实路径》，略有删改。

城乡居民收入差距依然巨大。

为实现城乡发展一体化，我国加快了户籍制度和土地制度改革。党的十八届三中全会明确提出：赋予农民更多财产权利。慎重稳妥推进农民住房财产权抵押、担保、转让。2015 年以农村土地征收、集体经营性建设用地入市、宅基地制度改革为代表的“三块地”改革试点全面深入，农村承包土地（耕地）经营权和农民住房财产权（含宅基地使用权）“两权”抵押开展试点。然而，赋权仅是前提，农民住房财产和集体资产价值的最终实现还受到市场及配套制度等诸多因素制约，因此本章提出城乡住房融合思路，以期从权利、市场和制度三个维度构建融合机制，切实促进要素城乡流动。

第一节　城乡住房融合的研究现状

一、城乡住房的相关研究

（一）城乡住房产权

由于我国城市住房已具有完整产权，因此现有相关研究主要关注城市保障性住房的产权问题、农村“小产权房”的确权问题以及农民住房产权问题。首先，关于城市保障性住房的产权问题，存在产权模糊与单一，产权权力不完整、不对称等问题，不利于发挥地方政府的积极性，也不利于保障性住房的长期运营与建设。因此，学者大多认同应重构我国保障性住房产权问题（曾国安，2012）。其次，我国由于快速城镇化而导致的小产权房问题也是学者们关注的焦点。黄日生（2015）、吕萍等（2010）都对小产权房的问题进行了研究，并认为小产权房的确权是解决小产权房问题的重要基础。最后，农村住房的产权问题是学者们一直讨论的问题。大部分学者都认同应赋予农民住房完整产权（赵之枫，2011），以逐步实现农民住房出租、抵押、担保等，提高农民住房财产化收益。厉以宁（2010）研究认为，今后三十年，我国改革的重点将是消除城乡二元体制，赋予农村居民财产权，发放房屋产权证，将承包土地和宅基地的所有权与使用权分离，实现城乡一体化。

（二）城乡住宅市场

已有文献研究城乡住宅市场统一的较少，学者们大多研究城乡土地市场的统一。在为数不多的研究城乡住宅市场的文献中，吕萍等（2013）认为，统一的城乡住宅市场有助于彻底根除小产权房问题，魏凤秀（2012）也提出建立城乡一体的住宅市场的构想，但均未正面研究如何实现城乡住宅市场的统一。在对土地市场的研究中，提高农民收入预期和社会保障水平是增强构建城乡统一建设用地市场中农民意愿的重要途径（邹伟，2011），土地市场化水平与城乡居民收入差距之间呈现倒“U”型关系（钱忠好，2013）。叶兴庆等（2014）从构建城乡统一建设用地市场方面对城乡二元到一元的转变提出了建议。学者们一致认为应该建立开放、竞争、城乡统一而有序的土地市场，城乡统一的土地市场有助于城乡资本、技术、信息、土地要素的合理配置，为城市发展提供空间、为农村发展提供资金，真正达到城乡统筹发展，实现帕累托改进（谭术魁，2009；叶剑平，2009；郑振源，2012）。

（三）城乡住宅制度

现有文献主要从城乡住房保障制度和农村农房制度以及土地制度来研究。在关于城乡住房保障制度方面，吕萍等（2010）提出了构建城乡统一住房保障体系的原则、框架、理论模型和运行机制，以兼顾和解决城市外来人口的住房问题。冯长春等（2010）也认为，大量人口从农村进入城市需要解决居住问题，而现有城市住房体系无法满足这一要求，提出统筹城乡一体化住房体系建议。何绍周等（2012）研究了农民财产性收入增长面临的制度性约束，认为宅基地交易的市场、范围、方式都受到限制，其作为生产要素的价值难以体现农民对宅基地完整的物权，提出应建立统一的市场。在关于农村住宅制度方面的研究中，王文烂（2010）研究发现现行的农村住宅制度使得农民住房产权虚位，农村住房价值严重缩水，这大大限制了农村住房租赁和出售的获益，制约了农民财产性收入的增长。

在从土地制度的角度探讨城乡住房问题时，学者们的观点比较一致。土地制度改革成为我国新型城镇化、农业现代化、城乡一体化、农民市民化、农民权益保障等诸多问题的焦点和难题（贾康等，2015）。有学者认为需改革权利不平等的城乡二元土地所有制结构；建立城乡统一的建设用地市场，从根本上改变土地制度的二元性，实现农民集体土地与城市国有土地的“同地、同价、同权”（付光辉等，2008；刘守英，2014；高圣平等，2007）。城乡非农建设用地市场制度由分割走向整合能提高社会总福利水平，诱致经济当事人进行制度创新，并最终实现城乡非农建设用地市场由分割向整合的变迁（钱忠好，2007）。中国的土地制度改革需要以土地市场化为导向，考虑土地制度的整体性特征，并有相应的顶层设计予以支撑（张耀宇，2016）。中国未来土地制度改革的一个核心突破口就在城乡接合部的城中村与城郊村地段（陶然等，2015）。

二、城乡要素流动的相关研究

（一）城乡劳动力要素流动

已有文献主要探讨劳动力要素流动的意义及影响因素。学者们认为劳动力要素流动的意义在于：一方面，劳动力跨地区的流动和土地跨地区配置，有利于经济发展，长期来看可以提高农村和内地的资源占有量，实现城乡和区域均衡发展（KING-CHI C C et al.，2014；陆铭等，2004）。另一方面，农村移民可以对城镇居民的收入产生正向影响，但这严重依赖于市场化的进程。因此要发挥农村劳动力流动在促进城镇居民收入增长中的作用，深化市场经济体制改革，打破城镇劳动力市场分割非常重要（沈坤荣等，2011）。在探究劳动力要素流动的影响因素时，袁志刚等（2010）研究认为统筹城乡发展要消除阻碍要素流动的各种制度障碍，改变当前扭曲的要素配置状态，建立统一协调的就业和社会保障制度。厉以宁（2010）认为，劳动力流动应该是双向的，即农村居民可以迁往城市，城市居民也可以迁往农村，双向的城乡一体化，有利于建设社会主义新农村和全面建设小康社会与和谐社会。劳动力外流是城镇化、工业化的必然

（王跃梅等，2013），户籍是影响中国城乡流动的最为突出的制度障碍，甚至使得推拉理论失效（李强，2003），农村土地制度对劳动力乡城转移决策也具有重要影响（卢新海等，2010）。

（二）城乡资本要素流动

现有文献主要从土地资本化、集体资产化以及农村金融、农村资产管理的角度研究。城乡之间金融、劳动力等的互通，理论上将会缩小城乡差距，最后促进城镇化（Cobbinah P. B. et al.，2015；张子宸等，2014）。农地是农民最基本的生产资料和重要财产，土地承包经营权流转、农村集体资产股份化、农民房产和宅基地增值收益是财产性收入增长的主要来源（张军，2014），是拓宽农村金融供给渠道、破解农村资金短缺难题的有效途径（刘奇，2014）。但在现实中由于土地制度的约束使其财产收入功能的发挥受到严重影响，所以要提高农民财产性收入就必须改革土地制度（陈学法，2014）。在土地制度改革的基础上，土地资产化让土地真正成为农民财产性收入增长的决定性来源，从而解决农民的生产收入较低的问题（谢毅哲，2014）。改革开放 40 年来，中国仍然处于向农村抽取资金的发展阶段，当代中国应当进入到新的发展阶段上来并对农村投入大量的资源以支持其发展。因此应该采取有效措施对现有的财政和金融政策进行改革。一是继续加大对“三农”的财政资金投入；二是建立普惠型的现代农村金融制度（周振等，2015）。培育完善产权交易市场、完善农村金融市场，在城乡一体化进程中实现和保障农民的财产权利（王在全，2015）。

三、对研究现状的简要评述

已有文献中，学者们从经济学、公共管理和法学等学科对城镇化、城乡住房和城乡要素流动分别做了大量的研究。在城镇化的研究方面，探索了其中出现的城乡关系不协调、城镇化质量不高等问题，并对城镇化中的问题从宏观制度层面做了解释，分析了城乡住宅市场和住宅制度等方面的研究进展，为实现城乡住房与城镇化的后续研究提供了很好的基础。在城乡住房问题的研究方面，已有文献对城镇化中城乡住房产权、市场、制度等问题的研究均有涉及。在城乡要素流动的研究方面，已有文献主要对劳动力及资本要素流动的重要意义及其影响因素等方面做了较多研究，学者们对于要素流动将会推进城乡融合都持肯定态度。可以说，学者们对城镇化、城乡住房和城乡要素流动方面的问题都做了较多的研究，但仍有可以进一步研究的空间：

第一，已有文献多分散地研究城乡融合背景下土地制度、户籍制度以及农民财产权实现、农房流转等与城镇化的关系，缺乏一个系统的框架将权利、市场、制度综合于一体进行研究和对城乡住房融合与城镇化作用机理和路径进行探讨。第二，城乡住房文献大多局限于土地问题探讨，较多地研究建立统一土地市场和土地制度改革，较少从住房角度分析城乡住宅市场一体化、城乡住宅制度统一的可行性。第三，住房方面，对农村住房赋权、城乡住房融合的研究大多停留于表面的现实状况，而缺乏对赋权之后的后续问题、城乡住房应如何融合等问题的深入探究。

基于此，本章拟在已有研究的基础上，从劳动力要素流动与城乡资本要素流动两个渠道入手，从城乡住房产权均等、住宅市场统一和住宅制度一体化三个层面构建城乡住房融合的实现路径，以期在一定程度上弥补现有研究的缺陷，丰富城镇化的相关理论。城乡住房融合对于城镇化质量的提升提供了解决思路，一方面有助于推进以人为本的城镇化，促进城乡统筹发展，另一方面有助于农民财产权的实现、收入的提高，为早日实现全面小康创造条件。

第二节　理论分析：城乡住房融合的内涵及其理论机制

一、内涵界定：权利、市场和制度的三层级融合构想

城乡住房融合是通过城乡居民住房财产权的均等化、城乡住宅市场的一体化以及统一城乡住宅制度的构建，逐渐打破城乡住房二元结构壁垒，促进城乡要素双向流动，达到增加农民财产性和集体资产性收入、缩小城

乡差距及提升城镇化质量的目的。它既是一种政策取向，也是一种现实状态。

城乡住房融合的主要构成表现为权利（R）、市场（M）和制度（I）三个层面的融合。这三者间表现为“三层级”式的结构，即“底层基础→中间组织→顶层规制”，具体为：

住房权利（R）的融合是城乡住房融合的基础，本质是赋予农村和集体组织与城市等同的住房收益、处置和保障等权利集，以期实现“同房、同地、同权、同价”。

住宅市场（M）的融合是在住房权利融合的基础上，通过市场参与主体功能性角色的培育及市场机制的搭建实现农村住房资产的流通与显化。所以说，住宅市场融合是住房资源配置的中间组织（Organization）。

住宅制度（I）的融合是城乡住房融合顶层规制的一体化，即中央层面赋予农村集体与城市等同的制度供给体系，如住房的税收、金融和保障制度等。

城乡住房融合的构成是一种权利、市场和制度的三层级融合，这三者在时间和结构上同时表征着住房融合，三者的联合和演化构成了城乡住房融合的表征体系。权利、市场和制度遵从基础、组织和顶层规则这样的层级结构（见图 9-1）。

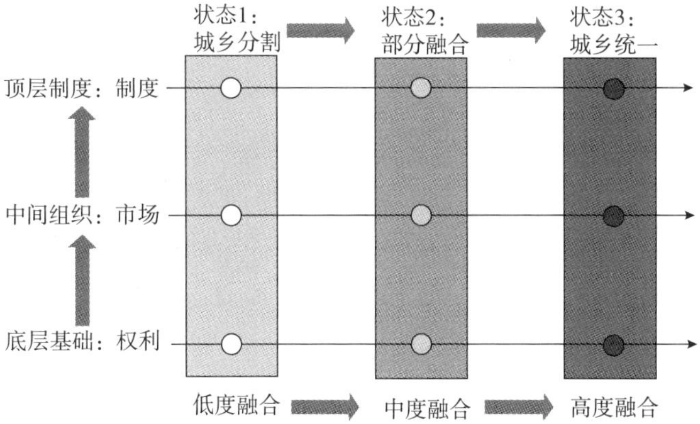

图 9-1　城乡住房融合的构成及其表征

注：○完全分割　◎部分融合　●完全融合

针对每一层级，依据其发展轨迹，细分出“城乡分割”“部分融合”和“城乡统一”这三个演化节点，各节点的联合刻画出城乡住房融合的三种状态，即“状态1（低度融合）”“状态2（中度融合）”和“状态3（高度融合）”。每种状态对应着不同的 R、M 和 I 的组合，其中，“状态1”对应城乡差异化的权利、城乡分割的市场和城乡二元化的制度安排；“状态2”是城乡分割的住房权利、市场和制度集合向统一集合的过渡状态；“状态3”对应城乡均等的权利、融合的市场和统一的制度安排，也是合意状态。

以城乡发展经济差异（居民收入差距等）和城乡建设差异（公共服务差异等）两个轴向实现对区域层面的城乡融合现状的“初判”，在此基础上，从城乡住房的权利供给、市场关系及组织和制度安排构成的三层级表征体系，实现区域层面和城市层面城乡住房融合程度的“精判”，并以此选择调查和研究区域。

二、理论机制：资本和劳动力要素构成的多维度融合路径

城乡住房融合时以生产要素城乡流动机制的系统化构建为立足点，建立更为合理和完备的多维度城乡住房融合机制的研究范式。

（一）城乡住房融合：资本要素的流动

由于融合程度及地区禀赋的差异，城乡住房融合也呈现多种状态，具体划分为：低度融合、中度融合和高度融合，不同状态资本要素流动存在差异，也对应着差异化的融合机制。

假定城市经济发展模式和发展绩效不变，农村和城市均有一个可以表示其发展的典型组织，分别称为“集体” r 和“社区” u。城乡住房融合主要通过农村住房的市场 M、制度 I 和权利 R 这三个要素的创新供给来实现，具体表示为：

$$\frac{\underset{h,k}{\mathrm{Max}}\, D_r[M_r(h,\ k,\ e),\ I_r(h,\ k,\ e),\ R_r(h,\ k,\ e)]}{\mathrm{Max}\ D_u[M_u(H,\ K,\ E),\ I_u(H,\ K,\ E),\ R_u(H,\ K,\ E)]}=Q_{r,u} \quad (9-1)$$

式（9-1）中，$D(\cdot)$ 表示发展收益的复合函数，且为连续可微。h、

k、e 分别为农村住房财产化收益、集体组织资产化收益和其他收益；H、K、E 分别表示城市住房财产化收益、社区组织资产化收益和其他收益。M、I 和 R 均为财产化收益、资产化收益和其他收益的函数。$Q_{r,u}$（$0<Q_{r,u}\leq 1$）表示城乡住房融合后城乡协调发展的程度。城乡住房融合程度越高，$Q_{r,u}$越高，城乡越协调发展；反之越低。一般情况下 $0<Q_{r,u}<1$，期望通过提高城乡住房融合，增加农村住房财产化收益和集体组织资产化收益，提升城镇化水平，表示为：

$$\frac{\partial Q_{r,u}}{\partial h}>0,\ \frac{\partial Q_{r,u}}{\partial k}>0,\ Q_{r,u}\xrightarrow{h,\ k}1。$$

因此，可将农村住房资产化收益（h）和集体组织财产化收益（k）作为主要着力点，探索实现由城乡住房权利的均等（层级Ⅰ）、城乡住宅市场的一体化（层级Ⅱ）和城乡住宅制度的统一（层级Ⅲ）构成的多层级城乡住房融合体系及其影响和作用。逻辑过程如图 9-2 所示。

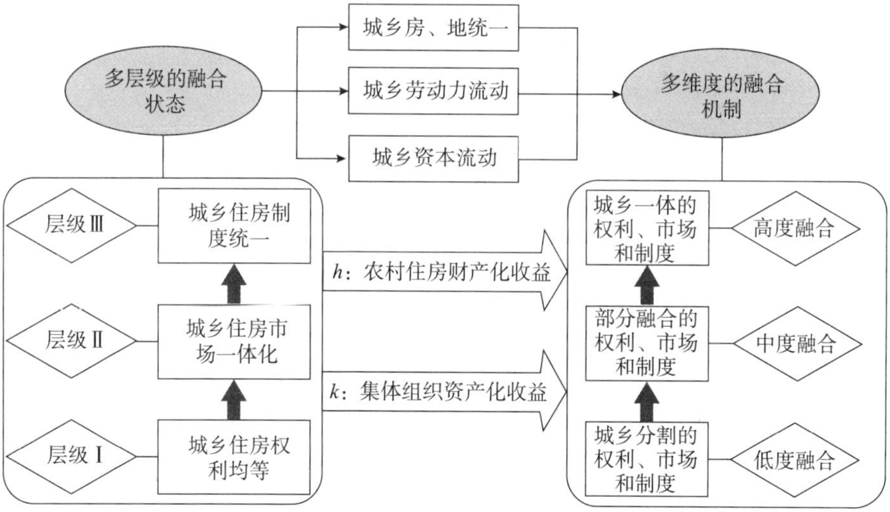

图 9-2　多层级的城乡住房融合状态与多维度的融合机制

综上，提出一个助推的框架性假说：

假说 1：多层级的城乡住房融合可以推动城乡资本要素的流动，提升农村住房财产化收益（h）和集体组织资本化收益（k），进而缩小城乡差距，提升城镇化质量。

r 和 u 的效用来源于住房财产收益 $h(H)$ 和集体（或社区）资产收益 $k(K)$，r 的总收益曲线为 BL_r，u 的总收益曲线为 BL_u，对应的效用曲线分别为 IC_r 和 IC_u，收益曲线和效用曲线的交点分别为 c' 和 c''。这样就可以通过 r 和 u 的效用面积差来体现城乡发展的差距，进而提出如何弥补两者差距的对策。由于不同融合程度对应不同的融合机制，所以针对不同维度进行论述。

（1）低度融合模式：中间过渡

对于低度融合的农村地区来说，农村住房的财产化收益要远低于城市，所以首要任务是提高该地区的住房财产化收益 h，这时候收益线由 BL_r 转变为 $BL_{r,u}$（见图 9-3），效用曲线由 IC_r 转变为 $IC_{r,u}$。城乡效用差距由之前的 $HhkK$ 缩小至 $Hh_{r,u}k_{r,u}K$。之后再通过集体资产化收益的提升，如对超额面积的农村住房征税，或由集体组织实现单个农村住房的集中化管理运营等提高集体资产收益，将 $BL_{r,u}$ 转变为 BL_u，最终达到消除城乡发展差距的目的。

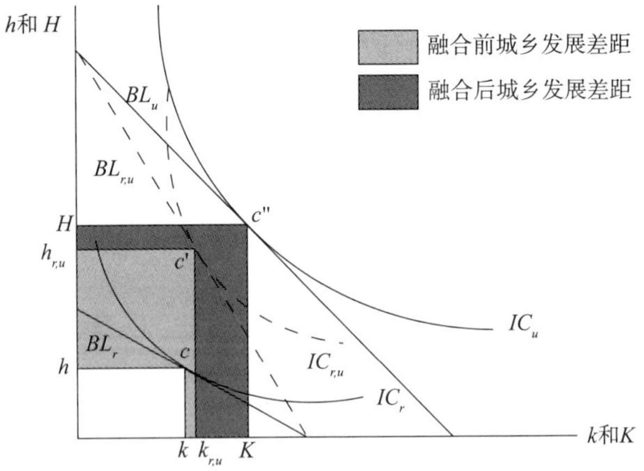

图 9-3　低度融合转变为高度融合：中间过渡模式

通过低度融合模型，可得到总体假说的一个扩展性假说：

扩展假说 1：对于城乡住房低度融合地区而言，城乡住房融合需经历中度融合这一过渡状态才能最终实现城乡住房高度融合，同时融合路径应为“三管齐下”模式，即同时实现城乡住房权利均等、市场一体化和制度统一，进而实现农户财产和集体资产收益的增加。

(2) 中度融合模式：有序逼近

对于中度融合的农村地区来说，由于“不正规”的住宅市场的存在，该地区农村住房的财产化收益并不比城市居民低多少，甚至要高于城市居民，但该地区的基础设施或公共服务却相对较差。所以，首要任务是提升集体资产收益，并用于改善基础设施和公共服务，表现为收益线由 BL_r 转变为 $BL_{r,u}$（见图 9-4），效用曲线由 IC_r 转变为 $IC_{r,u}$。城乡效用差由之前的 Hh_rk_rK 缩小至 $Hh_{r,u}k_{r,u}K$。之后再通过规制农村住房财产化渠道，如将部分农村住房以出售或出租的形式转变为城市低收入群体住房或公共住房等，使得 $BL_{r,u}$ 上升至 BL_u，最终达到农村发展水平提升和消除城乡发展差距的目的。

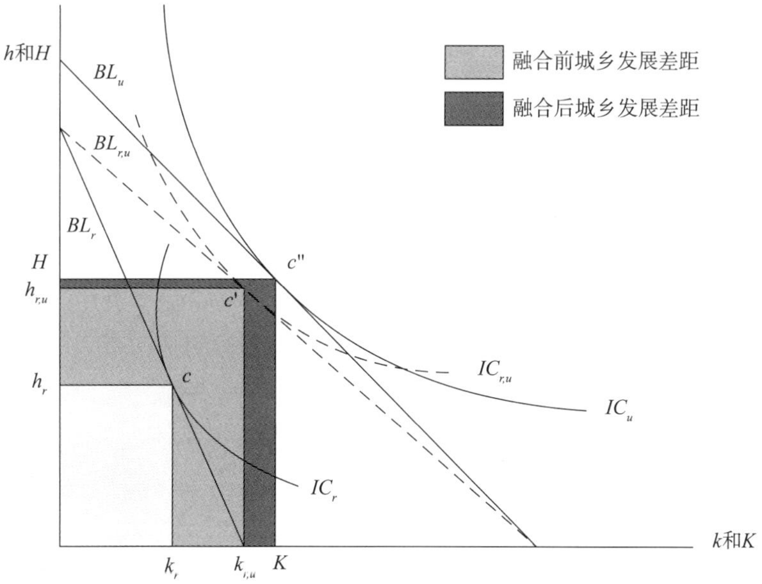

图 9-4 中度融合转变为高度融合：有序逼近模式

基于上述理论分析，得到以下扩展假说：

扩展假说2：对于中度融合地区而言，城乡住房融合呈现出有序逼近的状态，融合的路径主要是"两端发力"模式，即着力实现基础层级的城乡住房权利均等和高层级的城乡住宅制度统一，进而实现农户财产和集体资产收益的增加。

（二）城乡住房融合：劳动力要素流动

劳动力要素流动的微观基础是居民个体的迁移行为选择（Fattah H A et al.，2015；Jeanty P W et al.，2010），而迁移行为是否发生则源于被动型和主动型两方面。被动型迁移：居民个体的"心理账户"（Mental Accounting）。即若"迁入区"（Immigration Area）带来的预期收益大于"迁出区"（Emigration）的现实收益，则迁移行为发生；反之，不产生迁移行为。具体可以借助Rabe和Taylor的迁移人口效用函数来表示（Rabe B et al.，2012），具体为：

$$M_i = f(\Delta Y_i, \Delta E_i, \Delta P, C_i) \tag{9-2}$$

式（9-2）中，M为居民i的被动迁移行为，ΔY为迁移前后的劳动报酬差，ΔE为迁移前后的社会福利或公共服务差，ΔP为迁移前后的价格水平差，C为迁入地的生活成本。

主动型迁移：居民个体的"财富效应"（Wealth Effect）。个人财产性收益的增加促使微观主体产生增加消费的诉求（Cheng Z et al.，2014），进而使得微观主体向更有利于增加消费的地区迁移，而这些地区由于消费对投资的带动效应，社会福利、基础设施和公共服务要优于其他地区。表示为：

$$M_i' = D(k, e) - g(E, H, S) \tag{9-3}$$

式（9-3）中，M'为主动迁移行为，D为个体收入，其是个体财产性收益k和其他收益e的增函数。g为优势地区的综合成本，其是社会保障E、居住环境H和公共服务S的增函数。

微观主体究竟采取主动迁移行为还是被动迁移行为，主要的决策变量是城乡住房融合程度（表示为δ）的差异。所以主动型迁移的"心理账户"模型和被动迁移的"财富效应"模型均需以城乡住房融合程度δ为前提条件，据此将这两类模型综合表示：

$$M_i=\begin{cases}f(\Delta Y_i,\ \Delta E_i,\ \Delta P,\ C_i;\ \delta)\ \text{if}\ \delta\to 0\\ D(k_i,\ e_i;\ \delta)-g(E_i,\ H_i,\ S_i)\ \text{if}\ \delta\to 1\end{cases}\tag{9-4}$$

式（9-4）中，M 为迁移行为，即劳动力要素的流动。δ 为城乡住房融合度，$\delta\in[0,\ 1]$，δ 越小，融合度越低；$\delta=1$ 表示城乡住房完全融合，$\delta=0$ 表示完全不融合。i 表示劳动力个体，即农户个体。其他变量的含义均与上文一致。式（9-4）的经济含义是：若城乡住房融合度较低，农户个体缺乏个人住房财富的显化渠道，其迁移行为受制于就业和社会保障的影响，因而是一种被动的迁移模式；若城乡住房融合度较高，农户个体住房财富效应将得以显化，其迁移行为的逻辑本质是社会福利、居住环境和公共服务的享有，因而是一种主动的迁移模式。基于这样的经济含义，提出假说 2：

假说 2：城乡劳动力要素流动的程度与城乡住房融合程度密不可分。若城乡住房融合程度较高，农户个体采取“财富效应”推动下的主动迁移模式，城乡劳动力要素流动程度将提高。若城乡住房融合程度较低，农户个体采取“心理账户”牵制下的被动迁移模式，劳动力要素流动程度较低。

第三节　城乡住房融合的现实路径

从权利、市场和制度三方面着手提升城乡住房融合水平。首先，应赋予农民和集体与市民同等的住房财产权利，实现“同房、同权、同价”，其中处置权是核心。其次，应着力培育城乡住宅市场主体、建立城乡一体化的住宅市场机制，尤其是农村地区，应重点规范非正规住宅市场。最后，应推进城乡住宅制度和住房供地制度由二元向一元的转变，建立城乡统一的住房供地、住房保障及配套财税制度。

同时，差异化是融合路径构建之关键。具体来讲，城乡差异较大且城乡住房融合程度不高的地区，更需要通过提升城乡住房融合水平以促进资本和劳动力要素在城乡间的顺畅流动。

城乡住房融合由权利、市场和制度构成，三者子要素的不同组合，表现出不同的融合路径。权利集主要包括处置权、收益权、抵押权等；市场由市场价格、交易平台、交易规则等构成；制度涵盖住房用地制度、住房保障制度、财税制度等。融合路径的构建思路如图 9-5 所示。在促进由 $R_LM_LI_L$ 向 $R_HM_HI_H$ 演进的中度过渡模式中，以及由 $R_MM_MI_M$ 向 $R_HM_HI_H$ 演进的逼近模式中，将权利、市场和制度各子要素进行三维组合，构建出两种不同路径（见图 9-5）。

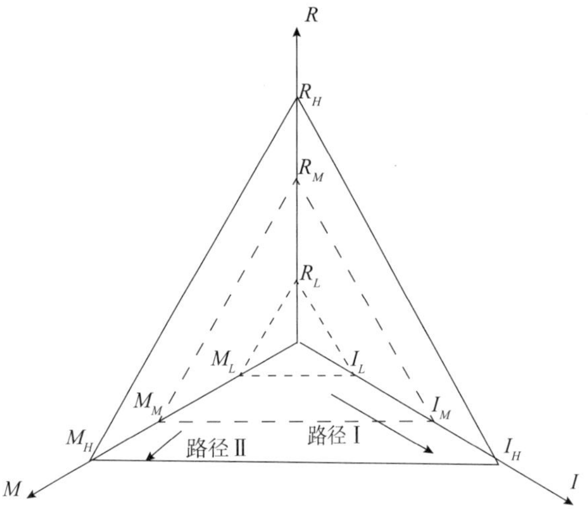

图 9-5　城乡住房融合的现实路径

图 9-5 中，R、M、I 分别表示权利、市场和制度，下标 i（i=H、M、L）分别表示子要素城乡融合的高、中、低水平，平面 $R_HM_HI_H$、$R_MM_MI_M$、$R_LM_LI_L$ 分别为城乡住房融合的高、中、低状态。

路径Ⅰ，"三管齐下"模式，即权利、市场和制度要协调和共同作用，着力实现城乡住房权利均等、市场一体化和制度统一。重点培育农村地区市场主体、完善市场机制，实行"多予少取"的财税制度等。

路径Ⅱ，"两端发力"模式，即着力实现城乡住房权利均等和城乡住宅制度统一。重点推进实现城乡统一的住宅制度、住房保障制度和住房供地制度，实行“多取少予”的财税制度等。

第四节　本章小结

通过城乡住房融合，促进城乡统一要素市场的形成，逐渐显化农民住房财产价值和集体组织资产价值，不仅能增加农民财产性收入，缩小城乡居民收入差距，进而提高农村转移人口城市定居能力，还将促进集体经济自身发展，增加农村发展活力，避免农村衰落，实现城镇化和新农村建设协调推进。另外，将有利于从制度根源上解决“城中村”“小产权房”和“空心村”等城镇化顽疾。

系统研究快速城镇化背景下人、地、房的矛盾协调问题，触及城乡建设用地市场统一、宅基地制度和农民住房财产权等改革的实质层面，对这些问题的理论探索对当前城乡土地制度改革和创新城乡住宅制度的改革实践有重要参考价值。

参考文献

[1] Altman I. Challenges and opportunities of a transactional world view: Case study of contemporary Mormon polygynous families [J]. American Journal of Community Psychology, 1993, 21 (2): 135-163.

[2] Ayers S. L., Marsiglia F. F., Hoffman S., et al. Mexican adolescents' risky sexual behavior and migration intentions [J]. International Journal of Migration, Health and Social Care, 2012, 8 (2): 56-71.

[3] Brown P. H., Bulte E., Zhang X. Positional spending and status seeking in rural China [J]. Journal of Development Economics, 2011, 96 (1): 139-149.

[4] Cheng Z., Nielsen I., Smyth R. Access to social insurance in urban China: A comparative study of rural-urban and urban-urban migrants in Beijing [J]. Habitat International, 2014 (41): 243-252.

[5] Chernina E., Castañeda Dower P, Markevich A. Property rights, land liquidity, and internal migration [J]. Journal of Development Economics, 2014 (110): 191-215.

[6] Cobbinah P. B., Erdiaw-Kwasie M. O., Amoateng P. Rethinking sustainable development within the framework of poverty and urbanization in developing countries [J]. Environmental Development, 2015 (13): 18-32.

[7] Cojocaru A. Does relative deprivation matter in developing countries: Evidence from six transition economies [J]. Social Indicators Research, Springer Netherlands, 2016, 125 (3): 735-756.

[8] Davis L., North D. C., Smorodin C. Institutional change and American economic growth [M]. University Press, 1971.

[9] De Brauw A., Mueller V. Do limitations in land rights transferability influence mobility rates in Ethiopia [J]. Journal of African Economies, 2012, 21 (4): 548-579.

[10] Fattah H. A., Salleh A. G., Badarulzaman N., et al. Factors affecting residential mobility among households in Penang, Malaysia [J]. Procedia-Social and Behavioral Sciences, 2015 (170): 516-526.

[11] Field E. Entitled to work: Urban property rights and labor supply in Peru [J]. Quarterly Journal of Economics, 2007, 122 (4): 1561-1602.

[12] Jeanty P. W., Partridge M., Irwin E. Estimation of a spatial simultaneous equation model of population migration and housing price dynamics [J]. Regional Science & Urban Economics, 2010, 40 (5): 343-352.

[13] Jin L. Migration, Relative deprivation, and psychological well-being in China [J]. American Behavioral Scientist, 2016, 60 (5-6): 750-770.

[14] Jin S., Deininger K. Land rental markets in the process of rural structural transformation: Productivity and equity impacts from China [J]. Journal of Comparative Economics, 2009, 37 (4): 629-646.

[15] Jin S., Jayne T. Land rental markets in Kenya: Implications for efficiency, equity, household income, and poverty [J]. Land Economics, 2013, 89 (2): 246-271.

[16] Kaushal N., Kaestner R. Chapter 6 geographic dispersion and internal migration of immigrants [J]. Frontiers of Economics and Globalization, 2010 (8): 137-173.

[17] King-Chi C. C., Khalid N. Changing labor regulations and labor standards in china: Retrospect and challenges [J]. International Labor Review, 2014, 153 (4): 513-535.

[18] Kung J. K-S. Off-Farm labor markets and the emergence of land rental markets in Rural China [J]. Journal of Comparative Economics, 2002, 30 (2): 395-414.

［19］ Lewis W. Arthur. Economic development with unlimited supplies of labour ［J］. Manchester School, 1954 (22): 139-191.

［20］ Major B. From social inequality to personal entitlement: The role of social comparisons, legitimacy appraisals, and group membership ［J］. Advances in Experimental Social Psychology, Academic Press, 1994, 26 (C): 293-355.

［21］ Mankiw N. G. Principles of macroeconomics ［M］. USA: Cengage Learning, 2014: 66-67.

［22］ Mullan K., Grosjean P., Kontoleon A. Land tenure arrangements and rural-urban migration in China ［J］. World Development, 2011, 39 (1): 123-133.

［23］ Pressat R, Wilson C. The dictionary of demography ［M］. UK: Oxford, 1985: 225.

［24］ Qian Forrest Z., Ma Q., Xu X. Development of Land Rental Markets in Rural Zhejiang: Growth of Off-farm Jobs and Institution Building ［J］. China Quarterly, 2004 (180): 1050.

［25］ Rabe B., Taylor M. P. Differences in opportunities? Wage, employment and house-price effects on migration ［J］. Oxford Bulletin of Economics and Statistics, 2012, 74 (6): 831-855.

［26］ Ravallion M., Lokshin M. Who cares about relative deprivation ［J］. Journal of Economic Behavior and Organization, 2010, 73 (2): 171-185.

［27］ Rosenstein-Rodan P. N. Problems of industrialisation of eastern and south-eastern Europe ［J］. The economic journal, 1943, 53 (210/211): 202-211.

［28］ Runciman. Relative deprivation and social justice: A study of attitudes to social inequality in twentieth-century england ［M］. Berkeley and Los Angeles: University of California Press, 1966.

［29］ Rupelle M. D. L., Deng Q., Li S., et al. Land rights insecurity and temporary migration in rural China ［J］. PSE Working Papers, 2009.

[30] Sampson R. J. Local friendship ties and community attachment in mass society：A multilevel systemic model [J]. American Sociological Review, 1988：766-779.

[31] Smith H. J., Pettigrew T. F., Pippin G. M., et al. Relative deprivation：A theoretical and meta-analytic review [J]. Personality and Social Psychology Review, 2012, 16 (3)：203-232.

[32] Smith H. J., Pettigrew T. F. Advances in relative deprivation theory and research [J]. Social Justice Research, 2015, 28 (1)：1-6.

[33] Solow Robert. A contribution to the theory of economic growth [J]. Quarterly Journal of Economics, 1956 (70)：65-94.

[34] Song H., Thisse J. F., Zhu X. Urbanization and/or rural industrialization in China [J]. Regional Science & Urban Economics, 2012, 42 (1-2)：126-134.

[35] Stark O., Taylor J. E. Migration incentives, migration types：The role of relative deprivation [J]. Economic Journal, 1991, 101 (408)：1163-78.

[36] Tark O., Bloom D. E. The new economics of labor migration [J]. American Economic Review, 1985, 75 (2)：173-178.

[37] Upadhyay H., Kelman I., Mishra A., et al. Conceptualizing and contextualizing research and policy for links between climate change and migration [J]. International Journal of Climate Change Strategies and Management, 2015, 7 (3)：394-417.

[38] Zhao Y. Labor migration and earnings differences：The case of rural China [J]. Economic Development and Cultural Change, 1999, 47 (4)：767-782.

[39] 安勇，王拉娣. 房地产财富效应的城市差异——以中国35个大中城市为例 [J]. 城市问题，2016 (2)：65-71.

[40] 白宝玉，孙闰松，胡巧，等. 心理特权：概念、测量及相关研究 [J]. 心理科学进展，2017，25 (6)：1025-1035.

［41］鲍家伟．实施人地挂钩　促进农民工融入城镇［J］．宏观经济管理，2015（11）：63-65.

［42］布罗姆利．经济利益与经济制度［M］．上海：上海三联书店，1996：153-172.

［43］蔡昉，都阳，王美艳．劳动力流动的政治经济学［M］．上海：上海人民出版社，2003.

［44］蔡昉，都阳．迁移的双重动因及其政策含义——检验相对贫困假说［J］．中国人口科学，2002（4）：1-7.

［45］蔡昉．农村剩余劳动力流动的制度性障碍分析——解释流动与差距同时扩大的悖论［J］．经济学动态，2005（1）：35-39.

［46］蔡昉．人口迁移和流动的成因、趋势与政策［J］．中国人口科学，1995（6）：8-16.

［47］蔡昉．人口转变、人口红利与刘易斯转折点［J］．经济研究，2010（4）：4-13.

［48］蔡继明．小产权房的制度根源及治理方略［J］．理论前沿，2009（22）：25-28.

［49］曹亚，陈浩．劳动力流迁就业、资本逆向输出与农地流转分析［J］．中国人口科学，2010（3）：35-45.

［50］常红晓，苏丹丹．“农地入市”开闸［J］．财经，2005（18）：92-95.

［51］陈崇，葛扬．房地产价格波动的储蓄效应研究：1997—2008——基于省际面板数据的实证检验［J］．产业经济研究，2011（3）：72-78.

［52］陈丰．从“虚城市化”到市民化：农民工城市化的现实路径［J］．社会科学，2007（2）：110-112.

［53］陈峰，姚潇颖，李鲲鹏．中国中高收入家庭的住房财富效应及其结构性差异［J］．世界经济，2013（9）：139-160.

［54］陈浩，陈中伟．农村劳动力迁移与土地流转动态不一致分析——

基于河南省进城务工农村劳动力的调查 [J]. 西北人口，2013 (5)：63-68.

[55] 陈健，陈杰，高波. 信贷约束、房价与居民消费率——基于面板门槛模型的研究 [J]. 金融研究，2012 (4)：45-57.

[56] 陈健，黄少安. 遗产动机与财富效应的权衡：以房养老可行吗? [J]. 经济研究，2013 (9)：56-70.

[57] 陈利根，成程. 基于农民福利的宅基地流转模式比较与路径选择 [J]. 中国土地科学，2012 (10)：69-76.

[58] 陈卫华，吕萍，钟荣桂. 基于宅基地制度改革推进中国农村住宅制度建设 [J]. 中国土地科学，2017，31 (12)：69-76.

[59] 陈卫华，吕萍. 农村住宅市场衍化条件与发展模式研究——基于案例调研的分析 [J]. 河北学刊，2017，37 (5)：132-137.

[60] 陈卫华，吕萍. 新型城镇化目标下农村住房隐形市场规制：堵抑或疏 [J]. 现代经济探讨，2017 (10)：96-103.

[61] 陈伟. 中国房市和股市财富效应之比较实证分析 (1994—2013) [J]. 首都师范大学学报 (社会科学版)，2015 (2)：69-79.

[62] 陈锡文. 当前我国农村改革发展面临的几个重大问题 [J]. 农业经济问题，2013 (1)：4-6.

[63] 陈霄. 农民宅基地退出意愿的影响因素——基于重庆市"两翼"地区 1012 户农户的实证分析 [J]. 中国农村观察，2012 (3)：26-36+96.

[64] 陈小君，蒋省三. 宅基地使用权制度：规范解析、实践挑战及其立法回应 [J]. 管理世界，2010 (10)：1-12.

[65] 陈小君. 农村集体土地征收的法理反思与制度重构 [J]. 中国法学，2012 (1)：33-44.

[66] 陈晓君. 土地资产化与农民财产性收入的关联性分析 [J]. 新疆财经大学学报，2012 (1)：5-1.

[67] 陈学法. 长三角统筹土地制度变革的路径——从区域内统筹向跨区域统筹转变 [J]. 复旦大学学报 (社会科学版)，2014，56 (3)：124-132.

[68] 陈训波，周伟. 家庭财富与中国城镇居民消费：来自微观层面

的证据［J］. 中国经济问题，2013（2）：46-55.

［69］陈燕芽. 新型城镇化建设与农民土地权益保护之关系辨析——基于“三块地”改革的视角［J］. 广西大学学报（哲学社会科学版），2017（6）：63-68+75.

［70］陈昭玖，胡雯. 人力资本、地缘特征与农民工市民化意愿——基于结构方程模型的实证分析［J］. 农业技术经济，2016（1）：37-47.

［71］程传兴，张良悦，赵翠萍. 土地资产置换与农村劳动力城市化迁移［J］. 中州学刊，2013（9）：36-42.

［72］程名望，史清华，徐剑侠. 中国农村劳动力转移动因与障碍的一种解释［J］. 经济研究，2006（4）：68-78.

［73］程名望，史清华，许洁. 就业半径、就业机会、社会关系网络与农村劳动力转移［J］. 南方人口，2014（6）：55-63.

［74］崔会. 农村土地承包经营权流转对农民实际收入的影响分析［J］. 特区经济，2013（6）：93-95.

［75］戴颖杰，周奎省. 房价变动对居民消费行为影响的实证分析［J］. 宏观经济研究，2012（3）：73-79.

［76］道格拉斯·C. 诺思. 经济史中的结构与变迁［M］. 上海：上海三联出版社，1991.

［77］道格拉斯·C. 诺思. 制度、制度变迁与经济绩效［M］. 上海：上海三联出版社，1994.

［78］邓蓉. 征地制度改革对县域财政的影响分析及其思考——以西部某试点县为例［J］. 理论与改革，2017（1）：26-32.

［79］邓卫华，田建军. “空心化”之痛［N］. 经济参考报，2012-09-10（5）.

［80］邓玮. 话语赋权：新生代农民工城市融入的新路径［J］. 中国行政管理，2016（3）：109-115.

［81］丁琳琳，吴群. 财产权制度、资源禀赋与农民土地财产性收入——基于江苏省1744份农户问卷调查的实证研究［J］. 云南财经大学学报，2015

(3): 80-88.

[82] 董向荣. 为什么韩国的“农民工”较快地融入了城市? [J]. 国际经济评论, 2014 (3): 88-100.

[83] 董昕. 房价压力、房租负担与人口持久性迁移意愿 [J]. 财经问题研究, 2016 (3): 3-10.

[84] 董昕. 住房支付能力与农业转移人口的持久性迁移意愿 [J]. 中国人口科学, 2015 (6): 91-99+128.

[85] 杜莉, 沈建光, 潘春阳. 房价上升对城镇居民平均消费倾向的影响——基于上海市入户调查数据的实证研究 [J]. 金融研究, 2013 (3): 44-57.

[86] 范晓非, 王千, 高铁梅. 预期城乡收入差距及其对我国农村劳动力转移的影响 [J]. 数量经济技术经济研究, 2013 (7): 20-35.

[87] 菲尼. 制度安排的需求与供给 [M]. 北京: 商务印书馆, 1992.

[88] 丰雷, 蒋妍, 叶剑平. 诱致性制度变迁还是强制性制度变迁? ——中国农村土地调整的制度演进及地区差异研究 [J]. 经济研究, 2013 (6): 4-18.

[89] 冯雷. 中国城乡一体化的理论与实践 [J]. 中国农村经济, 1999 (1): 69-72.

[90] 伏绍宏, 洪运, 唐欣欣. 集体经营性建设用地入市收益分配机制: 现实考量与路径选择——以郫都区为例 [J]. 农村经济, 2017 (10): 37-43.

[91] 付光辉, 刘友兆, 吴冠岑. 论城乡统筹发展背景下城乡统一土地市场构建 [J]. 中国土地科学, 2008, 22 (2): 36-41.

[92] 傅伯仁, 李爱宗, 张亮, 等. 促进农村劳动力成功转移: 对五大制度的审视 [J]. 西北农林科技大学学报 (社会科学版), 2010 (5): 1-5.

[93] 傅晨, 任辉. 农业转移人口市民化背景下农村土地制度创新的机理: 一个分析框架 [J]. 经济学家, 2014 (3): 74-83.

[94] 高春亮, 魏后凯. 中国城镇化趋势预测研究 [J]. 当代经济科

学，2013（4）：85-90+127.

［95］高圣平，刘守英．集体建设用地进入市场：现实与法律困境［J］．管理世界，2007（3）：158-159.

［96］高圣平，刘守英．宅基地使用权初始取得制度研究［J］．中国土地科学，2007（2）：31-37.

［97］高圣平．宅基地性质再认识［J］．中国土地，2010（1）：20-24.

［98］高圣平．宅基地制度改革试点的法律逻辑［J］．烟台大学学报（哲学社会科学版），2015（3）：23-36.

［99］龚晶，赵姜．农民工社会排斥水平测度——以北京、河南和山东农民工为例［J］．调研世界，2015（8）：38-41.

［100］辜胜阻，吴永斌，李睿．当前农地产权与流转制度改革研究［J］．经济与管理，2015（4）：5-9.

［101］顾纪瑞，任新保．试论江苏省的经济发展战略目标和人口城镇化的趋势［J］．人口与经济，1983（3）：39-43.

［102］关海玲，丁晶珂，赵静．产业结构转型对农村劳动力转移吸纳效率的实证分析［J］．经济问题，2015（2）：81-85.

［103］关江华，黄朝禧，胡银根．基于 Logistic 回归模型的农户宅基地流转意愿研究——以微观福利为视角［J］．经济地理，2013a（8）：128-133.

［104］关江华，黄朝禧，胡银根．农户宅基地流转意愿差异及其驱动力研究——基于农户可持续生计视角［J］．资源科学，2013b（11）：2266-2272.

［105］郭贯成，李金景．经济欠发达地区农村宅基地流转的地域差异研究——以河北省张家口市为例［J］．资源科学，2014（6）：1229-1234.

［106］郭进，徐盈之．城镇化与工业化协调发展：现实基础与水平测度［J］．经济评论，2016（4）：39-49.

［107］国务院发展研究中心农村部课题组，叶兴庆，徐小青．从城乡二元到城乡一体——我国城乡二元体制的突出矛盾与未来走向［J］．管理世界，2014（9）：1-12.

［108］ Hodgetts D. 社会心理学与日常生活［M］. 张荣华译. 北京：中国轻工业出版社，2012.

［109］ 韩俊强，孟颖颖. 农民工城市融合：概念厘定与理论阐释［J］. 江西社会科学，2013a（8）：209-213.

［110］ 韩俊强，孟颖颖. 农民工城市融合的测度：一个理论延展［J］. 西北大学学报（哲学社会科学版），2013b（5）：147-152.

［111］ 韩俊强. 农民工住房与城市融合——来自武汉市的调查［J］. 中国人口科学，2013（2）：118-125+128.

［112］ 韩兆洲，孔丽娜. 城镇化内涵及影响因素分析［J］. 南方农村，2005（1）：40-42.

［113］ 郝立丽，张滨. 基于偏最小二乘 Logistic 模型的农村劳动力转移决策研究［J］. 统计与决策，2014（23）：68-71.

［114］ 何梅. 建立城乡一体化房地产市场的对策研究［J］. 调研世界，2010（8）：41-43.

［115］ 何绍周，彭博，马也. 农民财产性收入增长面临的制度性约束——基于市场和法治的视角［J］. 农业技术经济，2012（6）：95-100.

［116］ 贺雪峰，魏继华. 地利共享是中国土地制度的核心［J］. 学习与实践，2012（6）：80-83.

［117］ 贺雪峰. 地权的逻辑Ⅱ：地权变革的真相与谬误［M］. 北京：东方出版社，2013.

［118］ 贺雪峰. 三项土地制度改革试点中的土地利用问题［J］. 中南大学学报（社会科学版），2018（3）：1-9.

［119］ 洪小良. 城市农民工的家庭迁移行为及影响因素研究——以北京市为例［J］. 中国人口科学，2007（6）：42-50.

［120］ 胡方芳，蒲春玲，陈前利. 欠发达地区农民宅基地流转意愿影响因素［J］. 中国人口·资源与环境，2014（4）：116-126.

［121］ 胡红斌. 农村土地流转与农民增收的关系［J］. 商业经济，2014（18）：26-28.

［122］胡建．农村宅基地使用权有限抵押法律制度的构建与配套［J］．农业经济问题，2015（4）：38-43.

［123］胡建．农村宅基地有限抵押制度的证成与支撑［J］．中国软科学，2015（7）：13-19.

［124］胡康生．中华人民共和国物权法释义［M］．北京：法律出版社，2007.

［125］胡书芝，刘桂生．住房获得与乡城移民家庭的城市融入［J］．经济地理，2012，32（4）：72-76.

［126］胡亦琴．农村土地市场化进程中的政府规制研究［M］．北京：经济管理出版社，2009.

［127］胡银根，王聪，廖成泉，等．不同治理结构下农村宅基地有偿退出模式探析——以金寨、蓟州、义乌 3 个典型试点为例［J］．资源开发与市场，2017（12）：1411-1416.

［128］华生．进城农民工的土地权益是改革的核心［J］．农村工作通讯，2013（16）：44-44.

［129］黄建水，王星，张志林．长垣县推进集体经营性建设用地入市试点工作研究［J］．河南工业大学学报（社会科学版），2016，12（4）：52-56.

［130］黄静，屠梅曾．房地产财富与消费：来自于家庭微观调查数据的证据［J］．管理世界，2009（7）：35-45.

［131］黄锟．城乡二元制度对农民工市民化影响的实证分析［J］．中国人口·资源与环境，2011（3）：76-81.

［132］黄日生．法经济学视角下小产权房的成因及治理对策［J］．经济体制改革，2015（6）：78-83.

［133］黄贤金．中国农村土地市场运行机理分析［J］．江海学刊，2001（2）：9-15.

［134］黄小虎．关于农村非农用地进入市场问题［J］．中国农村经济，1995（2）：40-43.

[135] 黄玉玺，李军．我国农村住房发展的主要矛盾及影响因素分析[J]．现代经济探讨，2015 (7)：83-87.

[136] 黄中显．集体土地“隐形”市场的法律对策 [J]．经济与社会发展，2006，4 (12)：147-153.

[137] 黄忠华，杜雪君，虞晓芬．地权诉求、宅基地流转与农村劳动力转移 [J]．公共管理学报，2012 (3)：51-59.

[138] 黄忠华，杜雪君．农村土地制度安排是否阻碍农民工市民化：托达罗模型拓展和义乌市实证分析 [J]．中国土地科学，2014 (7)：31-38.

[139] 黄忠华，杜雪君．农户非农化、利益唤醒与宅基地流转：基于浙江农户问卷调查和有序 Logit 模型 [J]．中国土地科学，2011 (8)：48-53.

[140] 霍雅勤，蔡运龙．可持续理念下的土地价值决定与量化 [J]．中国土地科学，2003，17 (2)：19-23.

[141] 贾康，梁季．市场化、城镇化联袂演绎的“土地财政”与土地制度变革 [J]．改革，2015 (5)：67-81.

[142] 贾男，马俊龙．非携带式医保对农村劳动力流动的锁定效应研究 [J]．管理世界，2015 (9)：82-91.

[143] 贾生华，张娟锋．土地资源配置体制中的灰色土地市场分析[J]．中国软科学，2006 (3)：42-49.

[144] 简新华，黄锟．中国城镇化水平和速度的实证分析与前景预测[J]．经济研究，2010 (3)：28-39.

[145] 简新华，张建伟．从农民到农民工再到市民——中国农村剩余劳动力转移的过程和特点分析 [J]．发展经济学研究，2007，7 (6)：12-18.

[146] 江平．中国物权法教程 [M]．北京：知识产权出版社，2008.

[147] 姜大明．处理好农民和土地关系　促进“三农”工作健康发展[N]．人民日报，2016-06-08 (10).

[148] 姜正和，张典．住房负债与中国城镇家庭异质性消费——基于住房财富效应的视角 [J]．消费经济，2015 (3)：21-26.

[149] 蒋华东．基于土地制度改革的农村集体产权住房开发与流转研

究［J］. 经济体制改革，2010（1）：103-106.

［150］蒋省三，刘守英，李青. 中国土地政策改革：政策演进与地方实施［M］. 上海：上海三联书店，2010.

［151］解垩. 房产和金融资产对家庭消费的影响：中国的微观证据［J］. 财贸研究，2012（4）：73-82.

［152］景晓芬. 空间隔离视角下的农民工城市融入研究［J］. 地域研究与开发，2015（5）：75-79+120.

［153］瞿理铜. 效率与公平框架下的宅基地管理制度创新［J］. 农村经济，2015（11）：65-68.

［154］孔祥利，卓玛草. 农民工城市融入的非制度途径——社会资本作用的质性研究［J］. 陕西师范大学学报（哲学社会科学版），2016（1）：116-125.

［155］雷光和，傅崇辉，张玲华，等. 中国人口迁移流动的变化特点和影响因素——基于第六次人口普查［J］. 西北人口，2013（5）：1-8.

［156］李爱民. 中国半城镇化研究［J］. 人口研究，2013（4）：80-91.

［157］李成武. 中国房地产财富效应地区差异分析［J］. 财经问题研究，2010（2）：124-129.

［158］李俭国，张鹏. 新常态下新生代农民工市民化社会成本测算［J］. 财经科学，2015（5）：131-140.

［159］李建平，邓翔. 我国劳动力迁移的动因和政策影响分析［J］. 经济学家，2012（10）：58-64.

［160］李剑，臧旭恒. 住房价格波动与中国城镇居民消费行为——基于2004—2011年省际动态面板数据的分析［J］. 南开经济研究，2015（1）：89-101.

［161］李菁，向玲. 财政农业支出对农村劳动力转移的动态效应研究：1978—2011年［J］. 经济问题探索，2013（2）：32-37.

［162］李敏飞. 农村城镇化进程中宅基地资源配置研究［J］. 福建论坛（人文社会科学版），2013（1）：51-55.

[163] 李明贤，周蓉．农村集体经营性建设用地与国有土地同等入市的推进机制研究——以湖南省浏阳市为例［J］．湖湘论坛，2018（2）：123-129.

[164] 李启航，陈国富．法律制度对财产性收入影响作用的城乡差异——基于布罗代尔钟罩的法经济学思考［J］．财经研究，2013，39（3）：100-112.

[165] 李强，陈宇琳，刘精明．中国城镇化“推进模式”研究［J］．中国社会科学，2012（7）：82-100.

[166] 李强，龙文进．农民工留城与返乡意愿的影响因素分析［J］．中国农村经济，2009（2）：46-54+66.

[167] 李强．影响中国城乡流动人口的推力与拉力因素分析［J］．中国社会科学，2003（1）：125-136.

[168] 李庆海，李锐，王兆华．农户土地租赁行为及其福利效果［J］．经济学（季刊），2012（1）：269-288.

[169] 李太淼．论在新型农村社区建设中搞好土地节约集约利用的若干对策［J］．学习论坛，2012（12）：37-42.

[170] 李涛，陈斌开．家庭固定资产、财富效应与居民消费：来自中国城镇家庭的经验证据［J］．经济研究，2014（3）：62-75.

[171] 李伟．农民工城市融入问题研究综述［J］．经济研究参考，2014（30）：38-49.

[172] 李勇，何德旭．房地产价格与居民消费关系实证——基于35个大中城市财富效应的分析［J］．中国流通经济，2013（11）：106-111.

[173] 厉以宁．论城乡二元体制改革［J］．中国城市经济，2008（3）：92-92.

[174] 厉以宁．论城乡一体化［J］．中国流通经济，2010，24（11）：7-10.

[175] 梁发超．新型土地发展权：推动中国农村集体建设用地市场化的制度选择［J］．西北农林科技大学学报（社会科学版），2015（5）：9-13.

［176］廖海勇，陈璋．房地产二元属性及财富效应的区域差异研究［J］．财贸研究，2015（1）：47-54.

［177］林超，陈泓冰．农村宅基地流转制度改革风险评估研究［J］．经济体制改革，2014（4）：90-94.

［178］林超，吕萍，顾岳汶．河南长垣：中部平原地区农村土地制度改革试点探索［J］．中国土地，2019（2）：58-59.

［179］林毅夫．深化农村体制改革，加速农村劳动力转移［J］．中国行政管理，2003（11）：20-22.

［180］刘传江，程建林．第二代农民工市民化：现状分析与进程测度［J］．人口研究，2008（5）：48-57.

［181］刘芳，钱忠好，郭忠兴．外部利润、同意一致性与昆山富民合作社制度创新——昆山富民合作社制度创新的制度经济学解析［J］．农业经济问题，2006（12）：54-60.

［182］刘鸿渊，刘可．农民财产性收入增长困境与破解之策［J］．经济体制改革，2015（6）：90-94.

［183］刘建生，陈鑫．协同治理：中国空心村治理的一种理论模型——以江西省安福县广丘村为例［J］．中国土地科学，2016（1）：53-60.

［184］刘恺，罗明忠．农村转移劳动力城市融入对农地流转影响分析——以农地价值感知为中介变量［J］．南方农村，2015（6）：8-15.

［185］刘奇．农村土地问题的现实困境［J］．决策，2014（4）：32-35.

［186］刘权．农村宅基地流转机制创新研究［J］．中共福建省委党校学报，2015（5）：88-93.

［187］刘生龙．中国跨省人口迁移的影响因素分析［J］．数量经济技术经济研究，2014（4）：83-98.

［188］刘圣欢，杨砚池．农村宅基地“三权分置”的权利结构与实施路径——基于大理市银桥镇农村宅基地制度改革试点［J］．华中师范大学学报（人文社会科学版），2018（5）：45-54.

［189］刘守英．中国城乡二元土地制度的特征、问题与改革［J］．国

际经济评论，2014（3）：9-25.

［190］刘守英．中国土地制度改革的方向与途径［J］．上海国土资源，2014，35（1）：1-8.

［191］刘探宙，杨德才．农村三项土地制度改革的推进模式与叠加效应研究——基于泸县的实证研究［J］．农村经济，2018（8）：12-17.

［192］刘文，王彦之．农民工在务工地购房意愿的影响因素研究——基于203位江西籍农民工的实证调查［J］．农中科学与技术（英文版），2015（12）：2881-2885.

［193］刘晓丽．长垣县农村集体经营性建设用地入市路径研究［J］．安徽农业科学，2016，44（17）：238-240+257.

［194］刘晓平．农村城镇化进程中农民与农地的同时城市化［J］．城市问题，2011（5）：23-27.

［195］刘旭东，彭徽．房地产价格波动对城镇居民消费的经济效应［J］．东北大学学报（社会科学版），2016（2）：143-151.

［196］刘雪梅．新型城镇化进程中农村劳动力转移就业政策研究［J］．宏观经济研究，2014（2）：81-86.

［197］龙奋杰，刘明．城市吸引人口迁入的影响因素分析［J］．城市问题，2006（8）：44-46.

［198］卢国显．我国大城市农民工与市民社会距离的实证研究［J］．中国人民公安大学学报（社会科学版），2006，22（4）：95-104.

［199］卢海燕．试论我国城镇化的内涵［J］．辽宁教育行政学院学报，2005（9）：28-29.

［200］卢海阳，郑逸芳，钱文荣．农民工融入城市行为分析——基于1632个农民工的调查数据［J］．农业技术经济，2016a（1）：26-36.

［201］卢海阳，郑逸芳，钱文荣．中国农民工的城市融入与家庭消费［J］．福建论坛（人文社会科学版），2016b（4）：61-67.

［202］卢新海，黄善林．我国耕地保护面临的困境及其对策［J］．华中科技大学学报（社会科学版），2010，24（3）：79-84.

[203] 陆大道，姚士谋，李国平，等. 基于我国国情的城镇化过程综合分析 [J]. 经济地理，2007（6）：883-887.

[204] 陆铭，陈钊. 城市化、城市倾向的经济政策与城乡收入差距 [J]. 经济研究，2004（6）：50-58.

[205] 吕萍，陈卫华，陈泓冰. 农村住宅市场建设：理论意义和现实路径 [J]. 经济体制改革，2017（2）：62-68.

[206] 吕萍，崔永亮，戚仕军. 城乡住宅市场统一是解决小产权房问题的根本出路 [J]. 公共管理与政策评论，2013（1）：77-85.

[207] 吕萍，丁富军，马异观. 快速城镇化过程中我国的住房政策 [J]. 中国软科学，2010（8）：25-36.

[208] 吕萍，甄辉. 城乡统筹发展中统一住房保障体系的建设 [J]. 城市发展研究，2010，17（1）：123-127.

[209] 吕萍，周滔，张正峰，等. 土地城市化及其度量指标体系的构建与应用 [J]. 中国土地科学，2008（8）：24-28.

[210] 吕炜，张晓颖，王伟同. 农机具购置补贴、农业生产效率与农村劳动力转移 [J]. 中国农村经济，2015（8）：22-32.

[211] 罗伯特·考特，托马斯·尤伦. 法与经济学 [M]. 上海：格致出版社，2012.

[212] 罗湖平. 中国土地隐形市场研究综述 [J]. 经济地理，2014，34（4）：147-154.

[213] 罗明忠，刘恺. 农村劳动力转移就业能力对农地流转影响的实证分析 [J]. 广东财经大学学报，2015a（2）：73-84.

[214] 罗明忠，罗琦. 农村转移劳动力就业能力对其非农就业稳定影响的实证分析 [J]. 贵州社会科学，2015b（6）：144-152.

[215] 罗迎新. 我国土地隐形市场的现状、危害及其对策 [J]. 嘉应大学学报（哲学社会科学），1995（4）：67-69.

[216] 骆祚炎，杨谦. 金融资产与不动产财富效应非对称性的 TVAR 模型比较检验 [J]. 南方金融，2013（12）：22-27.

［217］马朝群，马彦琳．农村土地隐形市场亟待规范［J］．江苏农村经济，2006（6）：56-57.

［218］马庆斌，刘妮娜．房地产市场一体化发展策略研究［J］．中国市场，2013（24）：6-15.

［219］孟勤国．禁止宅基地转让的正当性和必要性［J］．农村经营管理，2010（5）：24-24.

［220］倪鹏飞．中国住房发展与制度改革的目标取向——建立城乡一体的中国住房体系［J］．天津社会科学，2015（3）：101-104.

［221］倪鹏飞．中国住宅制度的目标设计和深化改革［J］．经济社会体制比较，2017（2）：14-27.

［222］聂辉华，邹肇芸．中国应从“人口红利”转向“制度红利”［J］．国际经济评论，2012（6）：124-135.

［223］诺斯，托马斯．西方世界的兴起［M］．北京：华夏出版社，2009.

［224］诺斯．制度、制度变迁与经济绩效［M］．上海：格致出版社，2008.

［225］潘华．“回流式”市民化：新生代农民工市民化的新趋势——结构化理论视角［J］．理论月刊，2013（3）：171-174.

［226］彭华涛，张俊杰．社会网络关系对农民工城市融入意愿度的影响机理：城市生活满意度的调节作用［J］．经济研究参考，2015（69）：59-68.

［227］齐红倩，黄宝敏．房地产财富效应与中国城镇居民消费不对称性［J］．南京社会科学，2013（6）：8-13.

［228］齐琳．全国小产权房近8亿平方米　工商联建言小产权房转保障房［N］，北京商报，2013-03-04（2）.

［229］钱忠好，马凯．我国城乡非农建设用地市场：垄断、分割与整合［J］．管理世界，2007（6）：38-44.

［230］钱忠好，牟燕．土地市场化是否必然导致城乡居民收入差距扩大——基于中国23个省（自治区、直辖市）面板数据的检验［J］．管理世

界，2013（2）：78-89.

［231］秦立建，陈波．医疗保险对农民工城市融入的影响分析［J］．管理世界，2014（10）：91-99.

［232］曲福田，田光明．城乡统筹与农村集体土地产权制度改革［J］．管理世界，2011（6）：34-46.

［233］沈坤荣，余吉祥．农村劳动力流动对中国城镇居民收入的影响——基于市场化进程中城乡劳动力分工视角的研究［J］．管理世界，2011（3）：58-65.

［234］石智雷，薛文玲．中国农民工的长期保障与回流决策［J］．中国人口·资源与环境，2015（3）：143-152.

［235］宋佳诺．村庄规划视角下农村宅基地整治模式测算研究——以天津市蓟县为例［J］．东南大学学报（哲学社会科学版），2016（s1）：85-88.

［236］宋明月，臧旭恒．基于微观数据的我国城乡房产财富效应检验［J］．统计与决策，2015（4）：116-120.

［237］孙文凯，白重恩，谢沛初．户籍制度改革对中国农村劳动力流动的影响［J］．经济研究，2011（1）：28-41.

［238］孙友然，江歌，杨淼，等．流动动因对农业转移人口定居意愿的影响研究——基于结构方程模型的研究［J］．华中科技大学学报（社会科学版），2015（5）：129-136.

［239］孙友然，凌亢，张新岭，等．我国农业转移人口市民化研究综述［J］．西北农林科技大学学报（社会科学版），2016（2）：61-67.

［240］孙玉娜，李录堂，薛继亮．农村劳动力流动、农业发展和中国土地流转［J］．干旱区资源与环境，2012（1）：25-30.

［241］谭华清，周广肃，王大中．新型农村社会养老保险对城乡劳动力转移的影响：基于 CFPS 的实证研究［J］．经济科学，2016（1）：53-65.

［242］谭术魁．中国频繁暴发土地冲突事件的原因探究［J］．中国土地科学，2009，23（6）：44-50.

［243］谭政勋．我国住宅业泡沫及其影响居民消费的理论与实证研究

[J]. 经济学家，2010（3）：58-66.

［244］唐健，谭荣．农村集体建设用地价值“释放”的新思路——基于成都和无锡农村集体建设用地流转模式的比较［J］. 华中农业大学学报（社会科学版），2013（3）：10-15.

［245］陶然，曹广忠．“空间城镇化”“人口城镇化”的不匹配与政策组合应对［J］. 改革，2008（10）：83-88.

［246］陶然，王瑞民，潘瑞．新型城镇化的关键改革与突破口选择［J］. 城市规划，2015，39（1）：9-15.

［247］陶然，王瑞民．城中村改造与中国土地制度改革：珠三角的突破与局限［J］. 国际经济评论，2014（3）：26-55.

［248］陶然，徐志刚．城市化、农地制度与迁移人口社会保障——一个转轨中发展的大国视角与政策选择［J］. 经济研究，2005（12）：45-56.

［249］滕瀚，黄洪雷．城镇化进程中农业转移人口的社会融入——基于环境心理的视角［J］. 江淮论坛，2014（1）：20-25.

［250］田艳平．家庭化与非家庭化农民工的城市融入比较研究［J］. 农业经济问题，2014（12）：53-62.

［251］佟光霁，王卫．产业技术进步与农村劳动力转移的动态影响关系研究［J］. 中国科技论坛，2014（4）：68-73.

［252］汪阳红．农民工市民化过程中的土地问题研究［J］. 宏观经济管理，2011（5）：34-36.

［253］王柏杰，何炼成，郭立宏．房地产价格、财富与居民消费效应——来自中国省际面板数据的证据［J］. 经济学家，2011（5）：57-65.

［254］王崇敏．我国农村宅基地使用权取得制度的现代化构建［J］. 当代法学，2012（5）：81-88.

［255］王春光．农村流动人口的“半城市化”问题研究［J］. 社会学研究，2006（5）：107-122.

［256］王春梅．中国房地产财富效应的区域差异分析［J］. 统计与决策，2015（9）：136-138.

［257］王丹秋，廖成泉，胡银根，等．微观福利视角下农户宅基地置换意愿及其驱动因素研究——基于湖北省 4 个典型村的实证分析［J］．中国土地科学，2015（11）：40-47.

［258］王桂新，潘泽瀚，陆燕秋．中国省际人口迁移区域模式变化及其影响因素——基于 2000 年和 2010 年人口普查资料的分析［J］．中国人口科学，2012（5）：2-13.

［259］王桂新，沈建法，刘建波．中国城市农民工市民化研究——以上海为例［J］．人口与发展，2008，14（1）：3-23.

［260］王猛，李勇刚，王有鑫．土地财政、房价波动与城乡消费差距——基于面板数据联立方程的研究［J］．产业经济研究，2013（5）：84-92.

［261］王文烂．农民财产性收入增长的制度障碍及其化解［J］．技术经济，2010，29（12）：113-116.

［262］王兴芬．中国土地城镇化与人口城镇化协调发展的实证研究——基于协调发展模型［J］．技术经济与管理研究，2017（1）：102-106.

［263］王跃梅，姚先国，周明海．农村劳动力外流、区域差异与粮食生产［J］．管理世界，2013（11）：67-76.

［264］王在全．城乡一体化发展与农民财产权利保障［J］．宏观经济管理，2015（10）：42-45.

［265］王兆林，杨庆媛，李斌．农户农村土地退出风险认知及其影响因素分析：重庆的实证［J］．中国土地科学，2015（7）：81-88.

［266］魏凤，于丽卫．天津市农户宅基地换房意愿影响因素的实证分析——基于 3 个区县 521 户的调查数据［J］．中国土地科学，2013（7）：34-40.

［267］魏凤秀．城乡住宅市场应从分割逐步走向一体化［J］．农村经济与科技，2012，23（8）：96-98.

［268］魏后凯，苏红键．中国农业转移人口市民化进程研究［J］．中国人口科学，2013（5）：21-29.

［269］吴次芳．土地科学学科建设若干基本问题的反思与探讨［J］．中国土地科学，2014（2）：22-28.

［270］吴贾，姚先国，张俊森．城乡户籍歧视是否趋于止步——来自改革进程中的经验证据：1989—2011［J］．经济研究，2015（11）：148-160.

［271］吴晓燕，周京奎，王伟．土地隐形流转、福利损失与市场模式选择——一个不对称信息框架下的博弈分析［J］．广东财经大学学报，2011，26（1）：19-25.

［272］夏方舟，严金明．土地储备、入市影响与集体建设用地未来路径［J］．改革，2015（3）：48-55.

［273］肖轶，王爱民，尹珂．“宅基地换住房、承包地换社保”流转模式的生成动因研究——基于重庆城乡统筹试验区的实证研究［J］．农村经济，2012（7）：26-28.

［274］谢冬水．农地转让权、劳动力迁移与城乡收入差距［J］．中国经济问题，2014a（1）：49-59.

［275］谢冬水．农地转让权不完全与农村劳动力非永久迁移［J］．财贸研究，2014b（1）：47-54.

［276］谢毅哲．从土地资产化视角看农民财产性收入问题［J］．农业经济，2014（2）：18-19.

［277］徐芳维，邓元时．新生代农民工资产代际转移问题分析［J］．东岳论丛，2015（1）：128-132.

［278］徐宏伟，唐铁山．湖北省农村剩余劳动力转移影响因素的实证分析［J］．湖北社会科学，2015（8）：61-67.

［279］徐进才，徐艳红，庞欣超，等．基于“贡献—风险”的农地征收转用土地增值收益分配研究——以内蒙古和林格尔县为例［J］．中国土地科学，2017（3）：28-35.

［280］徐绍史，胡祖才．国家新型城镇化报告 2015［M］．北京：中国计划出版社，2016.

［281］许经勇．我国农村土地制度改革的演进轨迹［J］．湖湘论坛，

2017（2）：79-83.

［282］薛凤蕊，乔光华，苏日娜．土地流转对农民收益的效果评价——基于 DID 模型分析［J］．中国农村观察，2011（2）：36-42+86.

［283］薛蒙林．基于托达罗模型的我国农村劳动力转移的时间分析［J］．统计与决策，2013（6）：98-101.

［284］严金海，丰雷．中国住房价格变化对居民消费的影响研究［J］．厦门大学学报（哲学社会科学版），2012（2）：71-78.

［285］严金明，陈昊，夏方舟．深化农村“三块地”改革：问题、要义和取向［J］．改革，2018（5）：48-55.

［286］颜色，朱国钟．“房奴效应”还是“财富效应”？——房价上涨对国民消费影响的一个理论分析［J］．管理世界，2013（3）：34-47.

［287］杨风．山东人口迁移流动状况与影响因素［J］．北京工业大学学报（社会科学版），2014，14（3）：14-20.

［288］杨建波，王莉，宋富强，许爱国．农村宅基地入市问题与路径研究——以长垣县为例［J］．农学学报，2018，8（2）：59-65+73.

［289］杨君，姚伦双，罗春香．新型城镇化背景下农民自愿退出宅基地意愿分析比较［J］．求索，2015（3）：99-103.

［290］杨璐璐．经济发达地区农村宅基地整理潜力及估算——以福建省晋江市为例［J］．经济与管理研究，2015（12）：39-46.

［291］杨璐璐．农村宅基地“一户多宅”的类型与产权处置——以福建省晋江市为例［J］．东南学术，2017（4）：79-85.

［292］杨璐璐．农村宅基地“一户多宅”诱因与实态：闽省个案［J］．改革，2016（1）：95-104.

［293］杨璐璐．沿海地区农民宅基地退出意愿的实证分析——以福建省晋江市为例［J］．财经问题研究，2016（1）：123-129.

［294］杨培峰．城乡一体化系统初探［J］．城市规划学刊，1999（2）：51-54.

［295］杨庆媛，杨人豪，曾黎，等．农村集体经营性建设用地入市促

进农民土地财产性收入增长研究——以成都市郫都区为例［J］. 经济地理，2017（8）：155-161.

［296］杨瑞龙. 论我国制度变迁方式与制度选择目标的冲突及其协调［J］. 经济研究，1994（5）：40-49.

［297］杨瑞龙. 论制度供给［J］. 经济研究，1993（8）：45-52.

［298］杨素青. 农民工融入城市的双重障碍及宏观思路［J］. 经济研究参考，2015（52）：29-34.

［299］杨遂全，张锰霖，钱力. 城乡一体化背景下农村闲置房屋的出路［J］. 农村经济，2015（1）：13-18.

［300］杨小凯. 城乡土地制度应尽早并轨［J］. 中外房地产导报，2001（15）：10-11.

［301］姚睿，吴克宁，罗明，张欣杰，冯喆，李晨曦. 城乡统筹视角下的集体建设用地市场发育测度及影响因素研究——以 30 个入市改革试点为例［J］. 中国土地科学，2018，32（10）：14-20.

［302］叶剑平. 城乡统筹发展与土地利用［J］. 现代城市研究，2009，24（2）：17-19.

［303］叶玉国. 论土地隐形市场的表现、成因、危害和对策［J］. 杭州大学学报（哲学社会科学版），1992（4）：45-49.

［304］游和远，吴次芳. 农地流转、禀赋依赖与农村劳动力转移［J］. 管理世界，2010（3）：65-75.

［305］虞斌. 城乡居民人力资本财富效应比较的统计考量［J］. 统计与决策，2012（1）：97-99.

［306］虞斌. 中国农村居民生产性固定资产财富效应研究［J］. 统计与决策，2014（1）：124-127.

［307］宇龙. 集体经营性建设用地入市试点的制度探索及法制革新——以四川郫县为例［J］. 社会科学研究，2016（4）：89-94.

［308］袁志刚，解栋栋. 统筹城乡发展：人力资本与土地资本的协调再配置［J］. 经济学家，2010（8）：52-55.

［309］原新，王海宁，陈媛媛．大城市外来人口迁移行为影响因素分析［J］．人口学刊，2011（1）：59-66.

［310］岳永兵，刘向敏．集体经营性建设用地入市增值收益分配探讨——以农村土地制度改革试点为例［J］．当代经济管理，2018（3）：41-45.

［311］曾国安，段昌虎，沈斌．论当前湖北省保障性住房建设的经验及面临的主要问题［J］．社会保障研究，2012（4）：98-107.

［312］张大永，曹红．家庭财富与消费：基于微观调查数据的分析［J］．经济研究，2012（S1）：53-65.

［313］张斐．新生代农民工市民化现状及影响因素分析［J］．人口研究，2011（6）：100-109.

［314］张桂芳，杨玉珍．宅基地闲置程度及退出影响因素分析［J］．资源导刊，2016，280（4）：22-23.

［315］张菡冰，李翔，柳乾坤，等．宅基地使用权去身份化改革的两难困局及其突破［J］．中国土地科学，2015（8）：49-54.

［316］张宏如，李群．员工帮助计划促进新生代农民工城市融入模型——人力资本、社会资本还是心理资本［J］．管理世界，2015（6）：180-181.

［317］张华．农民工家庭城市融入的制约因素与对策分析［J］．经济体制改革，2013（2）：80-84.

［318］张建华，周凤秀，温湖炜．关系网络、外出就业支持和农村劳动力转移［J］．中国人口·资源与环境，2015（S1）：367-370.

［319］张静．新型城镇化中农民工市民化的路径选择［J］．学术交流，2015（4）：165-169.

［320］张军．农村产权制度改革与农民财产性收入增长［J］．农村经济，2014（11）：3-6.

［321］张梦琳．农村宅基地流转模式分析与制度选择［J］．经济体制改革，2014（3）：85-89.

［322］张培刚，张建华．发展经济学［M］．北京：北京大学出版

社，2009.

［323］张庆武，廉思，冯丹．新生代农民工经济融入状况研究——以北京为例［J］．学习与实践，2015（12）：103-112.

［324］张四梅．集体经营性建设用地流转制度建设研究——基于优化配置方式的视角［J］．湖南师范大学社会科学学报，2014（3）：114-119.

［325］张苏北，朱宇，晋秀龙，等．安徽省内人口迁移的空间特征及其影响因素［J］．经济地理，2013，33（5）：24-30.

［326］张雯．产权性质对住房资产与财富效应的影响分析［J］．统计与决策，2016（9）：165-167.

［327］张晓山，李周．中国农村改革30年研究［M］．北京：经济管理出版社，2008.

［328］张延平，熊巍俊．城市农民工市民化适度规模研究［J］．全国商情·经济理论研究，2005（11）：10-12.

［329］张雁．完善农村土地管理　推进征地制度改革［N］．光明日报，2008-11-05.

［330］张耀宇，陈利根，陈会广．“土地城市化”向“人口城市化”转变——一个分析框架及其政策含义［J］．中国人口·资源与环境，2016，26（3）：127-135.

［331］张义博．农村宅基地流转模式探析［J］．宏观经济管理，2014（9）：44-47.

［332］张舟，吴次芳，谭荣．城乡建设用地统一市场的构建：出发前的再审视［J］．西北农林科技大学学报（社会科学版），2015，15（3）：9-15.

［333］张子宸，李宾．城镇化、金融发展与城乡统筹关系研究［J］．经济问题探索，2014（6）：60-66.

［334］章莉，李实，WILLIAM，等．中国劳动力市场就业机会的户籍歧视及其变化趋势［J］．财经研究，2016，42（1）：4-16.

［335］赵岑，冯长春．我国城市化进程中城市人口与城市用地相互关系研究［J］．城市发展研究，2010，17（10）：113-118.

［336］赵春雨．农村劳动力转移就业的空间决策及其个体属性影响——以安徽省四个样本村为例［J］．南方人口，2014（6）：64-78.

［337］赵立新．城市农民工市民化问题研究［J］．人口学刊，2006（4）：40-45.

［338］赵宁．新生代农民工城市融入进程中住房保障的困境与出路［J］．政法论丛，2016（1）：137-144.

［339］赵森，何远山．城市经济中的土地隐形市场初探［J］．石油大学学报（社会科学版），1995（3）：49-51.

［340］赵树枫．农村宅基地制度与城乡一体化［M］．北京：中国经济出版社，2015.

［341］赵西亮，梁文泉，李实．房价上涨能够解释中国城镇居民高储蓄率吗？——基于CHIP微观数据的实证分析［J］．经济学（季刊），2014（1）：81-102.

［342］赵之枫，张建．城乡统筹视野下农村宅基地与住宅制度的思考［J］．城市规划，2011（3）：72-76.

［343］赵之枫．城市化背景下农村宅基地有偿使用和转让制度初探［J］．农业经济问题，2001（1）：42-45.

［344］郑杭生．农民市民化：当代中国社会学的重要研究主题［J］．甘肃社会科学，2005（4）：4-8.

［345］郑思齐，曹洋．农民工的住房问题：从经济增长与社会融合角度的研究［J］．广东社会科学，2009（5）：34-41.

［346］郑欣，章译文．“消费式融入”：新生代农民工的城市生活实践及其抗争——基于长三角地区的实证研究［J］．中国地质大学学报（社会科学版），2016（1）：123-134+172.

［347］郑振源．建立开放、竞争、城乡统一而有序的土地市场［J］．中国土地科学，2012（2）：10-13.

［348］中国人口与发展研究中心课题组，桂江丰，马力，等．中国人口城镇化战略研究［J］．人口研究，2012（3）：3-13.

[349] 中国社会科学院农村发展研究所农村集体产权制度改革研究课题组．关于农村集体产权制度改革的几个理论与政策问题 [J]．中国农村经济，2015 (2)：4-12.

[350] 中国土地政策综合改革课题组，李剑阁，蒋省三，等．强化中国城乡土地权利：整体性法律框架与政策设计 [J]．改革，2008 (3)：5-18.

[351] 中央党校课题组．当前我国征地制度存在的主要问题及对策建议 [J]．中国党政干部论坛，2009 (4)：49-51.

[352] 钟荣桂，吕萍．江西余江宅基地制度改革试点经验与启示 [J]．经济体制改革，2018 (2)：13-18.

[353] 钟水映，李魁．农民工"半市民化"与"后市民化"衔接机制研究 [J]．中国农业大学学报（社会科学版），2007，24 (3)：64-70.

[354] 周皓．流动人口社会融合的测量及理论思考 [J]．人口研究，2012 (3)：27-37.

[355] 周皓．资本形式、国家政策与省际人口迁移 [J]．中国人口科学，2006 (1)：42-51.

[356] 周华东，周亚虹．房价变化、信贷约束与住房"财富效应"非对称性 [J]．华东经济管理，2015 (10)：86-92.

[357] 周华东．中国住房"财富效应"之谜：一个文献综述 [J]．消费经济，2015 (3)：79-85.

[358] 周其仁．给农民更多的土地权利　真的会损害农民的利益吗？[N]．经济观察报，2011-07-25.

[359] 周其仁．同地、同价、同权——我对广东省农地直接入市的个人看法 [J]．中国经济周刊，2005 (33)：20-20.

[360] 周其仁．增加中国农民家庭的财产性收入 [J]．农村金融研究，2009 (11)：1-1.

[361] 周守亮，赵彦志．房地产财富效应的地区差异研究——基于面板数据的协整估计 [J]．经济管理，2015 (9)：103-110.

[362] 周晓蓉，张萌旭，李霞．我国居民住房资产的财富效应分析

[J]. 宏观经济研究，2014（10）：61-70+84.

[363] 周振，伍振军，孔祥智．中国农村资金净流出的机理、规模与趋势：1978~2012年 [J]. 管理世界，2015（1）：63-74.

[364] 朱从谋，苑韶峰，李胜男，等．基于发展权与功能损失的农村宅基地流转增值收益分配研究——以义乌市“集地券”为例 [J]. 中国土地科学，2017（7）：37-44.

[365] 朱建军，胡继连．农地流转对我国农民收入分配的影响研究——基于中国健康与养老追踪调查数据 [J]. 南京农业大学学报（社会科学版），2015（3）：75-83+124.

[366] 朱江丽，李子联．户籍改革、人口流动与地区差距——基于异质性人口跨期流动模型的分析 [J]. 经济学（季刊），2016（2）：797-816.

[367] 朱明芬，常敏．农用地隐性市场特征及其归因分析 [J]. 中国农村经济，2011（11）：10-22.

[368] 朱新华，陈利根，付坚强．农村宅基地制度变迁的规律及启示 [J]. 中国土地科学，2012，26（7）：39-43.

[369] 朱新华．户籍制度对农户宅基地退出意愿的影响 [J]. 中国人口·资源与环境，2014（10）：129-134.

[370] 朱芸，邹杨．劳动力转移动因及农村人口迁移量影响因素分析 [J]. 商业研究，2014（8）：95-101.

[371] 祝丹，赵昕东．房价的“涨”与“跌”对居民消费的非对称性影响研究——基于中国省际面板数据的实证检验 [J]. 宏观经济研究，2016（4）：38-47+87.

[372] 祝丹，赵昕东．人口年龄结构变动会影响住房财富效应吗？——基于中国省际面板数据的实证检验 [J]. 消费经济，2015（6）：16-22.

[373] 邹伟，孙良媛．土地流转、农民生产效率与福利关系研究 [J]. 江汉论坛，2011（3）：31-36.

附录　新型城镇化和农村住宅制度相关文件选编

附录一　关于农村土地征收、集体经营性建设用地入市、宅基地制度改革试点工作的意见

据2015年1月11日新闻联播报道，中共中央办公厅和国务院办公厅日前联合印发了《关于农村土地征收、集体经营性建设用地入市、宅基地制度改革试点工作的意见》（以下简称《意见》），这标志着我国农村土地制度改革即将进入试点阶段。据悉，这些试点将在新型城镇化综合试点和农村改革试验区中选择，封闭运行，确保风险可控，并将在2017年底完成。

《意见》提出四大任务：一是完善土地征收制度。缩小土地征收范围，探索制定土地征收目录，严格界定公共利益用地范围；规范土地征收程序，建立社会稳定风险评估制度，健全矛盾纠纷调处机制，全面公开土地征收信息；完善对被征地农民合理、规范、多元保障机制。二是建立农村集体经营性建设用地入市制度。完善农村集体经营性建设用地产权制度，赋予农村集体经营性建设用地出让、租赁、入股权能；明确农村集体经营性建设用地入市范围和途径；建立健全市场交易规则和服务监管制度。三是改革完善农村宅基地制度。要求完善宅基地权益保障和取得方式，探索农民住房保障在不同区域户有所居的多种实现形式；对因历史原因形成超标准占用宅基地和一户多宅等情况，探索实行有偿使用；探索进城落户农民在本集体经济组织内部自愿有偿退出或转让宅基地；改革宅基地审批制度，发挥村民自治组织的民主管理作用。四是建立兼顾国家、集体、个人

的土地增值收益分配机制，合理提高个人收益。

国土资源部部长、国家土地总督察姜大明说，改革试点一是坚持小范围试点。统筹东、中、西部和东北地区，兼顾不同发展阶段和模式，主要在新型城镇化综合试点和农村改革试验区中安排，选择若干有基础、有条件的县或县级市开展。二是坚持依法改革。试点涉及突破相关法律条款，需要由国务院提请全国人大常委会授权，允许试点地区在试点期间暂停执行相关法律条款。三是坚持封闭运行。试点严格限制在经法律授权的县（市）开展，非试点地区不要盲目攀比，擅自行动，确保试点封闭运行，风险可控。

附录二　关于授权国务院在北京市大兴区等三十三个试点县（市、区）行政区域暂时调整实施有关法律规定的决定

（2015 年 2 月 27 日第十二届全国人民代表大会常务委员会第十三次会议通过）

为了改革完善农村土地制度，为推进中国特色农业现代化和新型城镇化提供实践经验，第十二届全国人民代表大会常务委员会第十三次会议决定：授权国务院在北京市大兴区等三十三个试点县（市、区）行政区域，暂时调整实施《中华人民共和国土地管理法》《中华人民共和国城市房地产管理法》关于农村土地征收、集体经营性建设用地入市、宅基地管理制度的有关规定。上述调整在 2017 年 12 月 31 日前试行。暂时调整实施有关法律规定，必须坚守土地公有制性质不改变、耕地红线不突破、农民利益不受损的底线，坚持从实际出发，因地制宜。国务院及其国土资源主管部门要加强对试点工作的整体指导和统筹协调、监督管理，按程序、分步骤审慎稳妥推进，及时总结试点工作经验，并就暂时调整实施有关法律规定的情况向全国人民代表大会常务委员会作出报告。对实践证明可行的，修

改完善有关法律；对实践证明不宜调整的，恢复施行有关法律规定。

三十三个试点县（市、区）名单和暂时调整实施有关法律规定目录附后。

本决定自公布之日起施行。

三十三个试点县（市、区）名单

北京市大兴区、天津市蓟县、河北省定州市、山西省泽州县、内蒙古自治区和林格尔县、辽宁省海城市、吉林省长春市九台区、黑龙江省安达市、上海市松江区、江苏省常州市武进区、浙江省义乌市、浙江省德清县、安徽省金寨县、福建省晋江市、江西省余江县、山东省禹城市、河南省长垣县、湖北省宜城市、湖南省浏阳市、广东省佛山市南海区、广西壮族自治区北流市、海南省文昌市、重庆市大足区、四川省郫县、四川省泸县、贵州省湄潭县、云南省大理市、西藏自治区曲水县、陕西省西安市高陵区、甘肃省陇西县、青海省湟源县、宁夏回族自治区平罗县、新疆维吾尔自治区伊宁市。

授权国务院在北京市大兴区等三十三个试点县（市、区）行政区域暂时调整实施有关法律规定目录

序号：1　法律规定：《中华人民共和国土地管理法》第四十三条第一款："任何单位和个人进行建设，需要使用土地的，必须依法申请使用国有土地；但是，兴办乡镇企业和村民建设住宅经依法批准使用本集体经济组织农民集体所有的土地的，或者乡（镇）村公共设施和公益事业建设经依法批准使用农民集体所有的土地的除外。"

《中华人民共和国土地管理法》第六十三条："农民集体所有的土地的使用权不得出让、转让或者出租用于非农业建设；但是，符合土地利用总体规划并依法取得建设用地的企业，因破产、兼并等情形致使土地使用权

依法发生转移的除外。”

《中华人民共和国城市房地产管理法》第九条：“城市规划区内的集体所有的土地，经依法征收转为国有土地后，该幅国有土地的使用权方可有偿出让。”内容：暂时调整实施集体建设用地使用权不得出让等的规定。在符合规划、用途管制和依法取得的前提下，允许存量农村集体经营性建设用地使用权出让、租赁、入股，实行与国有建设用地使用权同等入市、同权同价。

序号：2　法律规定：《中华人民共和国土地管理法》第四十四条第三款、第四款：“在土地利用总体规划确定的城市和村庄、集镇建设用地规模范围内，为实施该规划而将农用地转为建设用地的，按土地利用年度计划分批次由原批准土地利用总体规划的机关批准。在已批准的农用地转用范围内，具体建设项目用地可以由市、县人民政府批准。”

“本条第二款、第三款规定以外的建设项目占用土地，涉及农用地转为建设用地的，由省、自治区、直辖市人民政府批准。”

《中华人民共和国土地管理法》第六十二条第三款：“农村村民住宅用地，经乡（镇）人民政府审核，由县级人民政府批准；其中，涉及占用农用地的，依照本法第四十四条的规定办理审批手续。”内容：暂时调整实施宅基地审批权限的规定。使用存量建设用地的，下放至乡（镇）人民政府审批；使用新增建设用地的，下放至县级人民政府审批。

序号：3　法律规定：《中华人民共和国土地管理法》第四十七条第一款至第四款、第六款：“征收土地的，按照被征收土地的原用途给予补偿。”

“征收耕地的补偿费用包括土地补偿费、安置补助费以及地上附着物和青苗的补偿费。征收耕地的土地补偿费，为该耕地被征收前三年平均年产值的六至十倍。征收耕地的安置补助费，按照需要安置的农业人口数计算。需要安置的农业人口数，按照被征收的耕地数量除以征地前被征收单位平均每人占有耕地的数量计算。每一个需要安置的农业人口的安置补助费标准，为该耕地被征收前三年平均年产值的四至六倍。但是，每公顷被征收耕地的安置补助费，最高不得超过被征收前三年平均年产值的十五倍。”

“征收其他土地的土地补偿费和安置补助费标准，由省、自治区、直辖市参照征收耕地的土地补偿费和安置补助费的标准规定。”

“被征收土地上的附着物和青苗的补偿标准，由省、自治区、直辖市规定。”

“依照本条第二款的规定支付土地补偿费和安置补助费，尚不能使需要安置的农民保持原有生活水平的，经省、自治区、直辖市人民政府批准，可以增加安置补助费。但是，土地补偿费和安置补助费的总和不得超过土地被征收前三年平均年产值的三十倍。”内容：暂时调整实施征收集体土地补偿的规定。综合考虑土地用途和区位、经济发展水平、人均收入等情况，合理确定土地征收补偿标准，安排被征地农民住房、社会保障；加大就业培训力度，符合条件的被征地农民全部纳入养老、医疗等城镇社会保障体系；有条件的地方可采取留地、留物业等多种方式，由农村集体经济组织经营。

附录三　国家新型城镇化规划（2014—2020年）（节选）

（2014年3月16日）

国家新型城镇化规划（2014—2020年），根据中国共产党第十八次全国代表大会报告、《中共中央关于全面深化改革若干重大问题的决定》、中央城镇化工作会议精神、《中华人民共和国国民经济和社会发展第十二个五年规划纲要》和《全国主体功能区规划》编制，按照走中国特色新型城镇化道路、全面提高城镇化质量的新要求，明确未来城镇化的发展路径、主要目标和战略任务，统筹相关领域制度和政策创新，是指导全国城镇化健康发展的宏观性、战略性、基础性规划。

第一篇　规划背景

（略）

第二篇　指导思想和发展目标

（略）

第三篇　有序推进农业转移人口市民化

按照尊重意愿、自主选择，因地制宜、分步推进，存量优先、带动增量的原则，以农业转移人口为重点，兼顾高校和职业技术院校毕业生、城镇间异地就业人员和城区城郊农业人口，统筹推进户籍制度改革和基本公共服务均等化。

第六章　推进符合条件农业转移人口落户城镇

逐步使符合条件的农业转移人口落户城镇，不仅要放开小城镇落户限制，也要放宽大中城市落户条件。

第一节　健全农业转移人口落户制度

各类城镇要健全农业转移人口落户制度，根据综合承载能力和发展潜力，以就业年限、居住年限、城镇社会保险参保年限等为基准条件，因地制宜制定具体的农业转移人口落户标准，并向全社会公布，引导农业转移人口在城镇落户的预期和选择。

第二节　实施差别化落户政策

以合法稳定就业和合法稳定住所（含租赁）等为前置条件，全面放开建制镇和小城市落户限制，有序放开城区人口 50 万~100 万的城市落户限制，合理放开城区人口 100 万~300 万的大城市落户限制，合理确定城区人口 300 万~500 万的大城市落户条件，严格控制城区人口 500 万以上的特大城市人口规模。大中城市可设置参加城镇社会保险年限的要求，但最高年限不得超过 5 年。特大城市可采取积分制等方式设置阶梯式落户通道调控落户规模和节奏。

第七章　推进农业转移人口享有城镇基本公共服务

农村劳动力在城乡间流动就业是长期现象，按照保障基本、循序渐进的原则，积极推进城镇基本公共服务由主要对本地户籍人口提供向对常住人口提供转变，逐步解决在城镇就业居住但未落户的农业转移人口享有城镇基本公共服务问题。

第一节　保障随迁子女平等享有受教育权利

建立健全全国中小学生学籍信息管理系统，为学生学籍转接提供便捷服务。将农民工随迁子女义务教育纳入各级政府教育发展规划和财政保障范畴，合理规划学校布局，科学核定教师编制，足额拨付教育经费，保障农民工随迁子女以公办学校为主接受义务教育。对未能在公办学校就学的，采取政府购买服务等方式，保障农民工随迁子女在普惠性民办学校接受义务教育的权利。逐步完善农民工随迁子女在流入地接受中等职业教育免学费和普惠性学前教育的政策，推动各地建立健全农民工随迁子女接受义务教育后在流入地参加升学考试的实施办法。

第二节　完善公共就业创业服务体系

加强农民工职业技能培训，提高就业创业能力和职业素质。整合职业教育和培训资源，全面提供政府补贴职业技能培训服务。强化企业开展农民工岗位技能培训责任，足额提取并合理使用职工教育培训经费。鼓励高等学校、各类职业院校和培训机构积极开展职业教育和技能培训，推进职业技能实训基地建设。鼓励农民工取得职业资格证书和专项职业能力证书，并按规定给予职业技能鉴定补贴。加大农民工创业政策扶持力度，健全农民工劳动权益保护机制。实现就业信息全国联网，为农民工提供免费的就业信息和政策咨询。

第三节　扩大社会保障覆盖面

扩大参保缴费覆盖面，适时适当降低社会保险费率。完善职工基本养老保险制度，实现基础养老金全国统筹，鼓励农民工积极参保、连续参保。依法将农民工纳入城镇职工基本医疗保险，允许灵活就业农民工参加当地城镇居民基本医疗保险。完善社会保险关系转移接续政策，在农村参加的养老保险和医疗保险规范接入城镇社保体系，建立全国统一的城乡居民基本养老保险制度，整合城乡居民基本医疗保险制度。强化企业缴费责任，扩大农民工参加城镇职工工伤保险、失业保险、生育保险比例。推进商业保险与社会保险衔接合作，开办各类补充性养老、医疗、健康保险。

第四节　改善基本医疗卫生条件

根据常住人口配置城镇基本医疗卫生服务资源，将农民工及其随迁家属纳入社区卫生服务体系，免费提供健康教育、妇幼保健、预防接种、传染病防控、计划生育等公共卫生服务。加强农民工聚居地疾病监测、疫情处理和突发公共卫生事件应对。鼓励有条件的地方将符合条件的农民工及其随迁家属纳入当地医疗救助范围。

第五节　拓宽住房保障渠道

采取廉租住房、公共租赁住房、租赁补贴等多种方式改善农民工居住条件。完善商品房配建保障性住房政策，鼓励社会资本参与建设。农民工集中的开发区和产业园区可以建设单元型或宿舍型公共租赁住房，农民工数量较多的企业可以在符合规定标准的用地范围内建设农民工集体宿舍。审慎探索由集体经济组织利用农村集体建设用地建设公共租赁住房。把进城落户农民完全纳入城镇住房保障体系。

第八章　建立健全农业转移人口市民化推进机制

强化各级政府责任，合理分担公共成本，充分调动社会力量，构建政府主导、多方参与、成本共担、协同推进的农业转移人口市民化机制。

第一节　建立成本分担机制

建立健全由政府、企业、个人共同参与的农业转移人口市民化成本分担机制，根据农业转移人口市民化成本分类，明确成本承担主体和支出责任。

政府要承担农业转移人口市民化在义务教育、劳动就业、基本养老、基本医疗卫生、保障性住房以及市政设施等方面的公共成本。企业要落实农民工与城镇职工同工同酬制度，加大职工技能培训投入，依法为农民工缴纳职工养老、医疗、工伤、失业、生育等社会保险费用。农民工要积极参加城镇社会保险、职业教育和技能培训等，并按照规定承担相关费用，提升融入城市社会的能力。

第二节　合理确定各级政府职责

中央政府负责统筹推进农业转移人口市民化的制度安排和政策制定，省级政府负责制定本行政区农业转移人口市民化总体安排和配套政策，市县政府负责制定本行政区城市和建制镇农业转移人口市民化的具体方案和实施细则。各级政府根据基本公共服务的事权划分，承担相应的财政支出责任，增强农业转移人口落户较多地区政府的公共服务保障能力。

第三节　完善农业转移人口社会参与机制

推进农民工融入企业、子女融入学校、家庭融入社区、群体融入社会，建设包容性城市。提高各级党代会代表、人大代表、政协委员中农民工的比例，积极引导农民工参加党组织、工会和社团组织，引导农业转移人口有序参政议政和参加社会管理。加强科普宣传教育，提高农民工科学文化和文明素质，营造农业转移人口参与社区公共活动、建设和管理的氛围。城市政府和用工企业要加强对农业转移人口的人文关怀，丰富其精神文化生活。

第四篇　优化城镇化布局和形态

（略）

第五篇　提高城市可持续发展能力

（略）

第六篇　推动城乡发展一体化

第二十章　完善城乡发展一体化体制机制

加快消除城乡二元结构的体制机制障碍，推进城乡要素平等交换和公共资源均衡配置，让广大农民平等参与现代化进程、共同分享现代化成果。

第一节　推进城乡统一要素市场建设

加快建立城乡统一的人力资源市场，落实城乡劳动者平等就业、同工同酬制度。建立城乡统一的建设用地市场，保障农民公平分享土地增值收益。建立健全有利于农业科技人员下乡、农业科技成果转化、先进农业技术推广的激励和利益分享机制。创新面向“三农”的金融服务，统筹发挥政策性金融、商业性金融和合作性金融的作用，支持具备条件的民间资本依法发起设立中小型银行等金融机构，保障金融机构农村存款主要用于农业农村。加快农业保险产品创新和经营组织形式创新，完善农业保险制度。鼓励社会资本投向农村建设，引导更多人才、技术、资金等要素投向农业农村。

第二节　推进城乡规划、基础设施和公共服务一体化

统筹经济社会发展规划、土地利用规划和城乡规划，合理安排市县域城镇建设、农田保护、产业集聚、村落分布、生态涵养等空间布局。扩大公共财政覆盖农村范围，提高基础设施和公共服务保障水平。统筹城乡基础设施建设，加快基础设施向农村延伸，强化城乡基础设施连接，推动水电路气等基础设施城乡联网、共建共享。加快公共服务向农村覆盖，推进公共就业服务网络向县以下延伸，全面建成覆盖城乡居民的社会保障体系，推进城乡社会保障制度衔接，加快形成政府主导、覆盖城乡、可持续的基本公共服务体系，推进城乡基本公共服务均等化。率先在一些经济发达地区实现城乡一体化。

第二十一章　加快农业现代化进程

（略）

第二十二章　建设社会主义新农村

坚持遵循自然规律和城乡空间差异化发展原则，科学规划县域村镇体系，统筹安排农村基础设施建设和社会事业发展，建设农民幸福生活的美好家园。

第一节　提升乡镇村庄规划管理水平

适应农村人口转移和村庄变化的新形势，科学编制县域村镇体系规划和镇、乡、村庄规划，建设各具特色的美丽乡村。按照发展中心村、保护特色村、整治空心村的要求，在尊重农民意愿的基础上，科学引导农村住宅和居民点建设，方便农民生产生活。在提升自然村落功能基础上，保持乡村风貌、民族文化和地域文化特色，保护有历史、艺术、科学价值的传统村落、少数民族特色村寨和民居。

第二节　加强农村基础设施和服务网络建设

加快农村饮水安全建设，因地制宜采取集中供水、分散供水和城镇供水管网向农村延伸的方式解决农村人口饮用水安全问题。继续实施农村电网改造升级工程，提高农村供电能力和可靠性，实现城乡用电同网同价。加强以太阳能、生物沼气为重点的清洁能源建设及相关技术服务。基本完成农村危房改造。完善农村公路网络，实现行政村通班车。加强乡村旅游服务网络、农村邮政设施和宽带网络建设，改善农村消防安全条件。继续实施新农村现代流通网络工程，培育面向农村的大型流通企业，增加农村商品零售、餐饮及其他生活服务网点。深入开展农村环境综合整治，实施乡村清洁工程，开展村庄整治，推进农村垃圾、污水处理和土壤环境整治，加快农村河道、水环境整治，严禁城市和工业污染向农村扩散。

第三节　加快农村社会事业发展

合理配置教育资源，重点向农村地区倾斜。推进义务教育学校标准化建设，加强农村中小学寄宿制学校建设，提高农村义务教育质量和均衡发展水平。积极发展农村学前教育。加强农村教师队伍建设。建立健全新型职业化农民教育、培训体系。优先建设发展县级医院，完善以县级医院为龙头、乡镇卫生院和村卫生室为基础的农村三级医疗卫生服务网络，向农民提供安全价廉可及的基本医疗卫生服务。加强乡镇综合文化站等农村公共文化和体育设施建设，提高文化产品和服务的有效供给能力，丰富农民精神文化生活。完善农村最低生活保障制度。健全农村留守儿童、妇女、老人关爱服务体系。

第七篇　改革完善城镇化发展体制机制

第二十三章　推进人口管理制度改革

（略）

第二十四章　深化土地管理制度改革

实行最严格的耕地保护制度和集约节约用地制度，按照管住总量、严控增量、盘活存量的原则，创新土地管理制度，优化土地利用结构，提高土地利用效率，合理满足城镇化用地需求。

——建立城镇用地规模结构调控机制。严格控制新增城镇建设用地规模，严格执行城市用地分类与规划建设用地标准，实行增量供给与存量挖潜相结合的供地、用地政策，提高城镇建设使用存量用地比例。探索实行城镇建设用地增加规模与吸纳农业转移人口落户数量挂钩政策。有效控制特大城市新增建设用地规模，适度增加集约用地程度高、发展潜力大、吸纳人口多的卫星城、中小城市和县城建设用地供给。适当控制工业用地，优先安排和增加住宅用地，合理安排生态用地，保护城郊菜地和水田，统筹安排基础设施和公共服务设施用地。建立有效调节工业用地和居住用地合理比价机制，提高工业用地价格。

——健全节约集约用地制度。完善各类建设用地标准体系，严格执行土地使用标准，适当提高工业项目容积率、土地产出率门槛，探索实行长期租赁、先租后让、租让结合的工业用地供应制度，加强工程建设项目用地标准控制。建立健全规划统筹、政府引导、市场运作、公众参与、利益共享的城镇低效用地再开发激励约束机制，盘活利用现有城镇存量建设用地，建立存量建设用地退出激励机制，推进老城区、旧厂房、城中村的改造和保护性开发，发挥政府土地储备对盘活城镇低效用地的作用。加强农村土地综合整治，健全运行机制，规范推进城乡建设用地增减挂钩，总结推广工矿废弃地复垦利用等做法。禁止未经评估和无害化治理的污染场地进行土地流转和开发利用。完善土地租赁、转让、抵押二级市场。

——深化国有建设用地有偿使用制度改革。扩大国有土地有偿使用范围，逐步对经营性基础设施和社会事业用地实行有偿使用。减少非公益性用地划拨，对以划拨方式取得用于经营性项目的土地，通过征收土地年租金等多种方式纳入有偿使用范围。

——推进农村土地管理制度改革。全面完成农村土地确权登记颁证工作，依法维护农民土地承包经营权。在坚持和完善最严格的耕地保护制度前提下，赋予农民对承包地占有、使用、收益、流转及承包经营权抵押、担保权能。保障农户宅基地用益物权，改革完善农村宅基地制度，在试点基础上慎重稳妥推进农民住房财产权抵押、担保、转让，严格执行宅基地使用标准，严格禁止一户多宅。在符合规划和用途管制前提下，允许农村集体经营性建设用地出让、租赁、入股，实行与国有土地同等入市、同权同价。建立农村产权流转交易市场，推动农村产权流转交易公开、公正、规范运行。

——深化征地制度改革。缩小征地范围，规范征地程序，完善对被征地农民合理、规范、多元保障机制。建立兼顾国家、集体、个人的土地增值收益分配机制，合理提高个人收益，保障被征地农民长远发展生计。健全争议协调裁决制度。

——强化耕地保护制度。严格土地用途管制，统筹耕地数量管控和质量、生态管护，完善耕地占补平衡制度，建立健全耕地保护激励约束机制。落实地方各级政府耕地保护责任目标考核制度，建立健全耕地保护共同责任机制；加强基本农田管理，完善基本农田永久保护长效机制，强化耕地占补平衡和土地整理复垦监管。

第二十五章　创新城镇化资金保障机制

（略）

第二十六章　健全城镇住宅制度

建立市场配置和政府保障相结合的住宅制度，推动形成总量基本平衡、结构基本合理、房价与消费能力基本适应的住房供需格局，有效保障城镇常住人口的合理住房需求。

——健全住房供应体系。加快构建以政府为主提供基本保障、以市场为主满足多层次需求的住房供应体系。对城镇低收入和中等偏下收入住房困难家庭，实行租售并举、以租为主，提供保障性安居工程住房，满足基本住房需求。稳定增加商品住房供应，大力发展二手房市场和住房租赁市场，推进住房供应主体多元化，满足市场多样化住房需求。

——健全保障性住宅制度。建立各级财政保障性住房稳定投入机制，扩大保障性住房有效供给。完善租赁补贴制度，推进廉租住房、公共租赁住房并轨运行。制定公平合理、公开透明的保障性住房配租政策和监管程序，严格准入和退出制度，提高保障性住房物业管理、服务水平和运营效率。

——健全房地产市场调控长效机制。调整完善住房、土地、财税、金融等方面政策，共同构建房地产市场调控长效机制。各城市要编制城市住房发展规划，确定住房建设总量、结构和布局。确保住房用地稳定供应，完善住房用地供应机制，保障性住房用地应保尽保，优先安排政策性商品住房用地，合理增加普通商品住房用地，严格控制大户型高档商品住房用地。实行差别化的住房税收、信贷政策，支持合理自住需求，抑制投机投资需求。依法规范市场秩序，健全法律法规体系，加大市场监管力度。建立以土地为基础的不动产统一登记制度，实现全国住房信息联网，推进部门信息共享。

第二十七章　强化生态环境保护制度

（略）

第八篇　规划实施

（略）

后 记

此书能够顺利出版，离不开我的导师中国人民大学公共管理学院土地管理系吕萍教授的悉心指导，也离不开我的父亲陈东如先生和母亲李秀叶女士对我两个孩子的辛勤照顾。在此对他们的无私奉献表示衷心感谢！

还要特别感谢我的妻子李倩女士，没有她无怨无悔地操持家务，我是没有时间完成此书的！当然，我的女儿陈林静（9 岁）和儿子陈炳奇（2 岁）也有功劳，他们的乖巧懂事，使我能静心写作，常常也会给我动力和灵感。还想感谢我的弟弟陈富华一家，弟媳李敬老师照顾着老大陈艺硕（6 岁）、老小陈鹏昊（1 岁），他们的谦让使我父母对我家付出更多，为我写作创造了条件。

由于作者水平有限，编写时间仓促，所以书中错误和不足之处在所难免，恳请广大读者批评指正。